浙江省普通本科高校"十四五"重点立项建设教材

AI 大模型赋能系列

人工智能与电商视觉设计

金贵朝　盛　磊　王国梁◎编著

电子工业出版社

Publishing House of Electronics Industry

北京·BEIJING

内 容 简 介

本书共分为三篇,即生成式人工智能理论与基础实践、电商视觉设计理论与实践、人工智能在电商视觉设计中的应用,按照人工智能与电商视觉设计的内在逻辑,从基础概念到高级应用展开介绍,覆盖整个知识体系。

本书可以作为各类高等院校电子商务、跨境电子商务、国际商务、国际经济与贸易、市场营销等相关专业的教材,也可以作为电商美工、电商运营人员、个体从业人员的参考书。

未经许可,不得以任何方式复制或抄袭本书之部分或全部内容。
版权所有,侵权必究。

图书在版编目(CIP)数据

人工智能与电商视觉设计 / 金贵朝,盛磊,王国梁编著. -- 北京:电子工业出版社,2025.3. -- ISBN 978-7-121-31630-2

Ⅰ. F713.36;J062

中国国家版本馆 CIP 数据核字第 202529P2A1 号

责任编辑:王二华
印　　刷:北京天宇星印刷厂
装　　订:北京天宇星印刷厂
出版发行:电子工业出版社
　　　　　北京市海淀区万寿路 173 信箱　邮编:100036
开　　本:787×1092　1/16　印张:16　字数:389 千字
版　　次:2025 年 3 月第 1 版
印　　次:2025 年 3 月第 1 次印刷
定　　价:79.00 元

凡所购买电子工业出版社图书有缺损问题,请向购买书店调换。若书店售缺,请与本社发行部联系,联系及邮购电话:(010)88254888,88258888。

质量投诉请发邮件至 zlts@phei.com.cn,盗版侵权举报请发邮件至 dbqq@phei.com.cn。
本书咨询联系方式:wangrh@phei.com.cn。

前 言

随着人工智能（Artificial Intelligence，AI）技术的快速发展，电商行业正在经历一场前所未有的变革。人工智能技术尤其是生成式人工智能，已经成为推动电商视觉设计创新的核心驱动力。

当前，电商平台竞争日益激烈，消费者对于视觉体验的要求越来越高，促使电商行业不断探索新的视觉表达方式和技术手段。人工智能技术的快速发展为解决这些问题提供了可能，人工智能技术不仅可以提高设计效率，还能创造出更具个性化和高质量的设计作品。特别是生成式人工智能，其强大的内容生成能力已经开始改变电商行业的面貌。

鉴于此，编者觉得非常有必要编写本书，将编者的教学经验和实践经验分享给读者，旨在为读者提供一套全面、实用的学习资源，帮助读者掌握最新的电商视觉设计理论和技术，培养读者的创新思维和解决实际问题的能力。

本书具有以下特色。

第一，系统性：本书共分为三篇，即"生成式人工智能理论与基础实践""电商视觉设计理论与实践""人工智能在电商视觉设计中的应用"，按照人工智能与电商视觉设计的内在逻辑，从基础概念到高级应用展开介绍，覆盖整个知识体系，确保读者能够系统地掌握相关知识。

第二，新颖性：本书紧跟行业发展的最新动态，系统地介绍如 Midjourney、Stable Diffusion、数字人、人工智能音视频等前沿技术，以及自然语言处理在电商运营中的应用等内容，具有前瞻性和实用性。

第三，实践性：本书不仅涵盖理论知识，还提供大量的实践案例和设计指导，帮助读者掌握将理论知识转化为解决实际问题的能力。

本书还提供丰富的在线资源，包括微课视频（可扫描封底二维码查看）、教学课件、案例素材和设计效果等，读者可在华信教育资源网获取这些资源。

在此特别感谢所有参与本书编写的相关人员和支持本书编写的企业与机构，同时要感谢杭州领聚创海信息咨询有限公司总经理李姿、半斤九两科技有限公司总经理汤超、杭州途骛网络科技有限责任公司总经理张雷等为本书提供丰富的案例素材,感谢出版社的编辑们,感谢那些在本书编写过程中给予宝贵意见和建议的同行和读者。

由于编者水平有限,书中难免存在不足之处,诚挚欢迎读者提出宝贵的意见和建议,以便不断改进和完善。在编写过程中,编者也借鉴了部分文献资料与网络资源,在此特别表示感谢与歉意。

最后,编者希望本书能够帮助读者深入了解人工智能与电商视觉设计的融合,激发读者的创新思维,提高实践能力,为推动电商行业的持续发展贡献力量。

金贵朝

目 录

第一篇　生成式人工智能理论与基础实践

第1章　人工智能概述 2
1.1　人工智能的概念与特点 3
1.1.1　人工智能的概念 3
1.1.2　人工智能的特点 3
1.2　机器学习概述 3
1.2.1　机器学习的概念 4
1.2.2　机器学习的主要步骤 4
1.2.3　机器学习的主要类型 4
1.3　深度学习概述 6
1.3.1　深度学习的概念与优势 6
1.3.2　深度学习的原理与架构 6
1.3.3　深度学习的学习过程 7
1.4　人工智能发展历程 7
1.5　人工智能技术概览 8
1.6　人工智能行业业态分布 9
习题 11

第2章　生成式人工智能概述 13
2.1　生成式人工智能的概念 13
2.2　人工智能与生成式人工智能的关系 14
2.3　生成式人工智能——内容生产效率与创新的变革 15
2.3.1　生成式人工智能内容创作的特点 15

2.3.2 生成式人工智能驱动生产力的提升 15
2.3.3 生成式人工智能的挑战与应对 17
2.4 生成式人工智能的价值与电商行业应用场景 17
2.4.1 生成式人工智能对行业发展的价值 17
2.4.2 生成式人工智能在电商行业中的应用场景 18
2.5 生成式人工智能的发展趋势 19
习题 20

第3章 NLP生成式对话平台在电商中的应用 22

3.1 NLP生成式对话平台的原理与应用 22
3.1.1 NLP生成式对话平台的原理 23
3.1.2 NLP生成式对话平台的应用场景 24
3.2 NLP生成式对话平台的功能特性 25
3.2.1 理解力 25
3.2.2 对话力 26
3.2.3 创造力 27
3.2.4 情感力 29
3.3 通义千问概述与优势 30
3.3.1 通义千问概述 30
3.3.2 通义千问在智能问答方面的优势 31
3.3.3 通义千问在内容创作方面的优势 31
3.4 NLP赋能电商运营 32
3.4.1 NLP助力电商运营 32
3.4.2 应用案例1：创作社交媒体文案 36
3.4.3 应用案例2：洞察行业背景 39
3.4.4 应用案例3：建立企业愿景与品牌故事 42
3.4.5 应用案例4：创建短视频脚本 45
3.4.6 NLP生成式对话平台的提问技巧 46
习题 47

第二篇 电商视觉设计理论与实践

第4章 电商视觉设计理论 50

4.1 视觉设计原则 51
4.1.1 亲密性原则 51

4.1.2　对齐原则 52
　　　4.1.3　重复原则 54
　　　4.1.4　对比原则 55
　4.2　色彩理论与电商视觉设计的色彩搭配策略 56
　　　4.2.1　色彩的基本属性 56
　　　4.2.2　色彩的情感 57
　　　4.2.3　电商视觉设计的色彩搭配策略 59
　　　4.2.4　配色理论与方法 61
　4.3　构图概述与基本形式 63
　　　4.3.1　构图概述 64
　　　4.3.2　构图的基本形式 64
　4.4　字体设计与文字信息层级构建 69
　　　4.4.1　字体的类型 69
　　　4.4.2　字体的选择与应用 70
　　　4.4.3　文字信息层级的构建 72
　习题 73

第 5 章　Photoshop 设计基础 75

　5.1　Photoshop 概述 76
　　　5.1.1　Photoshop 的工作界面 76
　　　5.1.2　Photoshop 常见的图像文件格式 78
　　　5.1.3　Photoshop 图层 79
　5.2　图像编辑 80
　　　5.2.1　打开图像文件 80
　　　5.2.2　调整图像大小 81
　　　5.2.3　调整画布大小 82
　　　5.2.4　保存图像 84
　　　5.2.5　裁剪与校正图像 85
　5.3　色彩校正与调色 88
　　　5.3.1　调整偏色图像 88
　　　5.3.2　替换图像色彩 94
　5.4　文字编排与图形绘制 97
　　　5.4.1　文字的添加和设置 97
　　　5.4.2　绘制形状规则的修饰图形 99
　　　5.4.3　绘制自定形状的修饰图形 102

5.5 特效制作 103
    5.5.1 制作图像融合效果 103
    5.5.2 制作图像景深效果 104
    5.5.3 调整图像清晰度 106
    5.5.4 智能填充修复图像 107
    5.5.5 修补图像瑕疵 108
习题 110

第6章 电商视觉设计实践 113

6.1 电商视觉设计的关键性指标与作用 114
    6.1.1 电商视觉设计的关键性指标 114
    6.1.2 电商视觉设计的作用 114
6.2 电商海报设计的标准与流程 116
    6.2.1 电商海报设计的标准 116
    6.2.2 电商海报设计的流程 119
6.3 食品类电商海报设计案例 120
    6.3.1 设计分析 120
    6.3.2 步骤详解 121
6.4 服饰类电商海报设计案例 126
    6.4.1 设计分析 126
    6.4.2 步骤详解 127
6.5 主图概述 134
    6.5.1 什么是主图 134
    6.5.2 主图的重要性 135
6.6 主图设计案例 136
    6.6.1 设计分析 136
    6.6.2 步骤详解 138
习题 144

第三篇 人工智能在电商视觉设计中的应用

第7章 Midjourney 在电商视觉设计中的应用 148

7.1 人工智能视觉设计的发展现状 149
    7.1.1 一幅受质疑的画作 149

目录

　　　　7.1.2　一幅得到肯定的画作 149
　　　　7.1.3　人工智能视觉设计的应用领域 150
　　7.2　人工智能视觉设计相关工具 150
　　　　7.2.1　Midjourney 150
　　　　7.2.2　Stable Diffusion 152
　　7.3　Midjourney 简介与基础设置 153
　　　　7.3.1　Midjourney 简介 153
　　　　7.3.2　Midjourney 在电商视觉设计中的应用优势 154
　　　　7.3.3　Midjourney 初始设置 155
　　7.4　基于 Midjourney 设计产品 Logo 157
　　7.5　产品主图与场景图的智能设计 158
　　　　7.5.1　产品主图的智能设计 158
　　　　7.5.2　产品场景图的智能设计 159
　　　　7.5.3　产品主图设计的进阶技巧——垫图设计 161
　　　　7.5.4　产品主图设计的进阶技巧——叠图设计 163
　　7.6　Banner 图与产品包装图的设计 168
　　　　7.6.1　Banner 图设计 168
　　　　7.6.2　产品包装图的设计 169
　　7.7　打造个性化的数字人图片 169
　　习题 171

第 8 章　Stable Diffusion 在电商视觉设计中的应用 173

　　8.1　Stable Diffusion 技术解析与应用领域 174
　　　　8.1.1　Stable Diffusion 的基本功能 174
　　　　8.1.2　Stable Diffusion 的特点 175
　　　　8.1.3　Stable Diffusion 的相关技术 175
　　　　8.1.4　Stable Diffusion 的工作流程 177
　　　　8.1.5　Stable Diffusion Web UI 介绍 178
　　　　8.1.6　Stable Diffusion 界面介绍 179
　　8.2　人工智能品牌符号设计 182
　　8.3　人工智能电商产品设计图 184
　　　　8.3.1　ControlNet 介绍 184
　　　　8.3.2　产品创意设计 187
　　　　8.3.3　产品精细化设计 189
　　　　8.3.4　产品局部设计优化 191

IX

8.4 人工智能多样化场景图设计 193
　　8.4.1 图生图功能介绍 194
　　8.4.2 鞋类产品场景图设计 195
　　8.4.3 箱包类产品场景图设计 200
　　8.4.4 日用品产品场景图设计 203
　　8.4.5 产品图像精细化提升 207
8.5 人工智能海报创意设计 209
　　8.5.1 竖屏电商海报创意设计 210
　　8.5.2 横屏电商海报创意设计 215
　　8.5.3 智能扩图 221
习题 224

第9章　人工智能音视频在电商视觉设计中的应用 227

9.1 人工智能生成音视频现状 228
　　9.1.1 OpenAI 发布视频生成模型 Sora 228
　　9.1.2 多个音视频生成应用上线 228
9.2 人工智能音视频内容创作在电商中的价值 229
　　9.2.1 提高效率与降低成本 229
　　9.2.2 个性化与定制化 230
9.3 人工智能赋能数字人创作 230
　　9.3.1 数字人技术 230
　　9.3.2 D-ID 数字人平台简介与案例详解 231
　　9.3.3 闪剪 App 简介与数字人制作案例详解 233
9.4 人工智能赋能音频创作 236
　　9.4.1 人工智能生成语音技术 236
　　9.4.2 Suno 简介与案例详解 236
9.5 人工智能赋能视频创作 239
　　9.5.1 人工智能视频生成技术 239
　　9.5.2 Runway Gen-3 简介与案例详解 240
　　9.5.3 PixVerse 简介与应用场景 243
习题 245

第一篇

生成式人工智能理论与基础实践

第 1 章

人工智能概述

学习目标

知识目标

- 掌握人工智能的概念与特点。
- 了解人工智能的发展历程。
- 理解机器学习的概念与主要步骤。
- 了解机器学习的主要类型。

能力目标

- 能够分析人工智能技术在不同行业中的应用案例,理解其背后的技术原理和实现方式。
- 能够评估人工智能系统的性能,识别其潜在的风险和局限性。
- 能够在团队合作中,清晰表达人工智能技术的概念、应用和挑战,促进跨学科合作。

价值目标

- 培养对人工智能技术的兴趣和热情。
- 激发探索未知、追求创新的科学精神。
- 树立正确的科技伦理观。

1.1 人工智能的概念与特点

人工智能目前正处于蓬勃发展的黄金时期，以其独特的魅力展现了无限的应用前景和强大的革新潜力。人工智能正以前所未有的速度更新商业模式，深刻影响消费者的体验，并为从业人员开辟新的职业发展机遇。

1.1.1 人工智能的概念

人工智能是一种模拟、延伸和扩展人类智能的科学技术，致力于构建能感知环境、理解任务、学习知识、推理决策、执行复杂任务的智能系统。作为新一轮科技革命和产业变革的重要驱动力量，人工智能是研究、开发用于模拟、延伸和扩展人类智能的理论、方法、技术及应用系统的一门新的技术科学。

人工智能的终极愿景是使计算机具备人类般的智慧，能够理解、学习、适应和自主解决问题。人工智能涵盖机器学习、深度学习、自然语言处理、计算机视觉、专家系统、机器人学等相关领域。

1.1.2 人工智能的特点

人工智能具有以下显著特点。

（1）**智能性**：这是人工智能最本质的特点。人工智能可以模拟、延伸和扩展人类的智能，使机器能够像人类一样感知、理解、学习、推理、决策和执行任务。这种智能性不仅体现在处理复杂问题的能力上，还体现在对环境的适应性和自我能力的提升上。

（2）**自主性**：人工智能具有高度的自主性，能够自主地学习和决策。人工智能系统能够通过与环境的交互不断积累经验，优化自身的算法和模型，从而提高解决问题的能力和效率。这种自主学习和进化的特点使人工智能系统能够适应复杂多变的环境，并持续提高其智能水平。

（3）**高效性**：在处理复杂问题和执行任务时，人工智能系统通常比人类更高效和精确。人工智能系统能够在短时间内快速地处理大量数据，进行高精度的计算和推理，自动完成重复、烦琐或危险的任务，大大提高效率，甚至在许多领域人工智能取得的成果已经超越人类。

（4）**广泛应用性**：人工智能的应用领域非常广泛，几乎涵盖了人类生活的各个方面。从智能家居、智能交通到智能制造、智能医疗领域，人工智能正在逐步渗透到各个行业，为人类带来更便捷、更高效和更智能的生活体验。

1.2 机器学习概述

机器学习（Machine Learning，ML）作为人工智能的基石，不仅推动了人工智能技术的飞速发展,也为解决复杂问题、优化决策过程提供了强有力的工具。

1.2.1　机器学习的概念

机器学习是人工智能的核心技术之一,专注于开发能够自动从数据中学习并改进机器性能的算法。机器学习涵盖概率论知识、统计学知识、近似理论知识和复杂算法知识等领域。这门学科专门研究机器如何模拟或实现人类的学习行为,从而获取新的知识或技能,并重新组织已有的知识结构,不断改善机器的性能。机器学习是人工智能的核心,是使计算机具有智能的根本途径。机器学习的核心理念包括以下几点。

(1) 数据驱动:机器学习算法是基于观测数据发现规律并建立模型的。数据是知识的载体,通过分析数据的模式、关联和结构,机器学习算法能提炼出可用于预测、分类、聚类、联想等任务的相关知识。

(2) 自我学习与适应:机器学习系统具有自我调整和优化的能力。当面临新问题或环境变化时,机器学习系统能通过学习新的数据实例,更新模型参数,以适应新情况或改善现有任务的表现。

(3) 泛化能力:优秀的机器学习模型不仅在训练数据上表现良好,还能对从未见过的数据做出准确的推断。泛化能力反映了机器学习模型对未知情况的适应性和一般化规律的捕捉能力。

1.2.2　机器学习的主要步骤

机器学习主要包括以下几个步骤。

第一步:数据收集。获取与任务相关的原始数据,确保数据的质量、代表性及合规性。

第二步:数据预处理。包括清洗数据,处理缺失值和异常值,进行标准化、归一化等转换,可能还包括特征值的提取与选择。

第三步:模型选择与训练。根据任务类型和数据特性选择合适的算法,配置机器学习模型的参数,利用训练数据进行迭代训练,优化机器学习模型的性能。

第四步:模型评估。使用独立的验证集或交叉验证评估模型的泛化能力,选择最佳机器学习模型或确定超参数[①]。

第五步:模型部署与监控。先将训练好的机器学习模型集成到应用程序中,实时或批量地处理新数据,并持续监控机器学习模型的性能,再适时进行训练或更新。

1.2.3　机器学习的主要类型

机器学习是人工智能的一个重要分支,它使计算机能够从数据中学习并改进自身的性

---

① 在本书中,超参数是在开始学习之前设置的参数数据,而不是通过训练得到的参数数据。

能，而无须依赖显式的程序指令。机器学习的主要类型包括以下几种。

1．监督学习（Supervised Learning）

监督学习是最常见的一种机器学习方式，它通过给定的、带有标签的训练数据来指导模型学习，从而预测新的未知数据的标签或数值。这种学习方式的核心在于建立输入特征与输出标签之间的关系。例如，在分类任务中，机器学习模型需要学会区分一封邮件是否为垃圾邮件；而在回归任务中，机器学习模型需要学会预测某个房屋的价格。

监督学习算法非常丰富，涵盖了从简单的线性模型到复杂的神经网络等算法。常见的监督学习算法包括逻辑回归、支持向量机、决策树及各种基于神经网络的方法。这些算法在医疗诊断、金融风控、语音识别等领域有着广泛的应用。

2．无监督学习（Unsupervised Learning）

无监督学习是一种探索性的学习方法，通过分析未标记的数据来揭示其中隐藏的结构和模式。由于无监督学习不需要预先定义目标变量，因此其应用场景更灵活、多样，也更具挑战性。

无监督学习的主要任务包括聚类分析、关联规则挖掘和降维等。聚类分析可以帮助用户区分数据中的不同群体，如在市场营销中识别不同的消费群体。常用的降维技术如主成分分析（Principal Component Analysis，PCA），可以降低数据维度，从而简化模型并提高计算效率。

无监督学习在推荐系统、社交网络分析和生物信息学等领域都发挥着重要作用。虽然无监督学习能够揭示数据内在的结构与模式，但它通常不能直接给出明确的预测结果。

3．半监督学习（Semi-Supervised Learning）

半监督学习是介于监督学习和无监督学习之间的一种学习技术，它利用少量的标记数据和大量的未标记数据来提高模型的学习效果。在很多现实世界的应用场景中，很难获取大量标记数据，而未标记数据则相对容易获取。通过结合这两种数据源，半监督学习能够在一定程度上缓解标记数据量不足的问题。

常见的半监督学习方法包括自我训练、协同训练及图推断等。这些方法通过假设数据存在一定的结构或分布特性，利用未标记数据辅助模型训练。半监督学习在自然语言处理、图像识别等领域有广泛应用，尤其是在资源有限的环境下表现出了极大的价值。

4．强化学习（Unsupervised Learning）

强化学习是一种通过试错机制来学习最优行为策略的方法。在这个过程中，智能体（Agent）通过与环境的交互来学习采取何种行动可以获得最大的累积奖励。强化学习的关键概念包括状态（State）、动作（Action）和奖励（Reward）。智能体通过观察环境的状态来决定采取何种行动，并根据接收的即时奖励来调整策略。随着时间的推移，智能体逐渐优化行为，从而可以达到利益最大化的目标。

强化学习的应用场景广泛，从简单的游戏到复杂的自动化控制和机器人导航等场景都可以应用强化学习。近年来，随着机器学习技术的发展，深度强化学习成了研究热点，它结合了深度神经网络的强大表示能力与强化学习的决策优化能力，极大地扩展了强化学习的应用场景。

1.3 深度学习概述

1.3.1 深度学习的概念与优势

深度学习是机器学习领域中一种先进的技术，它能模拟人脑神经网络的结构和功能，通过构建多层非线性变换网络对复杂数据进行高效学习和理解。

深度学习的核心优势在于利用深层神经网络的层次化表示能力和大规模数据驱动的自我学习机制，可以解决传统机器学习技术在处理高维度、非结构化数据时面临的瓶颈。主要包括以下几方面。

（1）**层次化表示**：通过多层结构捕获数据的深层次、抽象特征，突破传统机器学习在处理高维、非线性数据时的局限。

（2）**大规模数据驱动**：利用大规模数据进行自我学习，能有效捕获复杂数据中的模式和规律。

（3）**高效特征学习**：无须人工设计特征，直接从原始数据中学习有用的特征表示。

1.3.2 深度学习的原理与架构

深度学习模型通常由多层的相互连接的神经元构成，每层对输入数据执行特定的非线性变换，并逐层传递、组合和提炼信息。这种层级结构使得深度学习模型能够捕捉数据的多层次、分布式特征表示。典型的深度学习的架构主要包括以下几方面。

（1）全连接层（Fully Connected Layer）：每个神经元与下一层所有神经元相连，常用于处理结构化数据。

（2）卷积神经网络（Convolutional Neural Network，CNN）：常用于为处理图像等网格结构数据设计，通过卷积操作捕获空间特征，并利用池化层进行降维和不变性学习。

（3）循环神经网络（Recurrent Neural Network，RNN）：常用于序列数据，如文本和时间序列，通过内部状态的循环更新来建模时间的依赖性。

（4）自注意力机制（Self-Attention）与 Transformer 架构：在自然语言处理中表现突出，通过计算输入序列各元素之间的相互关系，实现全局信息的高效编码。

1.3.3 深度学习的学习过程

深度学习模型的学习过程主要包括前向传播（Forward Propagation）和反向传播（Back Propagation）两个阶段。

（1）前向传播：输入的数据通过网络层层传递，每层神经元对输入的数据进行加权求和，并且运用 ReLU、Sigmoid、Tanh 等激活函数生成非线性响应，最终输出层得到预测结果。

（2）反向传播：通过比较预测结果与真实标签之间的差异，首先运用均方误差、交叉熵等损失函数计算误差梯度，然后沿网络反向更新各层权重和偏置，以减小损失。这一过程通常运用梯度下降、Adam 等优化算法实现。

1.4 人工智能发展历程

人工智能作为一门跨学科的研究领域，自 20 世纪 50 年代起经历了从理论萌芽到技术革新，再到广泛应用的漫长历程。人工智能的发展主要经历了以下几个主要阶段。

（1）早期探索与诞生（1950—1969）。

1950 年，英国数学家艾伦·图灵在论文"Computing Machinery and Intelligence"中提出了著名的"图灵测试"，用于判断机器是否具有人类水平的智能，奠定了人工智能的理论基石。

1956 年，达特茅斯会议的召开标志着人工智能作为一个独立的研究领域的正式诞生。"人工智能"这一术语在该会议上首次被使用。

1960 年起，美国政府开始大规模资助人工智能研究，促进了该领域研究机构和项目的涌现，先后成立了斯坦福大学人工智能实验室、麻省理工学院人工智能实验室等人工智能重点实验室。

（2）第一次人工智能寒冬（1970—1979）。

20 世纪 70 年代初，由于过于乐观的预期与实际技术进展之间的较大差距，公众及部分资助方对人工智能失去信心，研究资金被大幅削减，进入了"第一次人工智能寒冬"。尽管在 20 世纪 70 年代初人工智能遭遇了第一次"寒冬"，但在 20 世纪 60 年代，人工智能研究曾受到大量政府和私人投资的支持，已经形成了浓厚的研究氛围。在这样的背景下，研究人员仍然积极探索如何将人工智能理论转化为实用系统，专家系统正是这种努力研究的成果。

（3）知识工程与专家系统（1980—1989）。

1980 年起，随着计算机硬件性能的提升，知识工程与专家系统的研究取得显著进展。这些系统能够运用到化学结构分析、医疗诊断等专业知识领域，并成功应用于商业领域。

（4）机器学习与神经网络复兴（1986 年至今）。

1986 年，反向传播算法被人们广泛接受，推动了多层人工神经网络的研究与应用。

1990 年起，支持向量机、决策树、随机森林等传统机器学习的算法得到发展，数据挖掘技术开始应用于商业领域。

2006 年，杰弗里·辛顿提出深度学习的概念及深度信念网络（Deep Belief Network，DBN），标志着深度学习时代的开启。

2010 年起，卷积神经网络和循环神经网络的运用，使深度学习在语音识别、图像分类等任务上取得突破性成果。

2016 年，AlphaGo 击败前围棋世界冠军李世石，展现了在复杂策略游戏中强化学习与深度学习结合的强大能力，引发全球关注。

2020 年至今，以 GPT-3 为代表的预训练大模型在自然语言处理领域引发革命，实现了大规模无监督学习和零样本/少样本学习。生成对抗网络（Generative Adversarial Network，GAN）、自回归模型（Autoregressive Model，AR）、扩散模型等推动了人工智能生成内容的兴起。人工智能技术开始深度融入各个领域，如自动驾驶、医疗诊断、金融服务、教育、艺术创作等领域，并引发社会的广泛关注。

2022 年 11 月 30 日，ChatGPT（Chat Generative Pre-trained Transformer）作为一款 OpenAI 研发的聊天机器人程序出现，标志着人工智能技术进入 2.0 时代，开启了生产力革命的新篇章。OpenAI 通过改变机器学习语言的技术路线，从"学外语模式"变成了"学母语模式"，使机器能够具有逻辑能力和推理能力。

1.5　人工智能技术概览

人工智能技术以机器学习为核心，以深度学习和神经网络为重要支撑，衍生出了包括自然语言处理、计算机视觉、自主决策、专家系统等在内的多种应用领域和技术分支，如图 1-1 所示。人工智能主要包括以下几个技术方向。

（1）自然语言处理：自然语言处理技术是人工智能技术的一个重要分支，它专注于让计算机理解和生成人类语言。自然语言处理系统被广泛应用于机器翻译、聊天机器人、情感分析和语音识别等领域。随着人工智能技术的进步，自然语言处理系统已经能够处理更复杂的任务，如对话系统和问答系统。

（2）计算机视觉：计算机视觉技术是人工智能技术应用的另一个重要领域，它致力于让计算机"看到"和理解图像或视频。计算机视觉技术包括面部识别、医学图像分析和自动驾驶汽车等应用方向。同时，计算机视觉技术在自动化生产、过程优化和机器人导航等领域也发挥着重要作用。

（3）自主决策：自主决策是指机器在不确定的环境中做出决策的能力，这在自动化生产线和服务领域中非常有用。此外，自主决策还可以应用到游戏中的非玩家角色（Non-Player Character，NPC）、策略规划和资源调度等领域。

（4）专家系统：专家系统是一种人工智能技术，它主要包括决策支持系统和广义决策模型，能模拟人类专家的决策过程，可以解决复杂的问题。例如，在游戏中的复杂策略规划就是使用专家系统。

第 1 章 人工智能概述

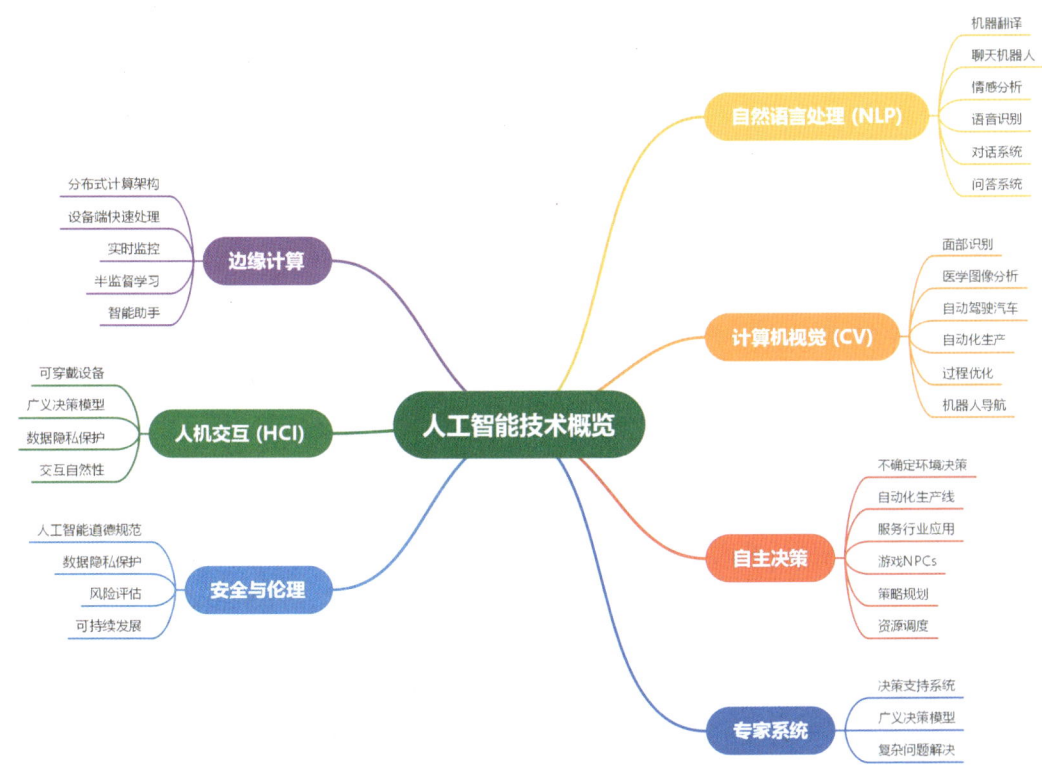

图1-1 人工智能技术概览

（5）边缘计算：边缘计算是一种分布式计算架构，它将计算能力从中心服务器转移到网络边缘的设备上，这使机器能够在没有云端连接的情况下快速进行决策和处理。边缘计算的应用包括实时监控、半监督学习和智能助手等。

（6）人机交互：人机交互是研究如何设计和评估人与计算机之间的交互过程的技术。随着人工智能技术的发展，人们越来越关注如何使用可穿戴设备、广义决策模型和数据隐私保护等方式，使人工智能技术更加亲和、直观，人与计算机的交互更加自然。

（7）安全与伦理：随着人工智能技术的发展，确保其安全与伦理变得越来越重要，这包括人工智能道德规范、数据隐私保护、风险评估和可持续发展等，以确保人工智能技术的可持续发展。

1.6 人工智能行业业态分布

人工智能行业作为一个高度集成且快速发展的领域，其业态分布呈现出鲜明的层次结构，主要包括基础层、技术层和应用层。这三个层次分别对应着人工智能行业的基础设施、核心技术及实际应用场景，共同构成了人工智能行业的完整生态体系，如图 1-2 所示。

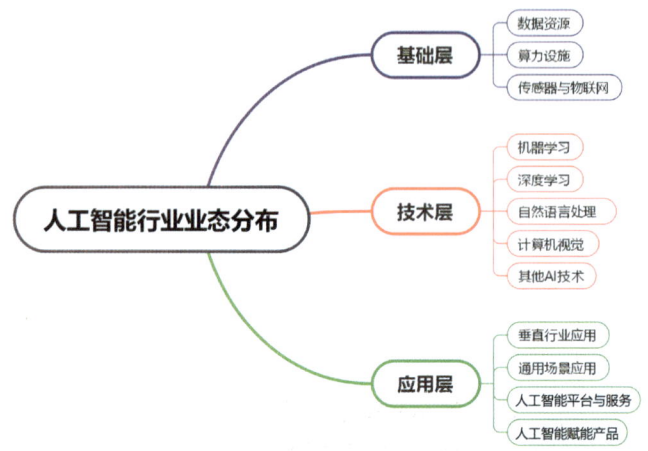

图1-2　人工智能行业业态分布

（1）基础层：基础层是人工智能行业的底层支撑，主要涉及提供人工智能技术研发与应用所需的数据资源、算力设施、传感器与物联网（Internet of Things，IoT）。

数据资源是人工智能技术的"燃料"，是基础层的核心组成部分之一，涵盖了各类结构化、半结构化和非结构化数据的采集、存储、管理和分析。数据资源包括公共数据集、企业内部数据、互联网开放数据、物联网设备产生的实时数据等，为人工智能模型训练提供必要的输入数据。

算力设施主要包括高性能计算（High Performance Computing，HPC）和云计算平台，为人工智能模型训练与推理提供强大的计算支持。算力设施包括 Nvidia 图形处理单元（Graphics Processing Unit，GPU）、Google 张量处理单元（Tensor Processing Unit，TPU）、Intel 现场可编程门阵列（Field Programmable Gate Array，FPGA）等专用加速芯片，以及数据中心、超算中心、边缘计算节点等硬件设施，为人工智能模型计算密集型任务提供强大的算力网络。

传感器与物联网作为物理世界与数字世界的接口，负责采集环境、设备、人体等多源信息，为人工智能模型训练提供实时、多元的输入数据。物联网技术将大量传感器连接成网络，实现数据的高效传输与整合，为人工智能技术在物联网场景的应用提供基础。

（2）技术层：技术层是人工智能行业的核心，专注于研发和优化实现人工智能功能的算法、模型与工具。技术层主要包括机器学习、深度学习等通用技术，以及计算机视觉、自然语言处理等领域。

机器学习包括监督学习、无监督学习、半监督学习、强化学习等学习方式，以及相关的模型如线性回归、决策树、支持向量机、聚类算法、神经网络等。

深度学习作为机器学习的一个分支，利用卷积神经网络、循环神经网络、Transformer、生成对抗网络等对复杂数据建模。深度学习已经在图像识别、自然语言处理、语音识别、推荐系统等领域取得显著效果。

自然语言处理涉及词法分析、句法分析、语义分析、情感分析、对话系统、机器翻译等技术，让人工智能模型能够理解和生成人类语言。

计算机视觉包括图像分类、物体检测、语义分割、目标跟踪、三维重建、视觉问答等技术，使人工智能模型能够理解和解析视觉信息。

其他人工智能技术如知识图谱、强化学习、迁移学习、元学习、AutoML等，以及相关的开发框架、工具包、应用程序接口（Application Program Interface，API），为人工智能技术的应用开发提供便捷的技术支持。

（3）应用层：应用层是将人工智能技术与具体行业、场景相结合，形成各类实际解决方案，是人工智能价值实现的关键环节。

垂直行业应用包括医疗健康（人工智能辅助诊断、药物研发、健康管理）、金融（风险评估、智能投顾、反欺诈）、教育（个性化教学、智能评测）、零售（精准营销、库存优化）、制造业（智能制造、预测性维护）、交通物流（自动驾驶、智能物流）、农业（精准农业、病虫害监测）、能源（智能电网、能源管理）等。

通用场景应用包括智能客服、语音助手、虚拟助理、推荐系统、搜索引擎优化、社交网络分析、网络安全防护、人工智能创作、游戏人工智能、无人机等跨行业、跨领域的应用。

人工智能平台与服务提供AIaaS（人工智能即服务）、人工智能开发平台、人工智能开放平台、人工智能云服务等，降低人工智能技术的使用门槛，帮助企业快速构建人工智能模型，推动人工智能技术普惠化。

人工智能赋能产品是将人工智能技术嵌入到智能硬件（智能手机、智能家居、智能穿戴设备）、智能机器人、人工智能芯片等实体产品中，提升产品智能化的水平。

人工智能行业的业态分布呈现出从基础数据与算力支撑，到核心技术研发，再到多元化应用场景落地的立体结构。基础层、技术层与应用层之间紧密联动，共同推动人工智能技术的不断创新、应用领域的持续拓展及经济社会的整体智能化转型。

习 题

1．选择题

（1）人工智能的核心愿景是什么？（　　　）

  A．制造能够执行简单任务的机器人　　　B．使计算机具备人类般的智慧
  C．开发仅限于特定领域的专家系统　　　D．改善传统的软件开发流程

（2）人工智能的特点不包括以下哪个选项？（　　　）

  A．智能性　　　　B．跨学科性　　　C．数据驱动　　　D．非智能性

（3）机器学习的主要步骤不包括以下哪个选项？（　　　）

  A．数据收集　　　B．数据预处理　　C．模型训练　　　D．模型购买

（4）以下哪种机器学习方法最适合用于预测电子邮件是否为垃圾邮件？（　　　）

  A．无监督学习　　B．半监督学习　　C．监督学习　　　D．强化学习

（5）以下哪个选项不是监督学习的例子？（　　）

　　A．图像分类　　　　B．回归分析　　　　C．聚类分析　　　　D．文本分类

（6）无监督学习的主要任务不包括以下哪个选项？（　　）

　　A．聚类　　　　　　B．关联规则挖掘　　C．降维　　　　　　D．图像分类

（7）以下哪个选项不是深度学习模型的特点？（　　）

　　A．层次化表示　　　　　　　　　　　　B．大规模数据驱动

　　C．高效特征学习　　　　　　　　　　　D．需要手动设计特征

（8）以下哪个选项描述了半监督学习的特点？（　　）

　　A．使用大量标记数据和少量未标记数据

　　B．使用大量未标记数据和少量标记数据

　　C．仅使用标记数据

　　D．不使用任何数据

（9）以下哪个选项不属于深度学习的基本架构？（　　）

　　A．全连接层　　　　　　　　　　　　　B．卷积神经网络

　　C．循环神经网络　　　　　　　　　　　D．线性回归模型

（10）人工智能的基础层不包括以下哪个选项？（　　）

　　A．数据资源　　　　　　　　　　　　　B．算力设施

　　C．传感器与物联网　　　　　　　　　　D．用户界面设计

（11）以下哪个选项不是人工智能技术层的一部分？（　　）

　　A．机器学习　　　　B．深度学习　　　　C．自然语言处理　　D．供应链管理

（12）以下哪个选项不属于人工智能的应用层？（　　）

　　A．医疗健康　　　　B．金融　　　　　　C．教育　　　　　　D．数据中心建设

（13）以下哪个选项描述了深度学习的学习过程？（　　）

　　A．前向传播和后向传播　　　　　　　　B．前向传播和数据收集

　　C．数据预处理和模型评估　　　　　　　D．模型选择与训练

2．简答题

（1）人工智能的定义是什么？

（2）描述人工智能的自主性与高效性特点，并给出一个相关领域实例。

（3）简述机器学习的主要步骤。

（4）解释深度学习的概念及其在处理复杂数据中的优势。

（5）举例说明人工智能的跨学科融合能力及其应用领域。

3．讨论题

随着人工智能技术的快速发展，伦理问题日益凸显。请讨论人工智能在电商视觉设计中的应用可能带来的伦理挑战，你认为应该如何平衡技术创新与伦理责任？

第2章

生成式人工智能概述

学习目标

知识目标

- 理解生成式人工智能的概念及关键技术。
- 了解人工智能与生成式人工智能之间的关系及在不同领域的应用。
- 了解生成式人工智能如何改变内容生产的方式、效率及创新模式。
- 认识生成式人工智能在电商行业的具体价值及应用场景。

能力目标

- 能够分析生成式人工智能在特定场景下的优势与局限性。
- 具备评估和优化生成式人工智能生成内容的质量与创新性的能力。
- 掌握在电商行业中应用生成式人工智能的策略。

价值目标

- 培养应用生成式人工智能技术的道德和社会责任意识。
- 激发应用生成式人工智能技术的创新精神。
- 形成对生成式人工智能技术未来发展趋势的前瞻视野。

2.1 生成式人工智能的概念

生成式人工智能（Artificial Intelligence Generated Content，AIGC）是指基于生成对抗网

络、大型预训练模型等人工智能技术方法，通过已有数据的学习和识别，以适当的泛化能力生成相关内容的技术。

生成式人工智能应用人工智能技术自动生成各种类型的内容，包括但不限于文本、图像、音频、视频、代码等。它是人工智能技术在内容创作领域的具体应用，通过训练有素的算法模型，依据用户输入、指定主题或数据集，生成新颖、独特且具有特定目的或风格的数字化内容。生成式人工智能的关键技术主要包括生成对抗网络、变分自编码器（Variational Autoencode，VAE）、标准化流（Normalizing Flows，NF）、自回归模型、能量模型和扩散模型（Diffusion Model）等。

生成式人工智能技术的核心思想是利用人工智能算法生成具有一定创意和质量的内容。通过训练模型和大量数据的学习，生成式人工智能模型可以根据输入的条件或提示，生成与之相关的内容。例如，通过输入关键词、描述或样本，生成式人工智能模型可以生成与之匹配的文章、图像、音频等。

2.2　人工智能与生成式人工智能的关系

人工智能作为宽泛的学科领域，为生成式人工智能提供了理论基础、核心算法和技术支撑。生成式人工智能则是人工智能在特定应用场景下的具体实现，聚焦于内容创新与生成，是人工智能技术在内容创作、传播、消费等环节的实际应用形态。人工智能与生成式人工智能的关系主要体现在以下几方面。

（1）人工智能技术是生成式人工智能的基石。

生成式人工智能作为人工智能技术的具体应用形态，其生成能力完全建立在人工智能技术的理论基础与技术进步之上。无论是文本生成中的自然语言处理模型，图像生成中的深度神经网络，还是音频视频合成中的多模态技术，都是人工智能子领域的研究成果在实际场景中的应用。人工智能技术的发展，尤其是机器学习、深度学习等领域算法的创新与优化，为生成式人工智能提供了强大的技术支持与理论依据。

（2）生成式人工智能推动人工智能技术的边界拓展。

生成式人工智能的发展推动人工智能技术的边界拓展与应用场景的深化。生成式人工智能生成高质量、多样性与个性化内容的需求促使人工智能研究者不断探索更先进的模型架构、更高效的训练方法、更精细的控制机制，以应对内容生成的复杂性和创造性要求。同时，生成式人工智能在新闻生成、虚拟助手、艺术创作等领域的应用，为人工智能技术提供了更丰富的应用场景与实验平台，加速了人工智能技术的成熟与迭代。

（3）共同促进数字经济与社会的创新。

人工智能与生成式人工智能的共生关系不仅体现在技术层面上，还体现在对数字经济与社会创新的深远影响上。人工智能技术通过提升数据分析、决策支持等能力，为各行各业的数字化转型提供动力；而生成式人工智能技术通过创新内容生产方式，极大地丰富了数字内容的供给，推动了文化产业、教育、娱乐等领域的创新。二者共同加速了数据要素的价值释放，促进了社会生产力的结构性变革。

总之，人工智能与生成式人工智能之间存在着紧密的共生关系。人工智能作为基础科学与核心技术，为生成式人工智能的生成能力提供了理论支撑与技术实现；而生成式人工智能作为人工智能技术的应用先锋，既推动了人工智能技术的边界拓展，又深化了人工智能技术在社会经济生活中的应用广度与深度。二者相互促进，共同构成了当代科技创新的重要驱动力，对未来的数字社会与智能经济产生了深远影响。

2.3　生成式人工智能——内容生产效率与创新的变革

近年来，随着人工智能技术的飞速进步，生成式人工智能正在深刻改变着内容创作的格局，对社会生产力产生深远的影响。

2.3.1　生成式人工智能内容创作的特点

生成式人工智能内容创作与传统内容创作相比，具有以下显著特点。

（1）规模化生产：生成式人工智能可以在短时间内批量生成大量内容，突破人类创作的速度限制。

（2）定制化输出：根据用户需求或特定条件，生成式人工智能可以快速调整生成的内容，实现个性化定制。

（3）跨界融合：生成式人工智能可以融合不同领域知识，生成跨学科、跨媒介的创新作品，突破人类创作者的知识和技能边界。

（4）持续学习与进化：基于深度学习的生成式人工智能模型可以通过持续训练与迭代，不断提升内容质量和创新能力。

2.3.2　生成式人工智能驱动生产力的提升

1. 生产效率提高

（1）智能化内容的生成与优化。

生成式人工智能不仅能自动生成全新的内容，还能对现有内容进行智能化的优化与改编。例如，在新闻报道中，通过生成式人工智能技术可以对海量数据进行快速分析，自动提炼关键信息，生成准确、及时的新闻稿件；在广告文案创作中，通过生成式人工智能技术可以根据品牌定位、目标受众特征及市场趋势，精准匹配语言风格与营销策略，迅速生成多样化的创意文案。这种即时、高效的内容生成能力极大地缩短从构思到产出内容的时间周期，显著提高内容的生成与优化效率。

（2）无间断的工作能力。

与人类创作者相比，生成式人工智能不受生理限制，能够全天候、不间断地进行内容创作，这对于时效性强、更新频率高的行业如新闻媒体、社交媒体营销等来说尤为重要。

生成式人工智能能够实时地响应热点事件，快速地生成相关报道或评论，确保信息的时效性和影响力，有效填补了人类创作者在非工作时间的空白。

（3）资源优化配置。

生成式人工智能能够承担大量基础性、重复性的工作任务，如数据整理、初步草稿生成、格式校对等，从而释放人力资源使人类能够专注于更高价值的创造性工作。这种分工协作模式有助于优化组织内部的人力资源配置，提高整体的生产效能。

2. 创新能力增强

（1）数据驱动的创新洞察。

生成式人工智能能够基于大数据分析揭示隐藏在海量信息中的模式、趋势与关联，为内容创新提供数据支撑。例如，在科学研究中，生成式人工智能可以帮助研究者挖掘文献数据，发现新的研究方向或假设；在产品设计中，生成式人工智能可以通过对用户行为数据的深度学习，提出符合市场需求的创新设计方案。

（2）跨领域的知识融合。

生成式人工智能具有强大的跨领域知识整合能力，能够打破学科界限，实现知识的交叉创新。例如，生成式人工智能可以将文学、历史、科学等多领域知识融入一部小说创作中，生成具有深度内涵与独特视角的作品；在艺术创作中，生成式人工智能能够融合不同风格、流派的特点，创造出全新的视觉表达作品。

（3）实验性内容的快速迭代。

生成式人工智能能够快速地生成多种风格、主题、情节的实验性内容，允许创作者通过对比、筛选、迭代，找到最具创新价值和市场接受度的方案。

3. 应用场景拓展

（1）个性化与定制化服务。

借助生成式人工智能，内容服务可以实现前所未有的个性化与定制化。在教育领域，生成式人工智能可以根据每个学生的学习进度、兴趣偏好、理解难点，生成个性化的学习计划、习题集、讲解视频等，实现真正意义上的因材施教。在医疗健康领域，生成式人工智能可以根据患者个体情况生成精准的健康建议、疾病风险预警、康复方案等，提高医疗服务的精准度与满意度。

（2）沉浸式与交互式体验。

生成式人工智能在虚拟现实（Virtual Reality，VR）、增强现实（Augmented Reality，AR）、混合现实（Mixed Reality，MR）等新兴领域展现出了巨大潜力，能够生成高度沉浸式的视听内容与交互体验。例如，生成式人工智能可以生成精细、逼真的虚拟环境，让用户在其中进行探索、学习、社交等活动；或者在游戏设计中，生成式人工智能可以根据玩家的行为反馈实时生成适应性的剧情、角色与关卡。

（3）跨语言与跨文化的交流。

生成式人工智能能够精准、高效地进行跨语言翻译与内容本地化，打破语言障碍，促进全球范围内的信息传播与文化交流。此外，生成式人工智能还能理解和生成不同文化背景下的特有表达与叙事方式，帮助内容在跨文化环境中保持原有的意境与吸引力，推动多元文化的深度融合与创新发展。

2.3.3 生成式人工智能的挑战与应对

生成式人工智能的发展带来了许多机遇，同时也伴随着一系列挑战。在法律层面，生成式人工智能生成的内容可能引发原创性、归属权、责任主体等法律争议，需要明确法规与监管机制。此外，部分低技能、重复性工作可能被生成式人工智能取代，使就业结构发生新的变迁。同时，对于生成式人工智能生成内容的准确性、客观性、价值观符合性等，需要建立有效的审核与过滤机制。

为了应对这些挑战，有必要采取一系列措施。一是，需要进一步加强政策引导与法规建设，制定适应生成式人工智能发展的版权法、数据保护法等，明确责任归属与权益保障。二是，各大院校需要调整教育体系，培养具备人工智能素养、创新思维与跨学科能力的复合型人才。三是，倡导负责任的生成式人工智能研发与应用，建立生成式人工智能生成内容的质量评估标准与行业规范。

2.4 生成式人工智能的价值与电商行业应用场景

生成式人工智能作为前沿技术，正深刻地影响着各行各业的发展态势。生成式人工智能利用人工智能算法，自动化生成高质量、个性化的内容，实现生产效率的指数级提高。

2.4.1 生成式人工智能对行业发展的价值

生成式人工智能作为一项应用深度学习、自然语言处理、计算机视觉等先进技术进行内容创作的革新力量，正在深刻地影响着各行各业的发展态势。其关键价值主要体现在以下几方面。

（1）提高内容生产效率：生成式人工智能显著缩短创作周期，降低人力成本，使企业能快速生成大量定制化、高质量内容，适应信息爆炸时代的市场需求。

（2）促进个性化精准营销：生成式人工智能可以基于用户数据生成个性化新闻、广告、社交媒体内容，增强用户互动，提升品牌信息触达率与转化效果，推动营销策略精细化。

（3）赋能创新驱动：生成式人工智能通过深度数据挖掘辅助科研、设计、咨询等领域的专家进行创新思考与决策，加速知识体系迭代更新，推动科研突破、产品创新与商业洞察。

（4）助力教育与医疗服务：在教育领域，生成式人工智能依据学生特性生成个性化的学习资源，提升教学效果；在医疗领域，生成式人工智能支持精准诊断与个性化治疗，提高服务质量与患者满意度。

（5）驱动娱乐产业创新：生成式人工智能可以生成丰富、多元的娱乐内容与游戏元素，推动内容形态升级与沉浸式体验，增强游戏生命力与用户吸引力。

（6）促进跨语言文化沟通：生成式人工智能可以快速地实现准确的内容跨语种转换，打破语言壁垒，推动全球信息流通与文化交流，助力企业国际化与文化多样性传播。

2.4.2　生成式人工智能在电商行业中的应用场景

在电商行业中，生成式人工智能的应用正逐步革新传统的产品展示、营销策略、客服及供应链管理等方面。生成式人工智能以其高效、精准和个性化的特点，助力电商企业提升运营效率、优化用户体验并驱动业务增长。生成式人工智能在电商行业中的应用场景主要包括以下几方面。

（1）商品图像与视频生成。

电商平台利用生成式人工智能技术，根据产品的属性信息（如颜色、尺寸、材质等）自动生成多样化的产品主图、详情页图片、海报及短视频等。例如，针对一款新款服装，系统可以快速生成不同模特穿着、不同场景搭配、不同颜色变体的高清图像和动态展示视频，极大地提高了产品的上架速度和视觉呈现的丰富度，能够节省拍摄与后期制作的成本，缩短新品上市的周期。同时，为消费者提供更全面、生动的产品视图，提升购物体验，从而提高产品转化率。

（2）个性化产品推荐。

根据用户行为数据、购物历史及实时浏览信息，生成式人工智能能够动态生成个性化的产品推荐文案、广告标题与创意图片，甚至生成定制化的购物指南或搭配建议。例如，针对一位热衷户外运动的用户，平台可以即时生成包含其偏爱的品牌、风格及适宜季节的户外装备推荐图文，精准推送至其移动端。以此实现"千人千面"的精准营销，增进用户黏性，提高产品转化率；同时，减轻人工编辑的负担，提高内容的更新频率与新鲜感。

（3）虚拟试穿/试妆与 AR 体验。

借助生成式人工智能结合 AR 技术，电商平台能够开发虚拟试衣间或试妆镜功能。用户上传照片或开启摄像头，即可实时看到自己穿戴或使用产品的效果。例如，在某美妆品牌应用中，用户选择心仪口红色号后，生成式人工智能算法能精确模拟用户的试妆效果，如同真实试色一般。通过这种方式可以打破线上购物的感知壁垒，为用户提供接近实体店的试用体验，提高用户满意度。

（4）智能客服。

生成式人工智能能够基于海量用户咨询数据，自动梳理常见问题，编写详尽且易于理解的 FAQ（Frequently Asked Questions），并训练智能客服机器人，使其能准确、迅速地回答用户关于产品详情、订单状态、退换货政策等问题。运用智能客服，可以实现 7×24 小时不间断服务，有效缓解高峰期的客服压力，提高响应速度；同时，可以确保解答的一致性与专业性，提升客服水平，降低因等待或解答不准确导致的用户流失。

（5）供应链智能预测与决策支持。

生成式人工智能能够结合大数据分析，生成产品销售趋势预测报告、库存优化建议及采购计划等，帮助电商企业精准把握市场动态，制定科学的库存策略。例如，通过对历史销售数据、季节因素、竞品分析等多维度信息的深度学习，可以提前预测某一品类在下一季度的热销款式与颜色，从而指导电商企业进行更精准的运营，精准满足市场需求，提高销售额。

2.5 生成式人工智能的发展趋势

生成式人工智能作为人工智能技术在内容创作领域的前沿应用，已经展现出了巨大的创新潜力与广阔的发展前景。未来，生成式人工智能将在深度、广度、精度及伦理规范等层面持续发展，推动各行各业的内容生产迈入智能化、个性化的新时代。

（1）技术深度：跨模态融合与高级认知能力。

生成式人工智能将进一步融合文本、语音、图像、视频等多种模态的数据处理与生成能力，实现跨模态理解和创作。同时，通过深度学习、强化学习等先进技术，生成式人工智能将具备情感理解、创造性思维、情境推理等更高级的认知能力，使生成的内容更具深度与复杂性。

（2）应用广度：全行业渗透与跨界融合。

生成式人工智能将从现有的媒体娱乐、教育、广告等领域进一步拓展到医疗、法律、科研等专业领域，生成高度专业化的报告、论文、诊断建议等内容。此外，生成式人工智能将与物联网、区块链、元宇宙等新兴技术深度融合，催生出全新的内容生成与分发模式。例如，在建筑设计领域，生成式人工智能可以根据用户需求与环境参数，自动生成详细的设计方案与三维可视化模型，甚至实时模拟建筑在不同气候条件下的能耗表现。在元宇宙中，用户可以与生成式人工智能协同创作，生成独一无二的数字艺术品、虚拟空间装饰或个性化虚拟角色。

（3）生成精度：接近人类水平与超现实主义。

随着人工智能算法的不断迭代与大规模训练数据的积累，生成式人工智能生成内容的逼真度、逻辑连贯性与艺术感染力逐渐接近甚至超越人类水平。同时，生成式人工智能创造出超越现实界限的超现实内容，满足用户在虚拟世界中的独特审美需求与想象力探索。

（4）伦理规范：透明度与责任归属。

随着生成式人工智能影响力的扩大，对其生成内容的版权归属、责任认定、真实性保障及潜在的社会影响等问题引发人们的广泛关注。未来，将出台更完善的伦理规范与法律法规，要求生成式人工智能系统增加生成过程的透明度，明确责任主体，防止滥用与误导。例如，生成式人工智能生成的每份内容都要附带"数字签名"或"创作日志"，记录生成算法、训练数据来源、主要参数等信息，便于追踪溯源与权责界定。同时，通过人工智能审核与用户反馈机制，确保生成内容符合社会公德与法律法规，维护健康的数字内容生态。

  未来生成式人工智能将沿着技术深度、应用广度、生成精度与伦理规范四大路径同步发展，不仅会重塑内容创作产业链，也会深刻地影响社会的信息传播、知识共享、文化创新乃至个体的表达方式。

习　题

1. 选择题

（1）生成式人工智能的关键技术不包括以下哪个选项？（　　）

  A．生成对抗网络（GAN）　　　　B．变分自编码器（VAE）

  C．标准化流（NF）模型　　　　　D．自然语言处理（NLP）

（2）以下哪个选项不是生成式人工智能与传统内容创作相比所具有的显著特点？（　　）

  A．规模化生产　　B．定制化输出　　C．跨界融合　　D．需要人类审查

（3）生成式人工智能在哪个领域中难以提供个性化与定制化服务？（　　）

  A．教育　　　　　B．医疗健康　　　C．游戏设计　　D．航空航天

（4）生成式人工智能是如何提高内容生产效率的？（　　）

  A．通过减少人工干预来降低成本　　B．通过智能化内容生成与优化

  C．通过延长工作时间　　　　　　　D．通过提高员工工资

（5）生成式人工智能在哪些领域中展现出巨大的潜力，能够生成高度沉浸式的视听内容与交互体验？（　　）

  A．新闻报道

  B．财务报表

  C．物流运输

  D．虚拟现实（VR）、增强现实（AR）、混合现实（MR）

（6）以下哪个选项不是生成式人工智能增强创新能力的方式？（　　）

  A．数据驱动的创新洞察　　　　　　B．跨领域的知识融合

  C．实验性内容快速迭代　　　　　　D．降低内容生成的成本

（7）生成式人工智能技术如何在科学研究中支持创新？（　　）

  A．通过自动生成实验报告

  B．通过挖掘文献数据发现新的研究方向

  C．通过编写学术论文

  D．通过自动发表研究成果

（8）生成式人工智能面临的挑战不包括（　　）。

  A．法律争议　　　　　　　　　　　B．就业结构变化

  C．内容准确性问题　　　　　　　　D．加快内容生产速度

（9）生成式人工智能发展趋势中，以下哪个选项不是预期的技术进展？（　　）

A．跨模态融合与高级认知能力　　B．全行业渗透与跨界融合
　　C．生成精度逼近人类水平　　　　D．减少数据使用量

（10）在电商行业中，生成式人工智能如何帮助提高客服的质量？（　　）
　　A．通过提供 24 小时不间断的人工客服
　　B．通过训练智能客服机器人自动回答常见问题
　　C．通过手动编写 FAQ 文档
　　D．通过增加客服人员数量

（11）在医疗健康领域，以下哪个选项是生成式人工智能不能实现的功能？（　　）
　　A．生成个性化健康建议　　　　　B．支持精准诊断
　　C．提供个性化治疗方案　　　　　D．进行手术操作

（12）生成式人工智能在电商行业中如何提升用户体验？（　　）
　　A．降低产品价格　　　　　　　　B．增加产品种类
　　C．提供虚拟试穿/试妆体验　　　 D．延长发货时间

（13）生成式人工智能与人工智能之间的关系描述不正确的是以下哪个选项？（　　）
　　A．人工智能技术为生成式人工智能提供理论基础和支持
　　B．生成式人工智能推动人工智能技术边界的拓展
　　C．生成式人工智能与人工智能共同促进社会创新
　　D．生成式人工智能不需要人工智能技术的支持即可独立发展

2．简答题

（1）什么是生成式人工智能？
（2）生成式人工智能内容创作相较于传统内容创作有何显著特点？
（3）生成式人工智能如何对社会生产力产生深远影响？
（4）生成式人工智能在电商行业的具体应用有哪些？

3．讨论题

　　生成式人工智能在电商视觉设计中的应用前景广阔，你认为生成式人工智能将如何改变电商视觉设计的未来？

第 3 章

NLP 生成式对话平台在电商中的应用

学习目标

知识目标

- 了解 NLP 生成式对话平台的发展现状及其应用场景。
- 了解主流 NLP 生成式对话平台的特点、优势和局限性。
- 了解通义千问的概述及优势。
- 掌握 NLP 技术在电商行业中的具体应用并理解其带来的效益。

能力目标

- 掌握 NLP 生成式对话平台的关键技术和实现过程。
- 了解 NLP 生成式对话平台的功能特性。
- 能够将 NLP 技术应用于客服、在线咨询、产品推荐等实际场景。

价值目标

- 培养良好的职业道德和社会责任感,遵循数据隐私保护等相关法律和伦理准则。
- 发展创新思维和团队协作能力,促进项目团队间的沟通与合作。

3.1 NLP 生成式对话平台的原理与应用

随着人工智能技术的发展,NLP(Natural Language Processing,自然语言处理)已经成为连接人类与机器之间沟通的重要桥梁。其中，NLP生成式对话平台作为一种前沿的应用，正在改变着人们与技术互动的方式。

3.1.1　NLP生成式对话平台的原理

NLP是一门研究如何让计算机理解、解释、生成人类语言的学科，它涵盖了从词法分析到语义理解等层次的技术。生成式对话平台是NLP技术的一个典型应用场景，它的目标是建立一种能够与人类进行自然语言交流的计算机系统。

1. 原理概述

NLP生成式对话平台的核心能力在于能够根据用户的自然语言输入生成有意义的且恰当的内容。这要求NLP生成式对话平台首先准确地理解用户的文本信息，然后基于对话的上下文和已有的知识库来创造新的、连贯的文本作为回答，确保整个对话的一致性和逻辑性。此外，NLP生成式对话平台还需要支持多轮对话，即能够理解和应对复杂场景下的连续交流，维持对话的流畅性和有效性。

2. 关键技术

（1）语义理解。

语义理解是NLP生成式对话平台的基础，它通过词嵌入技术将词语映射到高维空间，并捕捉词语之间的语义关系。序列标注技术利用条件随机场（Conditional Random Field，CRF）或长短时记忆网络（Long Short-Term Memory，LSTM）等模型识别文本中的实体和语义角色。意图识别技术通过分类模型来确定用户请求的目的或意图，这是理解用户需求的关键步骤。

（2）生成模型。

生成模型的核心任务是根据输入内容生成自然语言响应，依赖预定义的规则和模板来生成内容。在统计中，利用概率模型预测下一个词的概率分布；在循环神经网络中，利用循环结构处理序列数据，并通过注意力机制增强模型对输入序列中的不同位置的关注程度。变分自编码器通过结合生成对抗网络或自回归模型，增加了生成文本的多样性。Transformer架构通过自注意力机制加速了训练过程，并提高了生成文本的质量。

（3）上下文建模。

上下文建模对于保持对话的连贯性至关重要。对话状态跟踪技术用于记录和维护对话过程中关键信息的状态变化，确保对话的连贯性。记忆网络通过外部存储单元存储和检索对话历史信息，有助于理解对话背景。多模态融合技术通过结合文本、音频、图像等多种模态的信息来丰富对话上下文，使生成的响应更加贴近真实的交流情境。

3. 实现过程

NLP生成式对话平台的实现过程如图3-1所示，主要包括以下几个步骤。

第一步：数据准备。收集大量的对话数据用于训练模型。
第二步：预处理。清洗数据、分词、构建词汇表。
第三步：模型训练。选择合适的模型架构，设置超参数，使用训练数据进行拟合。
第四步：评估与调试。通过自动和人工评估指标来衡量模型性能，并进行必要的调整。
第五步：部署与监控。将模型部署到生产环境中，并持续监控其表现。

图3-1　NLP生成式对话平台的实现过程

3.1.2　NLP生成式对话平台的应用场景

NLP技术近年来得到了飞速发展，尤其是在NLP生成式对话平台方面。NLP生成式对话平台是指那些能够理解并生成自然语言的对话系统，它们可以应用于用户服务、在线咨询、产品推荐等应用场景。这些平台通过深度学习等先进的算法实现与用户的自然语言交互，从而为用户提供更人性化、更高效的服务体验。

1. 电商行业的应用场景

在电商行业中，NLP生成式对话平台的应用越来越普遍，能够帮助电商店铺提高用户满意度、降低运营成本、优化用户体验。具体应用场景主要包括以下几方面。

（1）智能客服。

通过自动回答用户问题，减少人工客服的工作负担，根据用户的购物历史和偏好，推荐相应的产品和服务，帮助用户查询订单状态，处理退换货等问题。

（2）产品搜索与筛选。

理解用户的搜索意图，提供更精确的搜索结果，根据用户的偏好和历史行为，动态调整产品列表。

（3）用户反馈分析。

自动识别和分析用户评价中的情感倾向，帮助企业改进产品和服务，从用户评论中提取有价值的信息，用于产品优化和市场策略制定。

（4）内容生成。

自动生成高质量的产品描述，提高转化率，创作吸引人的广告文案，促进销售。

（5）多语言支持。

使电商平台能够支持多种语言，扩展国际市场。

2. 主流的NLP生成式对话平台介绍

目前市面上存在多个成熟的NLP生成式对话平台，它们在电商领域的应用也相当广泛。

（1）阿里云 AliNLP 平台。

阿里巴巴集团自主研发的阿里云 AliNLP 平台，包含一系列 NLP 工具和服务，可以支持大规模的数据处理，具有强大的语义理解能力，广泛应用于阿里巴巴集团旗下的淘宝、天猫等电商平台。

（2）腾讯云 NLP 服务。

腾讯公司提供的腾讯云 NLP 服务，包括词法分析、句法分析、语义理解等，可以支持高度定制化，根据用户需求调整模型，在京东等电商平台上实现了智能客服、产品推荐等功能。

（3）百度 UNIT。

百度公司开发的 UNIT，提供一站式对话解决方案，易于集成，支持多种语言，提供智能客服和产品搜索服务。

（4）其他第三方平台。

其他第三方平台如 Dialogflow、Botpress、Rasa 等，这些平台提供了强大的自然语言处理能力和灵活的对话管理功能，支持多语言、多场景的定制化开发。

3. 应用效果

NLP 生成式对话平台在电商行业的应用显著提高了运营效率和服务质量。它不仅能够自动处理大量的重复性用户服务任务，还通过提供精准的搜索结果和个性化的产品推荐提升了用户体验。此外，这种技术还有助于降低企业的运营成本，尤其是减少人工客服。全天候的用户服务增强了企业的竞争力，提高了用户的忠诚度。更重要的是，通过对用户交互数据的深入分析，企业可以洞察市场，进一步优化服务和产品策略。

总之，NLP 生成式对话平台已经成为电商行业不可或缺的一部分，它们不仅提升了服务质量，还为企业带来了更多的商业机会。随着技术的不断发展，这些平台将在未来发挥更大的作用。

3.2　NLP 生成式对话平台的功能特性

3.2.1　理解力

理解力是指 NLP 生成式对话平台能够理解人类语言的能力，主要包括理解句子结构、词汇含义、上下文关系等。

例如，在日常对话中，当我们询问 NLP 生成式对话平台"我差点赶上公交车，是什么意思"时，NLP 生成式对话平台给出准确且完整的回答："当你说到'我差点赶上公交车'时，这句话通常意味着你几乎成功地赶上了公交车，但最终还是没有能够及时上车。可能是因为你跑得不够快，或者是因为公交车比预期的早开了等。简单来说，就是你非常接近目标（赶上公交车），但最后还是错过了。"

当我们询问NLP生成式对话平台"我差点没赶上公交车,是什么意思"时,NLP生成式对话平台同样给出准确且完整的回答:"当你说到'我差点没赶上公交车'时,这句话的意思是你原本有可能错过那班公交车,但是最终还是及时赶上了。换句话说,你几乎就要来不及了,但最后还是成功登上了公交车。这种表达方式在中国口语中很常见,使用了双重否定强调情况的紧急和结果的幸运。"

随着大语言模型的发展,NLP生成式对话平台不仅能够理解文本的表面意义,还能理解更深层的含义,如幽默感。例如,当我们询问NLP生成式对话平台"这张图里有什么搞笑之处?"时,NLP生成式对话平台给出如下回答:"这是一个Lighting适配器,拥有VGA接头的造型,它本来是给电脑用的,却被弄成了Lighting接口适配器,笑点就在于一个硕大的、过时的VGA接头被改造成了一个小巧的、现代的智能手机接头。"这说明NLP生成式对话平台不仅能理解文本和图像,还能捕捉到异常情况并理解其背后的原因,如图3-2所示。

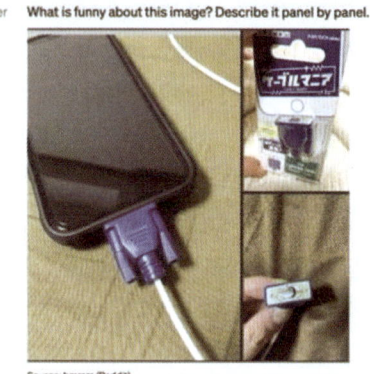

图3-2　NLP生成式对话平台的图片理解

3.2.2　对话力

对话力是指NLP生成式对话平台能够进行多轮、连贯且有意义的对话的能力。这种能力不仅体现在NLP生成式对话平台能够实现简单的问答模式上,更体现在NLP生成式对话平台能够理解对话的上下文,并基于此做出合理的回应。例如,在电商环境中,一个NLP生成式对话平台的客服机器人需要能够理解用户的需求,并在后续的对话中提供相关信息或解决方案。

假设一位用户询问有关亚马逊产品开发流程，NLP 生成式对话平台应该能够提供详细的信息，并根据用户的反馈或进一步提问进行迭代式对话。

用户询问："亚马逊产品开发过程通常包括哪些步骤？"

NLP 生成式对话平台回答："亚马逊的产品开发过程通常包括市场调研、概念设计、原型制作、测试验证、生产制造和上市销售等多个步骤。"

用户追问："第一步很重要，请展开阐述。"

NLP 生成式对话平台进一步回答："第一步市场调研非常重要，因为它可以帮助用户确定市场需求和潜在的竞争优势。在这个阶段，团队会通过调查问卷、访谈等方式收集消费者意见，并分析竞争对手的产品特性。"

用户继续追问："市场调研具体是如何进行的？"

NLP 生成式对话平台进一步回答："市场调研可以通过多种方式进行，如在线调查、焦点小组讨论、一对一访谈等。团队还会分析行业报告和趋势，以获取更全面的市场视角。此外，亚马逊还可能利用内部数据分析消费者的购买行为和偏好，从而更准确地定位新产品。"

通过这种方式，NLP 生成式对话平台能够提供详尽的信息，并根据用户的反馈逐步完善对话内容，使对话变得更加自然和高效。

3.2.3 创造力

NLP 生成式对话平台的创造力体现在其能够根据给定的主题或样式生成新颖的内容，主要包括创作诗歌、撰写文章、编写代码等。例如，NLP 生成式对话平台可以被用来创作一首具有特定音乐家风格的歌曲，或者模仿著名作家的写作风格撰写一篇文章。

当我们要求 NLP 生成式对话平台进行音乐创作"用周某某的风格写一首歌"时，NLP 生成式对话平台将帮助我们进行音乐创作，如图 3-3 所示。

图 3-3　NLP 生成式对话平台生成的音乐创作

这首歌曲尝试捕捉了周某某音乐中常见的元素，如诗意的语言、深情的旋律及对过往美好时光的怀念。NLP 生成式对话平台生成这样的内容，展现了其在创造艺术作品领域的潜力。

当我们要求 NLP 生成式对话平台撰写招聘文案"我需要招聘一个销售，帮我们售卖人工智能培训课程，要求应聘者具有较强的沟通能力，请完成招聘文案，让每个看到的人都知道我们的需求。"时，NLP 生成式对话平台生成的招聘文案如图3-4 所示。

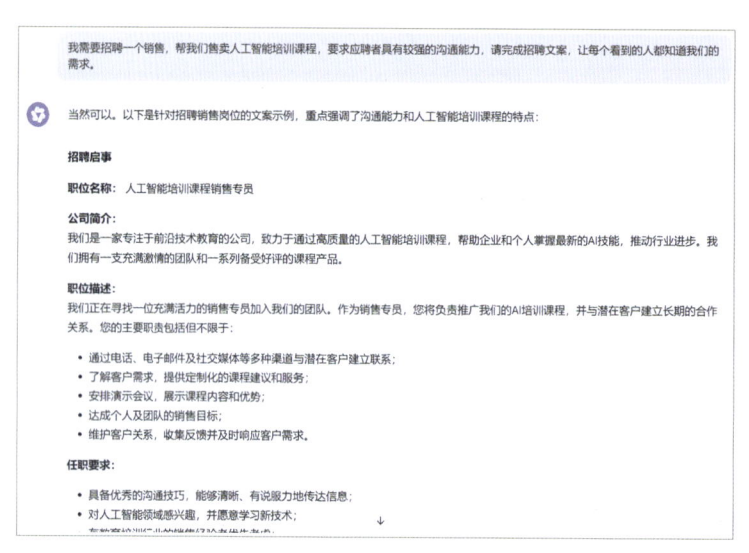

图3-4　NLP 生成式对话平台生成的招聘文案

这段招聘文案准确地传达了招聘岗位的需求，同时能够吸引有意向的求职者申请该职位。

当我们要求 NLP 生成式对话平台设计短视频带货大赛的比赛流程"我们要开展一个短视频带货大赛，该如何设置比赛流程？"时，NLP 生成式对话平台生成的比赛流程如图3-5 所示。

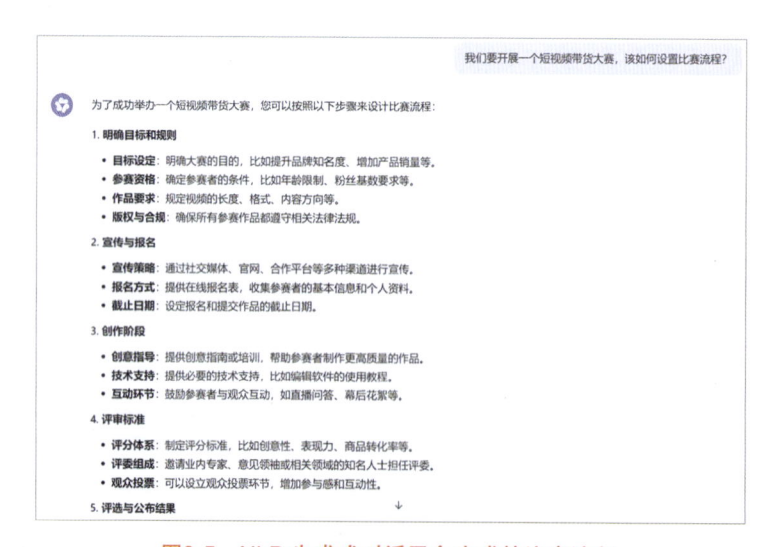

图3-5　NLP 生成式对话平台生成的比赛流程

当我们要求 NLP 生成式对话平台编写 Chatbot 程序"请帮我编写一段 chatbot 程序，要求 chatbot 能实时回复用户关于 TikTok 的基础问题，并以 Python 形式展开。"时，NLP 生成式对话平台生成的 Python 代码如图 3-6 所示。

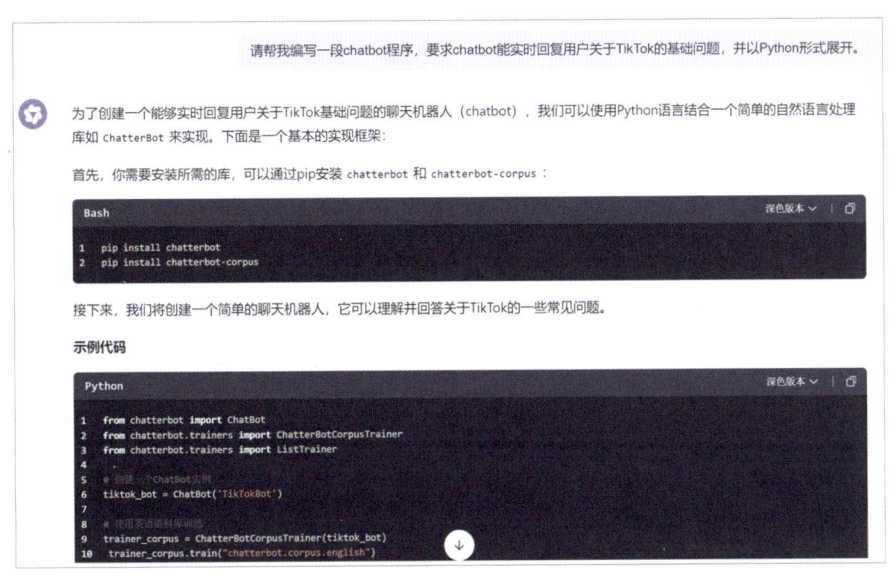

图3-6　NLP 生成式对话平台生成的 Python 代码

该代码生成的简单聊天机器人可以根据用户输入的关键词来查找预定义的答案。如果用户的输入与其中一个关键词匹配，则返回相应的答案；如果没有匹配的关键词，则提示用户重新表述问题。当然，这只是一个非常基础的编程实现。在实际应用中，我们需要使用更复杂的 NLP 技术更好地理解用户的意图，还可能需要连接到外部 API 或数据库来获取最新信息。

通过上述案例，我们可以看到 NLP 生成式对话平台在创造力方面的应用。未来，随着技术的进步，NLP 生成式对话平台将能够生成更多样化和更高质量的内容，从而满足不同领域的需求。无论是艺术创作、学术研究还是商业应用，NLP 生成式对话平台的创造力都将发挥重要作用。

3.2.4　情感力

尽管 NLP 生成式对话平台并不真正理解情感，但它们能够模拟情感表达，这有助于提高对话的真实性和亲和力。例如，NLP 生成式对话平台可以分析文本中的情感色彩，并根据分析给出带有适当情感色彩的回应。

当我们要求 NLP 生成式对话平台进行情感分析与表达"请分析电视剧《狂飙》高启强说的'风浪越大鱼越贵'所传达的情感。"时，NLP 生成式对话平台回答："'风浪越大鱼越贵'这句话传达了一种积极向上、不畏艰难的精神态度。说话者可能是在表达对于挑战的无惧和对成功的渴望。这种表达方式充满自信和勇气，同时也暗示了说话者相信经历更多

人工智能与电商视觉设计

的困难和挑战将带来更大的回报。"

NLP 生成式对话平台能够分析这段话的情感色彩，并解释其背后的含义。尽管它并不是真正的情感体验，但这种仿真的情感力可以帮助人们更好地理解文本的情感维度。

NLP 生成式对话平台在理解力、对话力、创造力和仿真的情感力方面取得了显著的进步。这些进步使 NLP 生成式对话平台能够在电商运营中扮演更为重要的角色。例如，通过提供个性化的产品推荐、优化客服体验、生成营销文案等。未来，随着技术的不断发展，我们可以期待看到更多创新的应用场景，享受更人性化的交互体验。

3.3 通义千问概述与优势

3.3.1 通义千问概述

通义千问是由阿里云推出的一款基于 NLP 技术的超大规模语言模型，该模型集成了多项前沿技术，如深度学习、自然语言理解、生成模型等，能够提供智能问答、内容创作等多种服务。在电商领域，通义千问的应用极大地提升了用户体验，并提高了服务效率，成为电商企业重要的技术支持。

通义千问是阿里达摩院在 NLP 领域多年研究的成果之一，它通过大规模的语言数据训练，具备广泛的知识和较强的自然语言处理能力。因此，可以说通义千问是一个 NLP 生成式对话平台的一部分，它能够为用户提供一系列基于 NLP 生成式对话平台的服务和技术支持。通义千问的界面如图 3-7 所示。

图3-7 通义千问的界面

3.3.2 通义千问在智能问答方面的优势

通义千问在电商领域展现出卓越的能力，包括快速、准确地响应用户咨询，增强用户信任；支持多语言交流，提供本地化服务，助力跨境电商拓展国际市场；具备多轮对话能力，有效解决复杂问题，减轻人工客服的负担；并通过分析用户行为提供个性化推荐，优化购物体验。这些功能共同推动电商企业提升服务水平和用户体验。智能问答的优势主要包括以下几方面。

（1）快速响应能力。

通义千问具备快速响应能力，能够即时处理用户的咨询请求，这种即时性对于需要及时反馈的场景至关重要，如在线客服、即时通信等，能够有效地提升用户体验。

（2）高准确性。

通义千问提供的回答具有很高的准确度，这得益于其强大的训练数据集，以及先进的算法模型，能够确保用户获取到的信息既准确又实用。对于电商行业，这意味着能够为用户提供可靠的产品信息、政策解答等，增强用户的信任感和满意度。

（3）多语言支持。

通义千问支持多种语言，能够跨越语言障碍服务于全球用户，对于跨国企业来说尤为重要，可以帮助企业更好地与不同国家和地区的用户进行沟通。

（4）上下文理解能力。

通义千问具有良好的上下文理解能力，能够在对话中保持连贯性和相关性，从而为用户提供更自然、流畅的交互体验。这对于构建高质量的人机对话系统来说至关重要，有助于提高交互的真实感和效率。

（5）多模态处理能力。

通义千问具备一定的多模态处理能力，除了能够正确理解和分析文本，还能够对图像或视频中的内容进行理解和分析，这种能力拓展了智能问答的应用范围，使其能够在更多场景下发挥作用。

3.3.3 通义千问在内容创作方面的优势

通义千问在电商领域能自动生成高质量的产品描述和营销文案，有效地提高产品点击率和转化率；通过情感分析帮助电商企业理解用户反馈，促进产品和服务的持续优化；创造多样化的内容如教程和心得分享，增强网站吸引力；并能自动地监控及更新产品信息，确保内容的时效性，全方位助力电商企业提升用户体验，提高业务效率。内容创作优势主要包括以下几方面。

（1）吸引人的产品描述。

通义千问能够迅速生成详细且符合用户需求的产品描述，帮助电商企业节省大量的撰写时间。这不仅提高了工作效率，还保证了产品信息的清晰度和吸引力。

（2）多语言内容创作。

对跨境电商而言，通义千问能够轻松应对多种语言的内容创作的需求。这有助于品牌跨越语言障碍，扩大国际市场。通义千问支持的多语言功能已经帮助多个品牌成功进入海外市场，提高了国际销售额。

（3）个性化内容推荐。

通义千问能够根据用户的浏览历史和购买记录生成个性化推荐内容，有助于提高用户满意度和转化率。

（4）创意文案创作。

通义千问能够为促销活动和节日营销创作有吸引力的广告语和宣传文案，能够生成多样化的内容形式，如博客文章、社交媒体帖子等，避免内容同质化，保持品牌的独特性和新鲜感。

（5）SEO 优化建议。

通义千问能给出有效的 SEO（Search Engine Optimization，搜索引擎优化）优化建议，帮助电商网站更好地被搜索引擎抓取，从而提高电商网站的自然搜索排名。

（6）快速响应市场变化。

通义千问能够快速响应市场变化，对内容进行实时反馈与迭代，使得电商平台可以更快地调整策略，以适应不断变化的消费者需求和市场趋势。

3.4　NLP 赋能电商运营

在电商运营中，通义千问等 NLP 生成式对话平台成为人们强有力的助手，能够进行市场趋势分析、产品优化建议、广告投放策略制定、用户服务沟通技巧培训、库存与供应链管理及数据分析与报告生成等工作。以岱山县海产品销售为例，NLP 生成式对话平台可以提供从市场洞察到广告策略、用户服务话术等一系列支持，帮助电商企业提高运营效率和效果。此外，NLP 生成式对话平台还能协助创建吸引人的社交媒体文案，并帮助构建企业使命愿景与品牌故事，从而提高品牌形象并增强市场竞争力。

3.4.1　NLP 助力电商运营

1. 市场分析与洞察

通过应用通义千问进行市场趋势分析、竞品监控和消费者行为研究，电商企业能够更深入地理解市场需求和竞争对手策略。例如，通义千问可以帮助分析岱山县海产品在 6 月至 12 月的市场趋势，从而为企业的决策提供数据支持。

向通义千问提出问题："你是一位电商海产品销售经理，行业专家，擅长对电商领域海产品市场行业分析与洞察。请以岱山县海产品为例，洞察 6 月—12 月国内电商市场趋势，并以表格形式进行月销售趋势比较。"

通过通义千问分析得到的市场分析与洞察结果如图3-8所示。

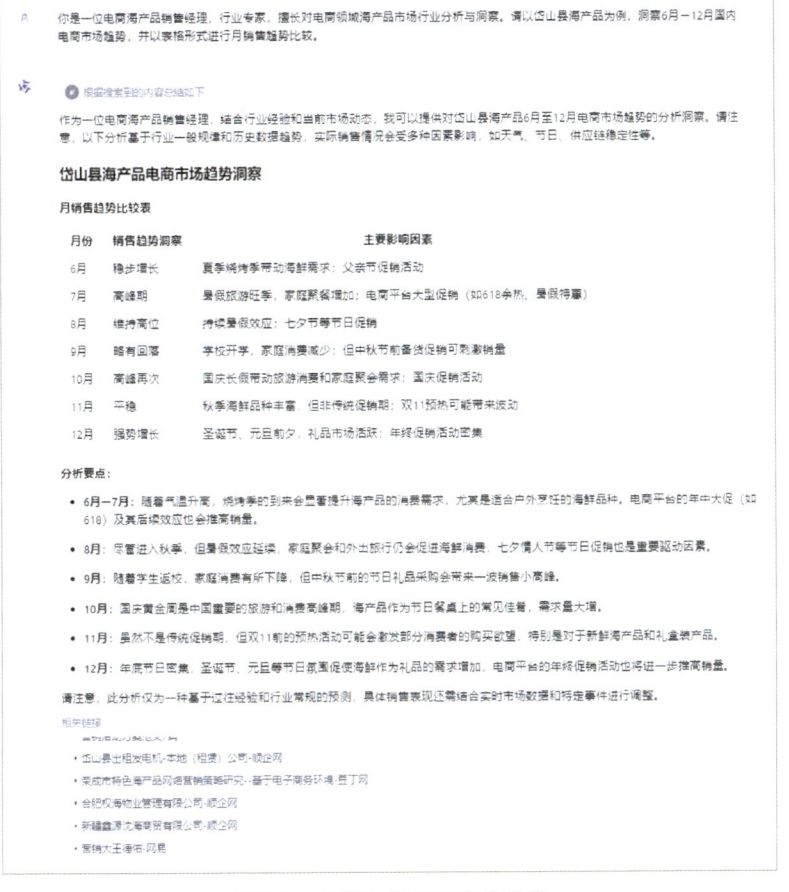

图3-8 市场分析与洞察的结果

2. 产品优化建议

根据用户反馈和市场数据,通义千问能提供产品改进的建议,包括定价策略、产品描述优化、图片展示等方面的指导。例如,分析岱山县海带鱼的定价策略、产品描述等建议。

向通义千问提出问题:"你是一位电商海产品销售经理,行业专家,擅长进行价格策略分析及电商产品描述。请以岱山县海带鱼产品为例,在淘宝等电商平台销售,进行全年价格策略分析,给出参考销售价格区间,以表格形式呈现,并给出淘宝平台产品详情页的描述文案。"

通过通义千问分析得到的产品优化建议结果如图3-9所示。

3. 广告与推广策略

通义千问还可以帮助企业制定和优化广告投放策略,包括关键词选择、目标受众定位、预算分配等。例如，通义千问可以帮助分析岱山县海带鱼的广告投放策略，优化关键词选择、精准定位目标受众，并合理分配广告预算，从而提高广告投放的效果和投资回报率。

你是一位电商海产品销售经理，行业专家，擅长进行价格策略分析及电商产品描述。请以岱山县海带鱼产品为例，在淘宝等电商平台销售，进行全年价格策略分析，给出参考销售价格区间，以表格形式呈现，并给出淘宝平台产品详情页的描述文案。 2/2

全年价格策略分析及参考销售价格区间（以岱山县海带鱼为例）

月份	价格策略分析	参考销售价格区间（元/斤）
1-3月	春节后淡季，适量降价促销	25-35
4-5月	供应稳定，市场需求平缓，维持常态价	30-40
6-8月	夏季需求增加，可适当提价	35-50
9月	中秋备货期，需求上升，价格略升	40-55
10月	国庆假期需求高峰，价格维持高位	45-60
11月	需求减缓，进行感恩节促销活动	40-50
12月	年末节日促销，价格策略灵活，吸引节日购买	35-55

淘宝平台商品详情页描述文案示例：

**【岱山直供·鲜美海味】野生海带鱼 | 海域直采·顺丰直达 | 家宴优选·营养滋补】

【源自深蓝，自然馈赠】
精选自东海岱山海域的野生海带鱼，远离污染，纯净海域孕育出的每一尾都是自然的精华。我们承诺，只捕捞成熟季节的最佳个体，为您保留最原始的海洋味道。

【顺丰速运，鲜味到家】
为保证每一份海带鱼的新鲜，我们采用顺丰冷链直邮，从捕捞到您餐桌，全程冷链保鲜，让海的鲜美，穿越千山万水，直达您的厨房。

【营养满载，滋补优选】
海带鱼富含优质蛋白、Omega-3脂肪酸及多种微量元素，是老少皆宜的滋补佳品。无论是清蒸、红烧还是炖汤，都能完美锁住营养，释放极致鲜香。

【规格多样，满足不同需求】
我们提供多种规格包装，从家庭小聚到宴请宾客，总有适合您的选择。每一条海带鱼都经过精心挑选，确保大小均匀，肉质紧实。

【限时优惠，错过等一年】
正值尝鲜好时节，现在下单即享满额立减、买二送一等多重优惠！快来抢购，为家人朋友带来一场来自大海的美味盛宴！

图3-9　产品优化建议的结果

向通义千问提出问题：“你是一位电商海产品广告运营专家，擅长电商平台广告投放策略研究。请以岱山县海带鱼产品为例，在淘宝平台销售，以全年为例给出淘宝广告投放策略，包括广告投放方式、广告关键词选择、目标受众定位及相关预算分配。”

通过通义千问分析得到的广告与推广策略结果如图 3-10 所示。

4. 客服与沟通

通过学习并应用有效的营销话术和沟通技巧，电商运营人员能够在与用户互动时表现得更加专业和高效，从而提升转化率和用户满意度。例如，通义千问可以帮助分析岱山县海带鱼在淘宝电商平台上的用户沟通技巧及营销话术，优化客服响应策略和销售话术。

向通义千问提出问题：“你是一位电商海产品用户关系管理专家，擅长电商平台用户服务与沟通，擅长客服沟通话术和技巧。请以岱山县海带鱼产品为例，在淘宝平台进行销售，请结合该平台买家的特点及产品受众人群，给出有效的营销话术和沟通技巧，包括与买家互动的技巧，售前和售后的沟通技巧，来提高转化率和用户满意度。”

通过通义千问分析得到的客服与沟通结果如图 3-11 所示。

第 3 章　NLP 生成式对话平台在电商中的应用

图3-10　广告与推广策略的结果

图3-11　客服与沟通的结果

5. 库存与供应链管理

NLP生成式对话平台可以通过数据分析预测销售趋势，辅助制定合理的库存计划，减少积压风险，同时提供物流和供应链管理的优化建议。

6. 数据分析与报告

NLP生成式对话平台可以通过快速生成销售报告、流量分析、转化率分析等，帮助电商运营人员及时调整策略，基于数据做出决策。

3.4.2 应用案例1：创作社交媒体文案

1. 文案创作前的角色定位

在创作社交媒体文案的过程中，明确身份和目的至关重要。这通常涉及所谓的"身份四问"——谁与你分享文字？你想输出信息给谁看？你是谁？大语言模型担任什么身份？这些问题有助于确定文案的风格、语气和目标受众，从而创作出更具吸引力的内容。

（1）谁与你分享文字？

首先，需要明确你将与谁合作完成这篇文案。例如，如果你是在与一位社交媒体营销专家合作，则可能需要考虑他们的经验和偏好；如果你是与大语言模型合作，则需要考虑模型的能力和局限性。

（2）你想输出信息给谁看？

明确目标受众是谁，这对于确定文案的语调、内容和风格都至关重要。例如，如果你的目标受众是年轻女性消费者，则文案应该采用轻松、时尚的语言风格；而如果你的目标受众是专业人士，则文案应该采用更正式和专业的语言风格。

（3）你是谁？

这是指文案创作者的身份设定。例如，如果你正在为一家高端化妆品品牌创作文案，则可以扮演成一位美妆博主的角色，采用亲切、热情的语气与读者分享产品体验。

（4）大语言模型担任什么身份？

在与大语言模型合作时，你需要设定模型在文案中的角色。例如，大语言模型可以是一位经验丰富的姐姐，以轻松愉快的方式分享美妆知识；也可以是一位专业顾问，提供深入的产品分析。

以ABC口红为例，假设你想要在某平台上发布一篇介绍ABC口红的文章，可以采用上述方法进行构思。

（1）谁与你分享文字？

与通义千问这样的NLP生成式对话平台合作，它具有强大的文案创作能力。

（2）你想输出信息给谁看？

目标受众主要是对美妆感兴趣、年龄在18～35岁的女性消费者。

(3) 你是谁？

在这篇文案中，你将扮演一位资深美妆博主的身份，分享自己对 ABC 口红的试色体验和心得。

(4) 大语言模型担任什么身份？

通义千问将扮演一位亲和力十足的姐姐，以轻松幽默的口吻分享美妆知识。

通过这种方式，不仅能够创作出符合目标受众喜好的文案，还能够充分利用 NLP 生成式对话平台的优势，提升文案的质量和吸引力。

2. 文案创作的提问方法

(1) 常规提示写法。

在应用通义千问进行社交媒体文案创作时，常规提示写法是一种基本的技巧。这种直接明了的提示可以让通义千问快速地理解任务需求，并生成相应的文案内容。这种写法适用于简单的文案创作任务，不需要过多的背景信息或复杂的指令。通过这种简洁明了的方式，通义千问能够迅速生成符合要求的社交媒体文案。

例如，如果你想在小红书上写一篇关于 ABC 口红的笔记，向通义千问提出问题："写一篇关于 ABC 口红的小红书笔记。"

通过通义千问分析得到的常规提示写法结果如图 3-12 所示。

图3-12 常规提示写法的结果

(2) 高级提示写法。

高级提示写法是一种更精细的技巧。你不仅要告诉通义千问你需要什么样的内容，还要提供更多上下文信息，以便能够更好地理解你的需求，从而生成更贴切的内容。通过这种高级提示写法，你可以充分利用通义千问的能力，让生成的文案更具个性且具有针对性，有助于提高社交媒体内容的互动性和传播效果。

例如，如果你想要在小红书上写一篇关于 ABC 口红的笔记，向通义千问提出问题："写一篇关于 ABC 口红的小红书笔记，以姐姐的口吻表达。"

这种写法通过指定语气（以姐姐的口吻），让通义千问能够更好地模拟特定的语境和情感色彩，从而创作出更具个性和吸引力的内容。通过这种方式，你可以指导通义千问创作出更加贴近目标受众的语言风格，增强文案的亲和力和感染力。

通过通义千问分析得到的高级提示写法结果如图 3-13 所示。

图3-13　高级提示写法的结果

（3）心流法提示写法。

心流法提示写法是一种更加细致和情境化的文案创作方法，它通过设定详细的背景信息和个人特征来引导通义千问生成更贴合实际场景和人物性格的内容。

例如，以撰写一篇关于 ABC 口红的某平台笔记为例，假设你是 25 岁的职场女性，性格活泼开朗、幽默搞笑，情商很高，你的妹妹不太会化妆，现在你要向她推荐 ABC 口红。向通义千问提出问题："你的角色是姐姐，你是 25 岁的职场女性，你的性格是活泼开朗、幽默搞笑，而且情商很高。我是不会化妆的妹妹，请向我分享 ABC 的口红，语言要活泼开朗点。"

这个提示包含了以下几个关键要素。

① 角色设定：你是姐姐，这决定了语言风格和互动方式。

② 职业和年龄：你是 25 岁的职场女性，这有助于塑造符合该年龄段的职业女性形象。

③ 性格特点：你的性格活泼开朗、幽默搞笑，而且情商很高，这些性格特点会让内容更生动、有趣。

④ 目标受众：不会化妆的妹妹，这确定了生成文案的受众和语言风格。

⑤ 具体任务：分享 ABC 口红，这明确了生成文案的主题。

通过这种方式，通义千问能够更好地理解和模拟一个具体的场景和人物特质，从而创作出更真实、生动和吸引人的文案内容。这种写法特别适用于社交媒体平台，因为它能够帮助建立与读者之间的情感联系，增加内容的共鸣度和传播力。

通过通义千问分析得到的心流法提示写法结果如图 3-14 所示。

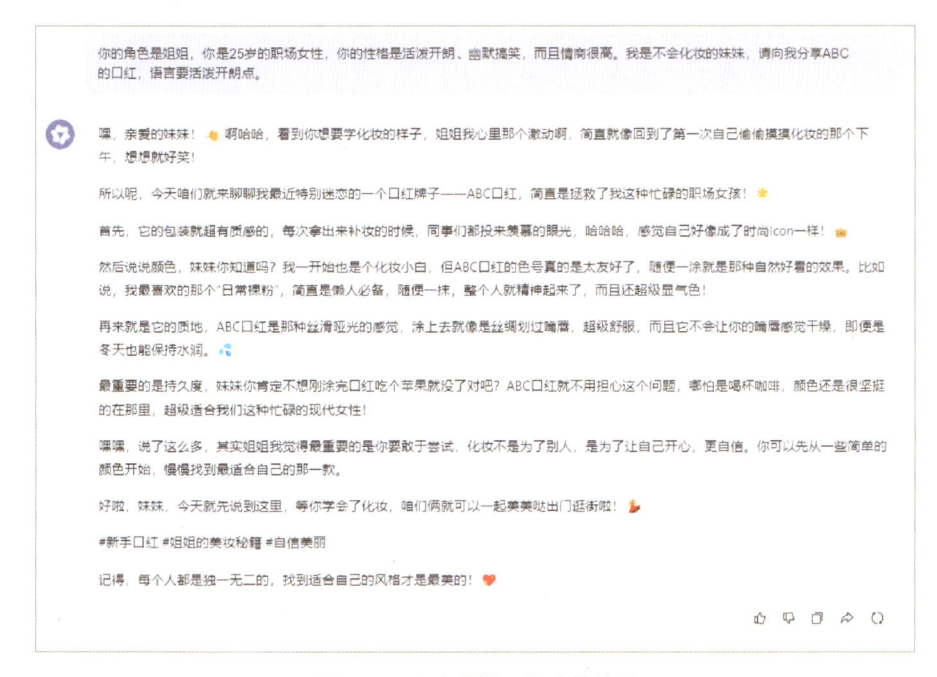

图3-14　心流法提示写法的结果

3.4.3　应用案例 2：洞察行业背景

洞察行业背景是电商运营中的重要环节，它能帮助电商企业更好地理解市场环境、把握行业趋势和发展机遇。通过通义千问这样的 NLP 生成式对话平台，可以高效地完成这项工作。首先，应用麦肯锡方法论来构建对行业的理解框架，通过搜集和分析大量的行业关键词来建立概念体系。接下来，将这些关键词按照不同的应用场景分类，形成针对性的知识图谱，便于理解不同场景下的行业特点。然后，梳理电商行业的产业链上下游关系，这样有助于识别价值链上的关键节点和合作伙伴。最后，制作行业思维导图，不仅能直观地展示行业结构，还能帮助团队成员快速掌握核心知识点。这些步骤综合起来，能够为企业提供全面且深入的行业洞察，为决策提供有力支持。

1. 麦肯锡方法论介绍

麦肯锡方法论是由麦肯锡咨询公司发展出来的一套解决问题的框架和方法，被广泛地应用于解决各种商业挑战，包括业务策略、运营效率和组织变革等领域。这一方法论的核心在于结构化思考和问题解决流程，它强调通过系统的分析来找到问题的本质，并提供可行的解决方案。在电商行业中应用麦肯锡方法论，可以有效地帮助理解行业背景和市场趋势。

首先，通过快速了解行业方法，搜集大量行业高频关键词来建立对行业的初步认识。这些关键词涵盖了行业的各个方面，如市场营销、供应链管理、客服等，有助于构建全面的概念体系。

然后，进一步将这些关键词按照应用场景进行分类，形成更具体的知识图谱，以便理解和应对特定场景下的挑战。此外，梳理电商行业的产业链上下游关系，可以清晰地识别出各个环节的关键参与者及其相互作用，有助于企业在整个产业链中寻找竞争优势。

最后，通过制作行业思维导图，将关键词和应用场景进行整合，形成一个层次分明的知识框架，方便团队成员快速地掌握行业核心知识，为制定策略和行动计划提供依据。麦肯锡方法论的应用能够帮助企业更加系统地理解和应对电商市场的变化，促进业务增长和发展。

2. 行业关键词分析

通过应用麦肯锡方法论，可以快速了解行业的基本情况，并利用大量行业高频关键词构建行业认知框架。例如，需要了解电商行业的关键词。向通义千问提出问题：“应用麦肯锡方法论快速了解行业，通过大量行业高频关键词来建立概念。现在我是一个对电商行业不了解的小白，请你给我整理出 50 个常用关键词，制作成 Markdown 表格，表头是：序号、关键词（英文）、关键词（中文）、介绍（限 50 字）、应用场景。”

通过通义千问分析得到的行业关键词分析结果如图 3-15 所示。

应用麦肯锡的快速了解行业，通过大量行业高频关键词来建立概念。现在我是一个对电商行业不了解的小白，请你给我整理出50个常用关键词，制作成Markdown表格，表头是：序号、关键词(英文)、关键词(中文)、介绍(限50字)、应用场景。 2/2

根据搜索到的内容总结如下

序号	关键词(英文)	关键词(中文)	介绍(限50字)	应用场景
1	E-commerce	电子商务	在线商品买卖平台	网购平台如淘宝、京东
2	Online Shop	在线商店	网络零售店铺	品牌官网商城
3	Marketplace	市场平台	多商家集合销售平台	亚马逊、eBay
4	Payment Gateway	支付网关	安全在线支付处理	购物结算环节
5	Logistics	物流	商品配送服务	订单发货
6	CRM	客户关系管理	管理顾客交互数据	提升用户体验
7	SEO	搜索引擎优化	提高网站搜索排名	吸引流量
8	SEM	搜索引擎营销	付费搜索广告	广告推广
9	Social Commerce	社交电商	利用社交网络销售	微信小程序、抖音带货
10	Dropshipping	代发货	无库存销售模式	跨境电商
11	B2C	企业对消费者	直接面向消费者销售	电子商城
12	B2B	企业对企业	商家间批发交易	阿里巴巴
13	C2C	消费者对消费者	个人间交易平台	淘宝二手市场
14	Cart Abandonment	购物车放弃率	未完成购买的比例	用户行为分析
15	Checkout	结账	完成购买流程	支付页面
16	Conversion Rate	转化率	访客变为买家的比例	销售效率评估
17	Inventory Management	库存管理	商品存储与调配	保持供需平衡
18	Return Policy	退换货政策	商品退货规则	售后服务
19	Shipping Cost	运费	商品运输费用	订单结算
20	Product Listing	商品列表	平台上的商品展示	商品上架

图3-15 行业关键词分析的结果

3. 关键词分类

如果需要将分析的行业关键词分类、整理，向通义千问提出问题："将刚才给出的关键词按照不同的应用场景进行分类，对不同的应用场景制作成不同的 Markdown 表格，要求一行一个关键词。表头是序号、关键词（英文）、关键词（中文）、介绍（限50字）。"

通过通义千问分析得到的关键词分类结果如图 3-16 所示。

图3-16　关键词分类分析的结果

4. 产业链上下游关系分析

产业链上下游关系分析对于企业来说至关重要，有助于企业理解供应链中各个环节之间的供需关系，识别潜在的合作机会，优化资源配置，并提高整个产业链的效率和竞争力。通过深入分析，企业可以更好地适应市场变化，降低成本，提高产品质量和服务水平。

例如，需要了解电商行业的产业链上下游关系。向通义千问提出问题："帮我梳理电商行业的产业链上下游构成及组织关系，制作成 Markdown 表格，表头是行业环节、上游、下游、组织关系。"

通过通义千问分析得到的产业链上下游关系分析结果如图 3-17 所示。

帮我梳理电商行业的产业链上下游构成及组织关系，制作成Markdown表格，表头是行业环节、上游、下游、组织关系。

根据搜索到的内容总结如下

行业环节	上游	下游	组织关系
原材料供应	生产商、制造商、原材料供应商	制造商、生产商、电商平台	供应商提供原料给制造商生产商品
商品制造	制造商、加工商	分销商、电商平台、零售商	制造商生产商品供应给分销商或直接电商平台
产品设计与开发	设计公司、研发机构	制造商、品牌商	设计与研发新品供制造商生产或品牌商推广
品牌运营	品牌商、授权商	电商平台、实体店、分销商	品牌商授权或直接向销售渠道提供商品
电商平台运营	电商平台运营商	消费者、商家（B2C）、其他电商平台（B2B）	平台作为中介连接商家与消费者，或与其他平台进行商品交换
物流仓储	第三方物流、仓储服务提供商	电商平台、品牌商、零售商	提供商品存储、分拣、配送服务
在线支付	第三方支付平台、银行	消费者、电商平台	支付平台处理交易中的资金流动
市场营销与广告	广告代理、KOL、社交媒体平台	电商平台、品牌商	提供广告推广服务，增加商品曝光度
客户服务与售后	客服外包公司、售后服务提供商	消费者、电商平台	解答咨询、处理退换货等售后服务
数据分析与技术支持	数据分析服务商、IT解决方案公司	电商平台、品牌商	提供数据分析、系统维护、技术支持服务

在电商行业的产业链中，各个环节紧密相连，形成了复杂的组织关系网络。上游主要涉及原材料供应、商品制造、设计与开发等基础环节，为下游的商品销售提供支持。下游则主要包括电商平台运营、物流仓储、在线支付、市场营销与广告、客户服务等直接面对消费者或商家的环节。组织关系体现为商品流、信息流、资金流和服务流在各环节间的相互作用与合作，确保整个电商生态系统的高效运行。

图3-17　产业链上下游关系分析的结果

3.4.4　应用案例 3：建立企业愿景与品牌故事

企业愿景与品牌故事对于企业的发展至关重要。企业愿景为企业设定了长期发展目标和方向，它能够激励员工和合作伙伴共同努力，朝着共同的目标前进。一个清晰的企业愿景有助于企业在竞争激烈的市场环境中保持专注，并做出有利于长远发展的决策。品牌故事则是企业与消费者建立情感连接的桥梁。一个引人入胜的品牌故事可以增强品牌的独特性和记忆点，让消费者对品牌产生共鸣，从而提升品牌忠诚度和用户黏性。品牌故事不仅仅是关于品牌的过去，更重要的是传递品牌的价值观和企业愿景，提高消费者对品牌的信任和支持。

企业愿景为企业提供了方向，品牌故事则对消费者展现了企业的个性和承诺，二者都是构建强大品牌不可或缺的元素。

1. 建立企业使命愿景

在应用通义千问等 NLP 生成式对话平台建立企业使命愿景时，首先要明确告知通义千问建立愿景的具体要求，并提供一些成功的案例作为参考。这有助于通义千问理解企业的核心价值观、业务目标和战略方向，进而创作出既具启发性又切实可行的使命愿景。例如，可以提供知名企业的使命愿景案例，让通义千问学习它们是如何简洁而有力地表达了企业的长期目标和价值主张的。这样可以确保生成的企业愿景不仅能反映企业的核心理念，还能激发员工和消费者的共鸣，为企业的长期发展奠定坚实的基础。

向通义千问提出问题：“假设你是我的营销顾问，我现在需要给我的公司制定公司的企业愿景。我会在这里说出我的主营产品或类目、我的业务目的和我的战略。我希望企业愿景能对我的业务有战略指引的影响,我希望我的企业愿景能够让公众更容易对我的业务目的达成认知,甚至我的企业愿景可以阐述我的战略。企业愿景一般不超过30字,以下是一些备受好评的案例。某汽车公司:加速向可持续能源的转变,以创造出可接受价格的电动汽车和清洁能源产品,从而推动全球向更清洁、低碳的未来迈进。某电商平台:让天下没有难做的生意,致力于建立一个全球化的数字贸易平台,为全球企业提供便捷的商业交易和合作机会。某服装品牌:为顾客提供高品质、舒适和时尚的服装,让人们在日常生活中感到更好、更自在。听明白了吗?"

通过通义千问分析得到的结果如图3-18所示。

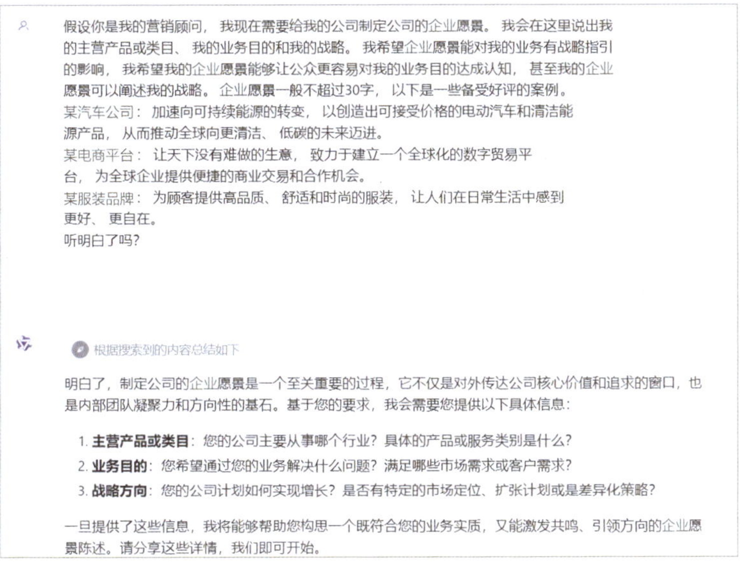

图3-18 建立企业愿景的结果(1)

例如,为一家海产品销售公司建立企业愿景,向通义千问提出问题:"我是一家从事海产品销售的公司,主要售卖各类鲜活海产品。我是一家新打入电商行业的公司,希望可以拓展新客源,将产品销往全国乃至世界。"

通过通义千问分析得到的结果如图3-19所示。

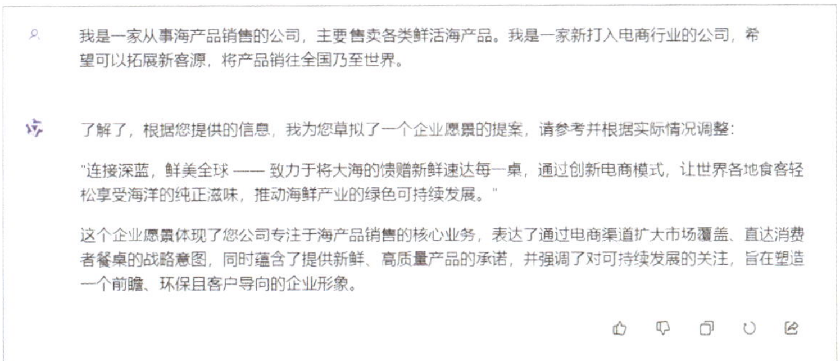

图3-19 建立企业愿景的结果(2)

2. 建立品牌故事

为了借助通义千问等 NLP 生成式对话平台建立强有力的企业品牌故事，首先需要清晰地向通义千问传达品牌故事的构建要求。这些要求应包括品牌的核心价值观、业务目的、战略方向及品牌独特之处。此外，提供一些成熟的品牌故事案例是非常有益的，如海尔公司砸冰箱的故事或是阿里巴巴集团"十八罗汉"的创业历程，这些案例可以作为通义千问学习的素材，帮助通义千问理解如何构建一个真实、动人且与消费者紧密相连的品牌故事。通过这种方式，我们可以确保生成的品牌故事不仅能体现品牌的精髓，还能引起消费者的共鸣，从而有效地传达品牌的精神与价值。

向通义千问提出问题："假设你是我的品牌顾问，我现在需要给我的公司或工厂构建一个品牌故事，能用在我们的网页上。我会告诉你我的工厂名称、工厂主营类目或产品、工厂老板名字、工厂的业务目的和业务战略、工厂的使命、工厂的价值观、工厂的特点和优势。注意以下细节。1. 故事要真实生动感人，不要写自己做不到，消费者不相信的品牌故事。2. 不要在品牌故事里介绍产品，要说的是做产品的精神。3. 好的品牌故事往往是因为让消费者感觉到'这跟我很有关系'。4. 品牌故事就得是个故事，一定不要写成说明文。5. 品牌故事一定要是消费者的故事。以消费者为主角的故事，才能让他们产生共鸣。品牌故事需要强化我的定位和优势，并且能够带出我的使命，以下是一些消费者比较喜欢的品牌故事：海尔砸冰箱的故事，阿里巴巴十八罗汉的故事，你明白了吗？"

通过通义千问分析得到的结果如图3-20 所示。

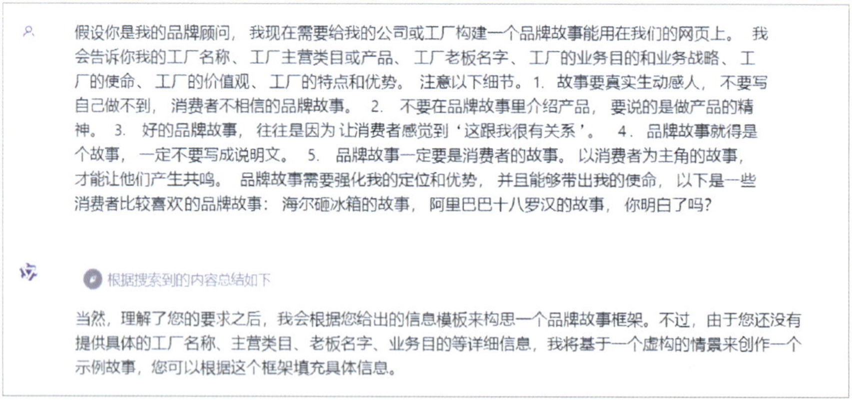

图3-20　建立品牌故事的结果（1）

例如，为一家海产品销售公司建立品牌故事，向通义千问提出问题："我是一家从事海产品销售的公司，主要售卖各类鲜活海产品。我是一家新进入电商行业的公司，希望可以拓展新客源，将产品销往全国乃至世界。"

通过通义千问分析得到的结果如图3-21 所示。

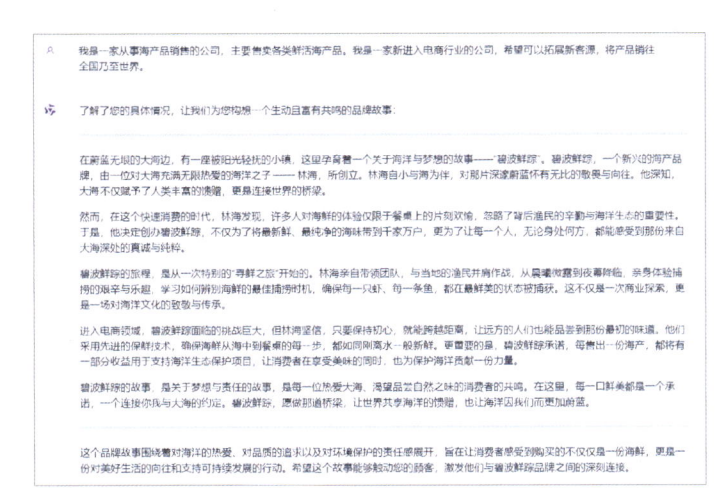

图3-21　建立品牌故事的结果（2）

3.4.5　应用案例4：创建短视频脚本

创建短视频不仅能有效传达品牌的核心价值和文化，还能加深消费者对品牌的记忆和情感联系。一个好的品牌故事脚本能激发观众的情感共鸣，增加品牌的人性和温度感。在快节奏的社交媒体环境中，这种类型的视频内容有助于提高品牌的识别度和消费者的忠诚度，从而促进销售额增长。此外，它还可以作为长期内容营销策略的一部分，帮助品牌在竞争激烈的市场中脱颖而出。

例如，针对以上品牌故事，创建短视频脚本。向通义千问提出问题："请以此帮我创建一个短视频的脚本。"

通过通义千问分析得到的结果如图3-22所示。

图3-22　创建短视频脚本的结果

3.4.6　NLP 生成式对话平台的提问技巧

在与 NLP 生成式对话平台进行交流时，掌握正确的提问技巧至关重要。NLP 生成式对话平台的提问技巧主要包括以下几方面。

（1）明确提问。

在与 NLP 生成式对话平台进行交流时，提出具体、明确的问题至关重要。这有助于 NLP 生成式对话平台更准确地理解需求，并提供更精准的答案。

例如，相比于泛泛地提问"怎么提高销售量"，提问"如何提高夏季女装的转化率？"则会更加具体。在这种情况下，NLP 生成式对话平台能够给出针对性的建议。例如，建议在夏季推出清凉主题的营销活动，或者优化夏季女装的页面布局以突出季节性特点。

（2）细化需求。

当问题较为复杂，或者涉及多个方面时，可以采取分步骤提问的方式，逐步深入。这样做有助于 NLP 生成式对话平台更清楚地理解具体需求，并给出更详细和实用的建议。

例如，如果你想了解如何在"双十一"期间设计促销活动，可以先向 NLP 生成式对话平台提问整体策略，如折扣力度和活动时间，再询问具体的页面设计、广告创意等细节。这样你可以获得一个全面的策略框架，同时也掌握了具体的实施细节。

（3）应用场景。

描述具体的场景或背景信息对于获得更贴合实际的建议非常重要。通过提供更多的上下文信息，NLP 生成式对话平台可以根据情境给出更实际的建议。

例如，在设计"双十一"促销活动时，你可以为 NLP 生成式对话平台提供更多信息，如目标消费群体、预期销售额等。这样，NLP 生成式对话平台可以根据这些具体信息给出更实际的建议。例如，建议针对年轻人推出限时优惠，或者根据购买记录为老用户定制专属优惠券。

（4）持续迭代。

在收到 NLP 生成式对话平台的回答后，根据获得的信息继续追问或澄清，可以不断细化和完善方案。

例如，假设你已经得到了一份初步的促销策略，可以继续追问 NLP 生成式对话平台具体的执行细节，如促销文案的写作技巧、用户反馈机制等。通过不断地追问和描述，可以不断完善计划，确保策略的可行性。

（5）学习模式。

观察 NLP 生成式对话平台的回复模式，并学会引导对话方向，可以使 NLP 生成式对话平台提供的信息更符合运营需求。

例如，如果你发现 NLP 生成式对话平台的回答偏向于理论而非实践，可以尝试调整提问方式。例如，请 NLP 生成式对话平台提供具体的业务背景信息，促使 NLP 生成式对话平台给出更实用的建议。通过这种方式，你可以更好地应用 NLP 生成式对话平台的能力，使其提供的信息更贴近实际需求。

(6) 验证信息。

虽然 NLP 生成式对话平台能够提供大量信息和建议，但作为使用者，还需要结合实际情况进行验证和调整，以确保生成策略的有效性。

例如，假设 NLP 生成式对话平台建议你在某次促销活动中采用满减策略，你需要结合历史销售数据、成本预算等因素进行评估。通过这种方式，可以确保生成策略既符合市场趋势，又满足企业的实际需求。

掌握正确的提问技巧对于充分应用 NLP 生成式对话平台的生成能力来说至关重要。通过提出具体明确的问题、分步骤提问、提供场景信息、不断追问和澄清、学会引导对话方向，以及结合实际情况验证信息，可以确保从 NLP 生成式对话平台获得质量高、实用性强的建议。这些技巧不仅可以帮助电商运营人员更好地制定策略，还可以提高与 NLP 生成式对话平台交流的效率，为企业的运营和发展提供有力的支持。

习 题

1. 选择题

（1）NLP 生成式对话平台的核心能力是什么？（　　）

　　A．仅能根据预设规则生成固定回应

　　B．根据用户的自然语言输入生成有意义且恰当的回应

　　C．无法理解上下文，只能提供孤立的回应

　　D．只能处理单轮对话

（2）以下哪个选项不是 NLP 生成式对话平台关键技术的一部分？（　　）

　　A．语义理解　　　B．生成模型　　　C．上下文建模　　　D．图像识别

（3）NLP 生成式对话平台的实现过程中，以下哪一步骤负责使用训练数据来拟合模型？（　　）

　　A．数据准备　　　B．预处理　　　C．模型训练　　　D．评估与调试

（4）以下哪个平台不是主流的 NLP 生成式对话平台？（　　）

　　A．阿里云 NLP 平台　　　　　　　B．腾讯云 NLP 服务

　　C．百度 UNIT　　　　　　　　　　D．微软 Office

（5）通义千问是以下哪个公司推出的 NLP 技术产品？（　　）

　　A．腾讯　　　B．阿里巴巴　　　C．百度　　　D．谷歌

（6）通义千问在电商领域的哪个选项功能能够提高产品的点击率和转化率？（　　）

　　A．快速响应与高准确度　　　　　B．多语言支持

　　C．高质量的产品描述　　　　　　D．多轮对话能力

（7）通义千问的多语言支持在电商领域的应用中意味着什么？（　　）

　　A．只能支持简单的语言翻译，不能理解文化差异

B．提供本地化的客服，改善国际用户体验

C．仅限于中文和英文两种语言的支持

D．无法在跨境电商中发挥作用

（8）通义千问的多轮对话能力主要用于解决什么问题？（   ）

  A．简单的问候   B．复杂问题的逐步解答

  C．单一问题的直接回答   D．仅提供产品信息

（9）通义千问提供的个性化推荐基于什么？（   ）

  A．用户的随机行为   B．用户的历史浏览和购买数据

  C．仅限于热销产品的推荐   D．仅限于新品推荐

（10）通义千问在电商运营中的哪一项功能有助于提高客服的质量和效率？（   ）

  A．客服自动化   B．产品优化建议

  C．广告与推广策略   D．库存与供应链管理

2．简答题

（1）请简述 NLP 生成式对话平台的关键技术。

（2）通义千问在内容创作方面有哪些优势？

（3）通义千问如何帮助电商企业进行市场趋势分析？

（4）请简述通义千问在电商运营中能提供的支持有哪些。

3．实践题

利用 NLP 生成式对话平台，生成一篇关于某电商产品的社交媒体文案。要求文案能够吸引目标受众，并包含产品的主要卖点和促销信息。请展示生成的文案，并分析其效果。

第二篇

电商视觉设计理论与实践

第 4 章

电商视觉设计理论

学习目标

知识目标

- 理解亲密性、对齐、重复与对比等视觉设计原则的概念、目的与实现方法。
- 了解色彩的基本属性,理解色彩的情感。
- 掌握构图的基本形式与特点。
- 了解字体的类型,能区分衬线体与无衬线体。

能力目标

- 能初步应用视觉设计原则进行设计。
- 掌握色彩搭配的具体策略。
- 掌握字体的选择与应用。
- 掌握文字信息层级在电商视觉设计中的应用。

价值目标

- 培养良好的审美情趣。
- 塑造乐于探索、勇于实践的品格。

4.1 视觉设计原则

在电商视觉营销设计中,有些人 Photoshop 技能掌握得非常熟练,但设计出来的作品画面美感不足,重点不够突出,产品、文案、版面结合得不太自然。那么,设计中有没有一些基本原则可以应用呢?Robin Williams 总结了设计中最基本的四个原则,分别是亲密性、对齐、重复、对比。这些设计原则在生活中无处不在,每个优秀的设计都应用了这些原则。

4.1.1 亲密性原则

1. 什么是亲密性

俗话说:"物以类聚,人以群分。"亲密性是指将逻辑上存在关联的元素排列组合在一起,归为一组,使其被看作密切相关的整体,而不是一堆杂乱无章的元素。

听起来似乎有些抽象,先来看如图 4-1 所示的案例,你能在 3 秒内分辨出图中有几种水果吗?每种水果各有多少个?这是不是有些困难呢?

接下来对画面进行调整,如图 4-2 所示,你是不是可以轻而易举地回答出上述问题?

图4-1 水果图片(1)　　　　　图4-2 水果图片(2)

为什么同样两张图片,内容一样,只是更换了元素摆放的位置,却能影响到我们的判断?这就是亲密性原则起了作用。

应用亲密性原则,有助于组织元素,使结构更清晰。在排版时如果感觉画面中元素有些散乱,则很可能是没有应用好亲密性排版方法。

2. 如何达到亲密性

首先,需要对元素进行归类组合,将画面中出现的元素按某种逻辑进行划分。

其次,在物理位置上对同一组合内的元素赋予更近的距离,使它们相互靠近,形成一个视觉单元,将无关的元素分开。

图 4-3 所示为一张企业名片的布局,在这样小的空间里,你能看到多少个单独的元素?视线要转移多少次才能看全这张名片上的所有信息?

如果对这张名片做些调整,如图 4-4 所示,即将相关的元素划分为一组,使它们建立更亲密的关系，你看会发生什么？应用亲密性原则之后，杂乱画面中的元素经过逻辑归类，对信息进行有效组织，减少了混乱，提高了可读性。

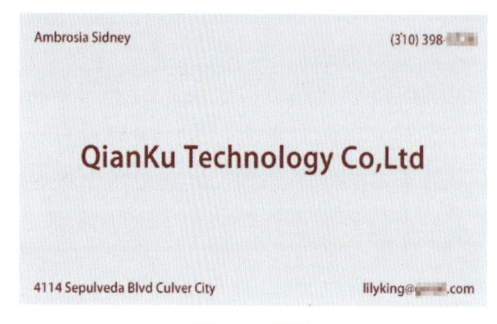

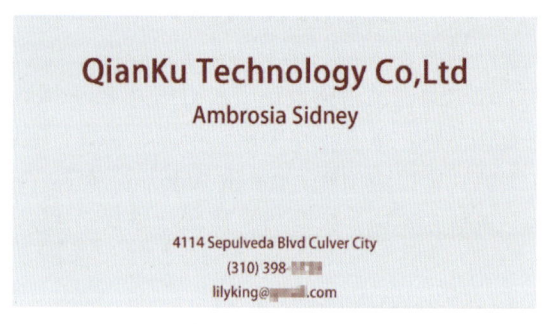

图4-3　名片　　　　　　　　　图4-4　应用亲密性原则修改后的名片效果

应用亲密性原则将所有的文案归为一类，并且采用统一的衬底，这样使客户能快速获取信息，如图4-5所示。

图4-5　亲密性原则的应用

4.1.2　对齐原则

1. 什么是对齐

对齐是指任何元素都不能在画面中随意摆放，每个元素都应当与画面中的另一个元素存在某种视觉联系，即在元素之间建立视觉纽带。

如果画面中的元素是对齐的，就会得到一个内聚的单元。即使对齐元素的物理位置距离很远，但它们之间会有一条看不见的线将其联系在一起。

对齐的目的是使画面变得统一、有条理。

2. 如何实现对齐

在画面中找出能与任何元素对应的可以对齐的元素，在这些元素之间确定一个明确的对齐线，并坚持以对齐线为基准。

对齐的方式可以分为左对齐、右对齐、居中对齐和两端对齐。

例如，在刚才的名片设计中，采用右对齐方式进行处理后，名片中的元素立刻变得有条理了，如图 4-6 所示。尽管对齐线是一条看不见的线，但它为这些元素提供了一个共同的边界，这个边界把它们联系在了一起。

图4-6　应用对齐原则后的名片效果

图 4-7 和图 4-8 所示为常见的对齐原则应用的电商海报设计案例，左对齐后，文案自然而然地联系在了一起。这样的案例在电商海报设计中比比皆是。

图4-7　对齐原则的应用（1）

图4-8　对齐原则的应用（2）

需要注意的是，在应用对齐原则时，尽量采用一种文本对齐方式，避免在一个画面中混合采用多种文本对齐方式。例如，所有的文本都应左对齐，或者右对齐，又或者全部居中对齐。

通过应用亲密性原则，将一个画面中的元素划分成不同的组合，通过应用对齐原则，使这些不同的元素组合在视觉上看起来彼此相关。

但对于两个平等关系的元素组合或多个平等关系的元素组合，仅仅应用亲密性和对齐原则还是无法呈现完美的效果，这里需要应用第三个原则——重复原则。

4.1.3 重复原则

1. 什么是重复

重复是指具有相同属性的元素在整个画面中反复出现。

通过重复,可以增加画面风格的统一性,使画面统一完整,客户阅读起来更加轻松,获取信息更加直接。

2. 如何实现重复

在视觉设计中,可以重复颜色、形状、空间关系、字体、大小等。在日常工作中人们经常应用重复原则。例如,在编辑文本时将所有标题都设置为相同的大小和粗细,在每页的底部都增加一条线,每个项目中的列表都采用相同的符号,相同级别的标题统一采用相同的字体、字号和颜色。

重复原则在Logo设计中也经常被应用,如华为Logo中有规律的、重复的多片花瓣(见图4-9)。

在电商页面设计中经常应用重复原则,图4-10所示为全球速卖通平台的一个企业首页,背包类(Tail Backpack)产品与腰包类(Running Waist Bag)产品展示应用同样的布局,均从全屏海报开始,到中屏海报,再到具体产品(3款)的展示。

图4-9 重复花瓣(华为Logo)

图4-10 重复布局

注意： 在设计时要避免过多地重复一个元素，太多的重复元素会让人反感，因此，要重视对比原则的应用。

4.1.4 对比原则

如果亲密性原则、对齐原则和重复原则是为了实现组织性，使画面变得统一、有条理。对比原则的应用则是为了打破单调，通过强调突出视觉重点吸引客户关注。

对比原则是视觉设计中的一个核心原则，通过彰显不同元素之间的差异性来增强视觉效果，提高信息的可读性和画面的吸引力。

如果一个画面中的文本采用的都是同样的字体、同样的字号、同样的颜色，客户能轻易区分出哪个是标题、哪个是正文内容吗？因此在通常情况下，设计师都会应用对比原则。

应用对比原则一方面可以增强画面的视觉效果，强调视觉重点；另一方面还可以让信息的层级更加清晰，自然地引导客户的视线。

如何实现对比原则？

实现对比原则的方法有大字体与小字体的对比、粗线与细线的对比、冷色与暖色的对比、平滑材质与粗糙材质的对比、间隔很宽的文本行与紧凑的文本行的对比、大图片与小图片的对比等。

在图4-11所示的促销海报中，画面中的文本采用大字体与小字体的对比，使70%折扣的信息非常醒目。

图4-11 文本字体的大小对比

没有应用对比原则的画面设计，在客户眼里就如平静的海面，视线可及之处没有焦点，在画面设计应用对比原则后，就如在平静的海面上有一个像小岛那样的可以吸引客户视线的焦点，突出了视觉重点。

应用对比原则依然涉及一个度的问题，强烈的对比很有可能导致客户忽视在画面中那些处于比较弱的元素。

亲密性、对齐、重复和对比四个设计原则是相互关联的，只应用某个原则的情况是很少的。在图4-12中，既应用了亲密性原则，将文本统一放置在海报画面的左侧，同时应用了对齐原则和对比原则，使得整个海报画面美观、信息清晰可读。

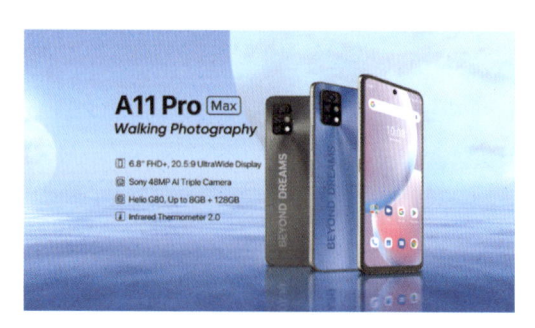

图4-12 设计原则的综合应用

4.2 色彩理论与电商视觉设计的色彩搭配策略

色彩是视觉营销设计的重要元素之一，能否成功进行色彩的搭配，将直接关系到产品的访问量和品牌的认知度。

4.2.1 色彩的基本属性

色彩可以分为非彩色和彩色两大类别。非彩色是指白色、黑色和各种深浅不同的灰色，而其他颜色均属于彩色，彩色具有三个属性：色相、饱和度、明度。

色相又称色调，是指颜色的种类和名称，是颜色的基本特征，还是一种颜色区别于其他颜色的因素，在图4-13中呈现了红、橙、黄、绿、青、蓝、紫这些不同特征的色彩，这就是色相。

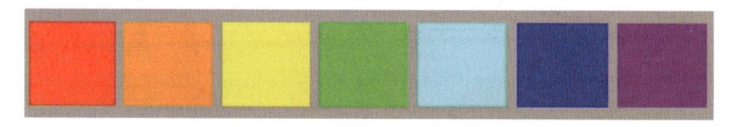

图4-13 色相

饱和度是指颜色的纯度，颜色的饱和度越高，就越鲜艳；反之，颜色的饱和度越低，就越偏向灰色。图4-14中的颜色的饱和度明显高于图4-15中的颜色的饱和度，图4-14中的颜色非常鲜艳，而图4-15中的颜色偏向灰色，如果饱和度一直降低，图像就会变成非彩色。

图4-14 高饱和度的图像　　　　　　　图4-15 低饱和度的图像

明度是指人眼所能感受到的颜色明暗程度。图 4-16 中的颜色很明亮，如果降低其明度，就会呈现出如图 4-17 所示的效果。

图4-16　高明度的图像

图4-17　低明度的图像

4.2.2　色彩的情感

人们常说，不同的色彩能够触发人们不同的情感。

色彩的情感被称为色彩的功能、色彩的表情。色彩能触动人们的情感是因为人们长期生活在彩色的世界中，累积了许多视觉经验。当人们的视觉经验与外界的色彩刺激产生呼应时，就会引发某种情绪，这种情绪同时受人们的年龄、性格、经历、民族、地区、环境、文化等因素的影响。下面分析几种典型色彩的情感。

1. 红色

红色是一种刺激性强、容易引起注意且能给人留下深刻印象的色彩。红色给人温暖、兴奋、活泼、热情、希望、幸福等积极向上的感受。因此，红色往往代表生命、热情和活力。一位洋气的美女提着红色的包，大阔步行走，使人感觉富于朝气、蓬勃向上，如图 4-18 所示。然而，在某种情况下，红色让人产生紧张、危险及躁动不安的感觉，因此常用作警告、禁止等标示用色，如图 4-19 所示。

图4-18　红色效果

图4-19　红色的警示效果

2. 橙色

橙色是黄色与红色的混合色，是十分欢快、活泼的色彩，是暖色系中较温暖的色彩，代表温馨、活泼、热闹，使人感觉明快、富丽、辉煌、炙热，使人联想到金色的秋天、丰硕的果实，因此橙色是一种令人富足、快乐而幸福的色彩。橙色容易引起人们对营养、香甜的联想，并激发食欲，如图4-20所示。

3. 黄色

黄色是最亮的色彩，在高明度下能保持很强的纯度，是非常明亮而娇美的色彩，有很强的光感，具有极强的视觉效果。黄色衣服会非常醒目、亮眼，如图4-21所示。

图4-20　橙色效果　　　　　　　　　　图4-21　黄色效果

4. 绿色

人们生活在绿色的大自然中，因此绿色给人的感觉最平静。绿色容易使人联想到大自然、草地、森林等，它传达清爽、理想、希望、生长、青春等意象，能够匹配农业、服务业、保健业的行业需求，如图4-22和图4-23所示。

图4-22　绿色效果（1）　　　　　　　图4-23　绿色效果（2）

5. 蓝色

蓝色是最冷的色彩，使人联想到天空、海洋、湖泊、远山、冰雪，代表冷静、理智、高深、透明、严谨等。由于蓝色可以传达沉稳内敛与理性精确的意象，它成为了科技产品与高科技企业标志设计中的首选色彩。在科技行业中，蓝色不仅能表现出产品的可靠性和先进性，还能激发客户对科技创新、高效性能及专业信赖的认同感，如图4-24所示。

6. 紫色

紫色代表神秘、高贵、威严，使人感觉浪漫、优雅、雍容华贵。提高紫色的明度，可以表现出妩媚、优雅的效果，具有强烈的女性化性格，如图 4-25 所示。

图4-24　蓝色效果

图4-25　紫色效果

4.2.3　电商视觉设计的色彩搭配策略

在电商视觉设计中，应当如何快速把握整体的色彩基调，更好地表达产品的主题思想呢？

1．基于产品定位色彩

不同的色彩给人不同的印象，不同行业、不同产品使用的色彩都具有一定的倾向性。例如，科技、数码家电类行业较多使用蓝色，体现其商务、稳定的格调，数码产品海报设计如图 4-26 所示；保健品行业经常使用绿色，体现其生命与健康的理念；食品行业中常常使用黄色、橙色等暖色调，刺激人的视觉，使人增加食欲，同时又有较强的视觉认知性和吸引力，表现出生活的格调；爱情婚恋主题周边行业往往使用紫色，或者与粉色搭配，体现浪漫、优雅、高贵、梦幻的气质。

图4-26　数码产品海报设计

在电商企业设计中，首页、企业招牌、促销图等的配色要选择与行业相匹配的色彩，保证色彩与企业形象、经营的产品相一致。

2. 基于用户特点选择色彩

不同性别的消费群体，对色彩的偏好存在较大的差异。例如，成熟男性产品的配色以体现冷峻感的冷色系或黑色、深灰色等非彩色为主，或者选用低明度、低纯度的色调，如深蓝色，能演绎出男性冷静、沉着、强壮、潇洒等特点，如图 4-27 所示。体现速度感和力量感的运动型产品的配色也是男性配色，通过色彩表现动感的印象，突出色彩之间的对比效果，如图 4-28 所示。

图4-27　成熟男性产品的配色　　　　图4-28　运动型产品的配色

女性普遍喜好红色、粉色等暖色，如图 4-29 所示。时尚女装经常选择棕色、酒红色等，演绎女性的高雅和优美；紫色、黑色、红色等可以体现艳丽、性感的色彩，能展现出成熟女性的魅力。

图4-29　女性服饰的配色

不同年龄阶段的消费者对色彩的偏好不同。儿童喜欢鲜艳和活泼的色彩，儿童产品的配色如图 4-30 所示，青少年喜欢对比较强的色彩，中年人喜欢稳重大气的色彩，老年人则喜欢简单素雅的色彩。针对不同的消费群体，在产品设计上所使用的色彩也应有所不同。

图4-30　儿童产品的配色

4.2.4　配色理论与方法

前面介绍的是单一颜色的色彩表现和色调选择，然而在电商视觉设计时常常需要多种颜色的色彩表现，应该如何选择色彩进行搭配呢？先来认识下色相环。

1．色相环

十二色相环由原色、二次色（间色）和三次色（复色）组合而成，如图4-31所示。色相环中的三原色是红、黄、蓝，在环中形成一个等边三角形。二次色是橙、紫、绿，处在三原色之间，形成另一个等边三角形。红橙、黄橙、黄绿、蓝绿、蓝紫和红紫六色为三次色。三次色是由原色和二次色混合而成的。

2．常用的色彩搭配方法

常用的色彩搭配方法包括同类色搭配、邻近色搭配、类似色搭配、互补色搭配等。

（1）同类色搭配：同类色是指色相环中15°夹角内的颜色，色相性质相同，但饱和度和明度可适当调整，产生不同的效果，如深绿与浅绿。

（2）邻近色搭配：邻近色是指在色相环上邻近的颜色，凡在60°夹角内的颜色都属于邻近色，如图4-32所示。邻近色在色彩的成分构成、色相过渡等方面呈现出"你中有我，我中有你"的情况。例如，朱红色与橘黄色的邻近色搭配效果如图4-33所示，朱红色以红色为主，其中带有少量黄色；橘黄色以黄色为主，其中带有少量红色，虽然它们在色相上有很大差别，但在视觉上比较相似。

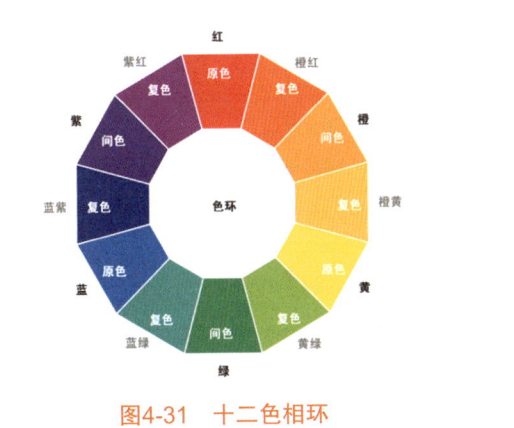

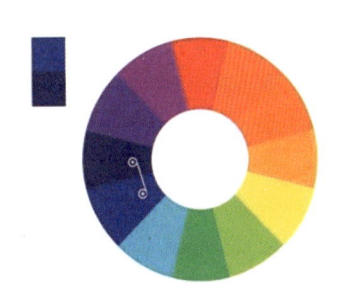

图4-31　十二色相环　　　　图4-32　邻近色

图4-33 邻近色的搭配效果

（3）类似色搭配：类似色是指在色相环上 90°夹角内的颜色，如图 4-35 所示。例如，红－橙红－橙、黄－黄绿－绿等均为类似色。类似色由于色相对比不强，给人平静、调和的感觉，因此在配色中经常被使用。

（4）互补色搭配：互补色是指在色相环上处于 180°对角位置的两个颜色，如图 4-36 所示。由于有非常强烈的对比度，因此在颜色饱和度很高的情况下，使用互补色搭配可以实现很多十分震撼的视觉效果。

图4-34 类似色 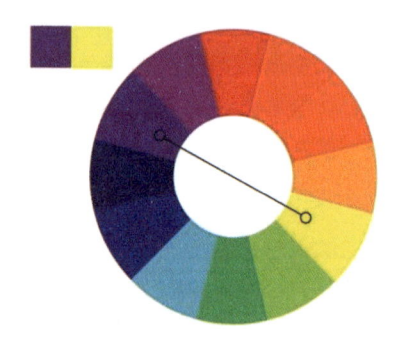　　　　　　　　　　图4-35 互补色

3. 色彩选取技巧

（1）风景取色法：自然界非常神奇，有很多完美的色彩搭配，处处可以看到均衡的色彩组合，类似色互相辉映，搭配对比色，展现出了色彩组合的丰富变化。使用自然界图片可以产生非常美妙的色彩搭配。

风景取色法具体步骤如下。

第一步：搜索一张自然界图片，或者自行拍摄，最好是没有经过处理的原始图像，如图 4-36 所示。

第二步：使用图像处理软件（如 Photoshop）为原始图像打上马赛克，通过马赛克将多种颜色归类为一个颜色。

第三步：取五种颜色，如图 4-37 所示，并制作为多个圆色块。

第四步：将圆色块应用到页面配色中，效果如图 4-38 和图 4-39 所示。

提示：在风景取色法中采用不同的原始图像，设计出来的配色不同；其难点在于如何找到一张合适的原始图像，因为不同的原始图像对应的应用领域也不同。

图4-36 原始图像

图4-37 为原始图像打上马赛克并取色

图4-38 配色应用效果（1）

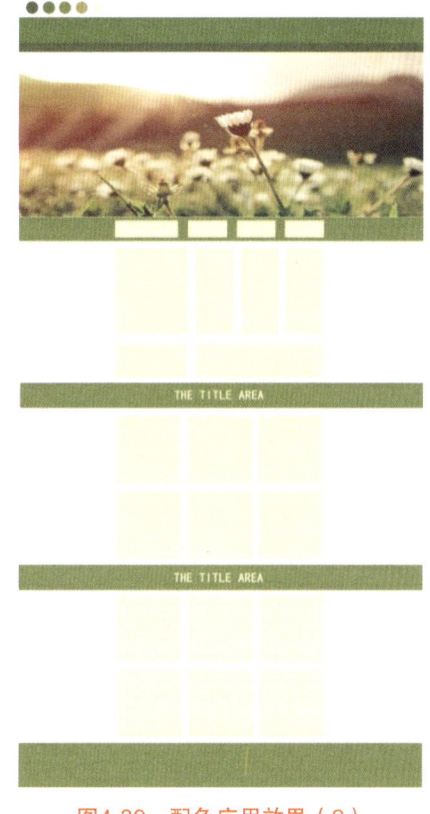

图4-39 配色应用效果（2）

（2）工具取色法：目前，有一些配色软件工具如 ColorSchemer Studio，能够帮助人们进行配色设计。

4.3 构图概述与基本形式

在设计电商页面时，可能遇到一个难题——如何构图。从事视觉设计工作的新手，在面对构图时往往会有一种乏力感，而优秀的构图不仅让作品充满美感，而且还能表现出作品的主题思想。

人工智能与电商视觉设计

4.3.1 构图概述

这里有四幅画面（见图 4-40～图 4-43），大家是否感觉到这些画面或优美，或平静，或动感？那么这些画面在构图方面都遵循了怎样的规律呢？构图的基本形式包括哪些呢？

图4-40　画面1　　　图4-41　画面2　　　图4-42　画面3　　　图4-43　画面4

常见构图的基本形式有九宫格构图、对称式构图、对角线构图、三角形构图、引导线构图、水平线构图、垂直线构图、向心式构图等，如图 4-44～图 4-51 所示。

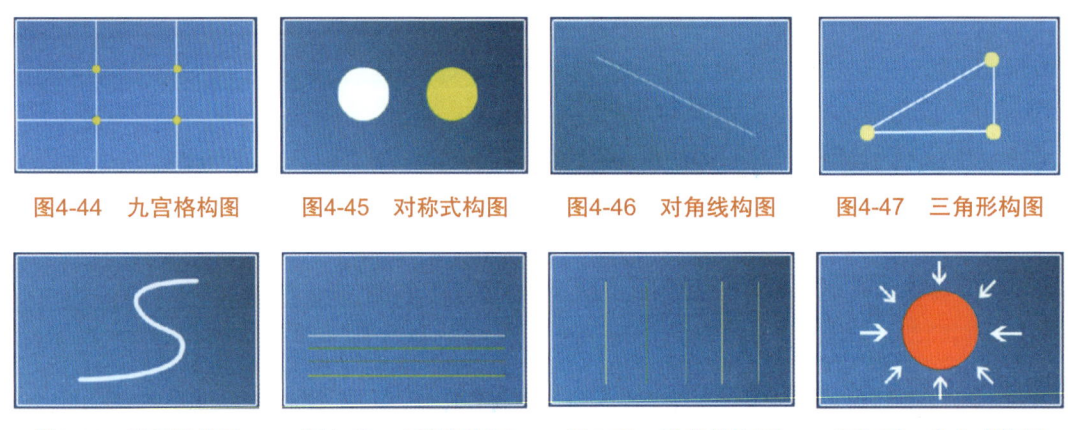

图4-44　九宫格构图　　图4-45　对称式构图　　图4-46　对角线构图　　图4-47　三角形构图

图4-48　引导线构图　　图4-49　水平线构图　　图4-50　垂直线构图　　图4-51　向心式构图

那么，这些构图的基本形式的概念分别是什么，应该如何应用呢？

4.3.2 构图的基本形式

1. 九宫格构图

九宫格构图指的是使用水平和垂直的四条线将画面分成九个格，将主要元素放置在线的交叉点上。"井"字的四个交叉点都是视觉焦点。一般认为，右上方的交叉点最为理想，其次为右下方的交叉点，九宫格视觉焦点如图 4-52 所示。

在图 4-53 中，模特、文案都被放置在视觉焦点上，消费者的注意力自然就会被模特吸引，而文案内容正好位于左上角的视觉焦点，整个画面在保持舒适平和的同时，突出了模特和文案内容。

图 4-54 所示的花朵照片、图 4-55 所示的海滩人物照片均应用了九宫格构图来突出重点。

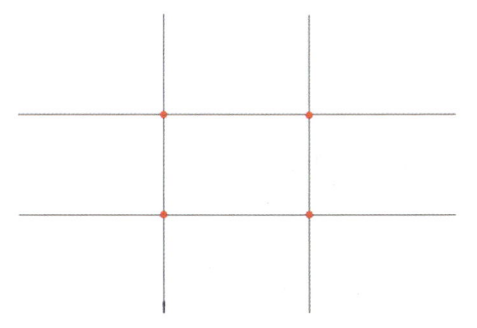

图4-52　九宫格视觉焦点

图4-53　九宫格构图案例（1）

图4-54　九宫格构图案例（2）

图4-55　九宫格构图案例（3）

九宫格构图符合人们的视觉习惯，是最经典的构图形式，使主要元素自然地成为视觉中心，具有突出主体并使画面趋向均衡的特点。

2．对称式构图

对称式构图来源于生活，是常用的一种构图形式。对称式构图的画面一般在左右、上下和斜向三个方向上大致对等。

应用对称式构图，可以让画面达到一种平衡，具有平衡、稳定、相呼应的特点，效果如图4-56所示。

图4-56　对称式构图效果（1）

对称式构图的缺点是画面比较呆板、缺少变化。有时需要调整元素来破除负面气质。

例如，在图 4-57 中因为小鸟的出现打破了平衡，在图 4-58 中因为左右两边不同的笔刷效果使整个画面具有了灵动气息。

图4-57　对称式构图效果（2）

图4-58　对称式构图效果（3）

3. 对角线构图

对角线构图是基本的构图形式之一，它把主要元素安排在画面两对角的连线上，以产生运动感、立体感和延伸感。

在图 4-59 中应用了对角线构图，使整个画面具有了纵深感，增强了画面的立体感。应用对角线构图可以使画面更加富有鲜活力和节奏感，图 4-60 所示的奔跑运动员画面应用对角线构图，使整个画面充满力量。在电商主图设计中也较多应用此构图形式，如图 4-61 所示。

图4-59　对角线构图效果（1）

图4-60　对角线构图效果（2）

图4-61　对角线构图在电商主图设计中的应用

4．三角形构图

三角形构图是指将画面中的主要元素放置在三角形中，或者元素本身为三角形的形态。三角形可以是正三角也可以是斜三角或倒三角，其中斜三角较为常用，也较为灵活。

在图4-62和图4-63的画面中均应用了三角形构图形式，图4-62的主要元素本身就是斜三角形，而图4-63中的三朵花构成了三角形。

图4-62　三角形构图效果（1）　　　图4-63　三角形构图效果（2）

从以上案例可以看出，应用三角形构图的画面既有平衡感又增添了动感。

5．引导线构图

引导线构图，即利用线条引导浏览者的目光，使之汇聚到画面的焦点。引导线不一定是具体的线，但凡有方向的、连续的东西，都可以被称为引导线。现实中的一条道路、一条小河、一座桥，或者喷气式飞机"拉"出来的白线，颜色、阴影甚至人的目光，不管是实的还是虚的，只要是视觉上的线条都可以是引导线。

在图4-64的画面中，道路为S形引导线，具有延长、变化的特点，画面看上去有韵律感，给人优美、雅致、协调的感觉，图4-65利用海岸线作为引导线，画面自然、优美。

图4-64　引导线构图效果（1）　　　图4-65　引导线构图效果（2）

引导线构图使画面充满美感，近处和远处的景物相呼应，能够有机地支撑起画面，不仅增加了画面的立体空间感，而且通过引导线将人的视线引向兴趣点，突出主要元素，烘托主题。

6. 水平线构图

水平线构图是基本的构图形式之一，以水平线条为主，水平线构图效果如图 4-66 和图 4-67 所示。水平、舒展的线条能给人宽阔、稳定、和谐的感觉，通常应用于湖面、水面、草原等场景。

图4-66　水平线构图效果（1）　　图4-67　水平线构图效果（2）

7. 垂直线构图

垂直线构图即画面中以垂直线条为主。通常在应用垂直线构图时，有些主要元素本身就符合垂直线特征，如树木、一排排的风车等，如图 4-68 所示。垂直线在人们的心中是符号化象征，能充分展示景物的高大和深度。

在电商海报设计中，想要展示产品的多个款式、多种颜色或多个角度，也经常应用垂直线构图，如图 4-69 所示。

图4-68　垂直线构图效果　　图4-69　垂直线构图在电商海报设计中的应用

8. 向心式构图

向心式构图是指主要元素处于中心位置，而四周景物朝中心集中的构图形式，能将人的视线引向主要元素中心，并起到聚集的作用，如图 4-70 所示。

向心式构图具有突出主体的鲜明特点，但有时也会形成压迫中心，而产生局促沉重的感觉，如图 4-71 所示。

图4-70　向心式构图效果（1） 　　　　　　图4-71　向心式构图效果（2）

以上这些都是构图的基本形式。需要注意的是，一幅作品往往应用多种构图形式。例如，图4-72所示的画面既应用了水平线构图，又应用了九宫格构图。图4-73所示的画面应用了引导线构图，引导线末端的主要元素被放置在九宫格最显眼的位置，在路的尽头出现一道阳光，画面形成了带入入景的效果。

图4-72　多种构图形式综合应用效果（1） 　　　　　　图4-73　多种构图形式综合应用效果（2）

4.4　字体设计与文字信息层级构建

一个成功的海报设计或专题页面，除了具备出彩的配色、构图、创意等，还要有一个非常重要的因素——字体设计。同样的素材，同样的配色，不同的字体会呈现出不同的效果。那么在电商视觉设计中应当如何选择合适的字体，如何构建文字信息层级呢？

4.4.1　字体的类型

字体是文字的风格样式，也是文化的载体，不同的字体给人的感觉不同。英文字体可以分为衬线体、无衬线体、其他字体（如手写体）。

69

1. 衬线体

衬线体在字母起笔和落笔之处会有装饰衬线，装饰衬线对于客户的视线有引导作用，外观特征为古典、端庄、传统，如图 4-74 所示。Times New Roman 是人们经常使用的一种衬线体。

2. 无衬线体

无衬线体又称等线体，顾名思义无衬线体没有装饰衬线，笔画粗细一致。无衬线体的外观特征为客观、朴素、线条清晰、均匀有力。作为一种等线字体，无衬线体展示了没有经过任何修饰的字母骨架，如图 4-75 所示。Arial 是人们经常使用的一种无衬线体。

图4-74　衬线体

图4-75　无衬线体

3. 手写体

手写体带有强烈的书法特色，如图 4-76 所示，字体笔画连贯、流畅，但用于正文可能存在识别性差的问题，会降低阅读效率。手写体通常用于比较特殊的设计案例，如婚礼、音乐会等。

图4-76　手写体

4.4.2　字体的选择与应用

在选择字体时，需要细致考量产品的目标消费群体，准确把握其审美偏好，依据不同的目标消费群体的特性和需求，匹配合适的字体风格。下面重点介绍衬线体与无衬线体的选择与应用。

1. 衬线体的选择与应用

衬线体的笔画有粗细变化，在文化、艺术、生活、女性、美食、养生等领域所传达的气质要比无衬线体强。

衬线体经常应用于女性类产品的海报，字体纤细、秀美，线条流畅，字形有粗细等细节变化，可以表现出女性柔软、飘逸、秀美等气质，显得有韵律。例如，女士配饰和服装海报通常应用衬线体，如图4-77和图4-78所示。

图4-77　衬线体海报设计效果（1）

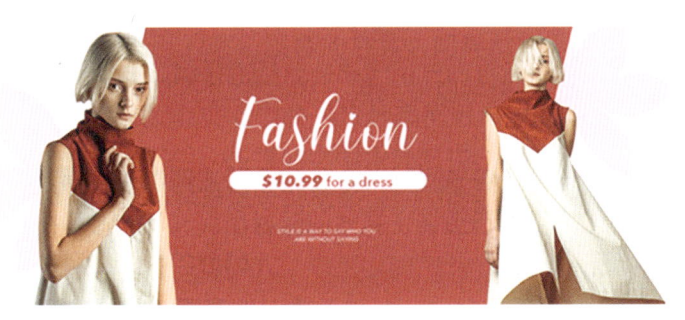

图4-78　衬线体海报设计效果（2）

文艺、民族风作品也经常应用衬线体，表现优美、复古、典雅高贵的气质。一些杂志封面也经常应用衬线体，如图4-79所示。

图4-79　衬线体在杂志封面中的应用效果

2．无衬线体的选择与应用

无衬线体比较方正，笔画醒目，并且粗细一致，无论是中文还是英文都能传递直接、干练的气质特点。

无衬线体的应用范围非常广泛，可塑性很强。例如，男性产品的海报中经常选择笔画粗的黑体类字体，给人硬朗、粗犷、稳重、力量、运动、简约的感觉，如图4-80和图4-81所示。

图4-80　无衬线体应用效果（1）

图4-81　无衬线体应用效果（2）

电商"大促"海报经常应用无衬线体表现激情、动感、力量，旨在创造强烈的视觉冲击力，吸引客户的注意力，如图4-82所示。有些海报还采用倾斜、文字变形等方式达到促销的效果。

图4-82　无衬线体应用效果（3）

4.4.3　文字信息层级的构建

在电商视觉设计中，可以将文字划分为不同的层级，如大标题、小标题、正文等，不同层级的文字对字体的要求也不同。只有一幅画面中的文字层级清晰，才能表现出画面中的主次关系。

一般来说，可以将文字分为三种层级。

第一层级是首要文字，即大标题。第一层级文字的字体一定要有足够的吸引力，吸引客户的注意力，在选择首要文字的字体时要注意其醒目性和独特性。

第二层级是次要文字或主题，包括小标题、说明文字、引题、导语等。次要文字在标题之后正文之前，一般要比首要文字的字体小，但比正文的字体大。

第三层级是正文，为正文设置字体的目的是让客户轻松、舒适地阅读，所以清晰易读是首要原则。

三种层级文字的布局效果如图 4-83 所示，"京东眼镜节"属于第一层级的内容，用于吸引客户的注意力；"最高满 1000 减 500"属于第二层级的内容，用于说明活动的优惠力度；活动主题与活动时间等信息为第三层级内容，用于告诉客户本次活动的具体时间等信息。

图4-83　三种层级文字的布局效果

习　题

1. 选择题

（1）色彩的三要素是（　　）。

　　A．明度、色相和纯度　　　　　　　　B．明度、对比度和纯度

　　C．色相、对比度和纯度　　　　　　　D．色相、对比度和明度

（2）黄金比是设计中应用较广的一种比例，其比值是（　　）。

　　A．1∶1.550　　　B．1∶1.618　　　C．1∶1.850　　　D．1∶1.350

（3）红色和橙色在色相环中属于（　　）。

　　A．同类色　　　　B．邻近色　　　　C．类似色　　　　D．互补色

（4）属于非彩色的是（　　）。

　　A．红色　　　　　B．蓝色　　　　　C．黄色　　　　　D．白色

（5）（　　）的文字比较适合儿童的视觉感受。

　　A．黑体　　　　　B．POP 体　　　　C．宋体　　　　　D．楷体

（6）亮度最高的是（　　）。

　　　　A．红色　　　　　B．蓝色　　　　　C．黄色　　　　　D．橙色

（7）从色彩心理学来考虑，把（　　）定义为暖级。

　　　　A．天蓝的纯色　　B．橘红的纯色　　C．纯白　　　　　D．翠绿的纯色

（8）从色彩心理学来考虑，把（　　）定义为冷级。

　　　　A．天蓝色　　　　B．橘红色　　　　C．白色　　　　　D．棕色

（9）一般应用（　　）色调表现食品。

　　　　A．暖色　　　　　　　　　　　　　B．冷色

　　　　C．中性色　　　　　　　　　　　　D．以上说法都不正确

（10）利用水平和垂直的4条线将画面分成9格，将主要元素放置在线的交叉点上，这种构图形式被称为（　　）。

　　　　A．九宫格构图　　B．对角线构图　　C．对称式构图　　D．向心式构图

2．填空题

（1）美国Robin Williams总结了设计中是最基本的四个原则，分别为_____、_____、_____、_____。

（2）自然界中的颜色可以分为_____和_____两大类。

（3）_____构图是指主体处于中心位置，而四周景物朝中心集中的构图形式。

3．简单题

（1）在设计中，可以通过哪些方式产生对比？

（2）列举出五种常用的构图。

（3）简述对称式构图的特点与负面气质。

（4）简述无衬线字体的特点及应用范围。

4．实践题

　　选取一张产品海报，分析其设计是否遵循亲密性、对齐、重复、对比等原则，评估色彩搭配与主色调传递的调性，描述构图布局及字体选择如何支持主题表达。

第 5 章 Photoshop 设计基础

学习目标

知识目标

- 掌握 Photoshop 的基本操作与界面布局。
- 理解图层的基本概念与操作。
- 掌握图像的编辑、修饰与色彩校正技巧。
- 掌握图像特效制作与文字图形编排。

能力目标

- 能独立完成图像打开、大小调整、裁剪、保存等操作,并根据需求进行图像色彩校正与调色。
- 能进行文字与图形的设计与编排,提升商品图像的视觉吸引力与美学价值。
- 能熟练使用图层进行图像编辑,并使用图层蒙版、滤镜等工具制作图像特效。
- 具备图像修复与优化能力,确保图像高质量呈现。

价值目标

- 培养细致与耐心的职业素养。
- 能够独立完成商品图像的美化和修饰,为电商企业创造更具竞争力的视觉形象。

5.1　Photoshop 概述

Photoshop 是应用最广泛的图像处理软件之一，具有强大的图像处理功能，不但可以有效地进行商品图像的编辑工作，快速地修复商品图像的拍摄缺陷，而且可以对商品图像的色彩进行调整，还能完成很多特效的制作。Adobe Photoshop 2024 融入了先进人工智能技术，能显著提高创意工作的效率。"创意填充"工具依托 Firefly 核心引擎，简化复杂图像处理步骤，将普通素材转为视觉亮点。"智能移除"工具通过创新交互，加速不必要元素的精确剔除。新增的上下文敏感任务栏优化了蒙版编辑和裁剪流程，操作更直观快捷，是电商视觉设计的必备软件。

5.1.1　Photoshop 的工作界面

Photoshop 的工作界面包括菜单栏、选项栏、工具箱、状态栏、图像窗口及控制面板等，如图 5-1 所示。

图5-1　Photoshop 的工作界面

1. 菜单栏

菜单栏包括文件、编辑、图像、图层、文字、选择、滤镜、3D、视图、窗口和帮助等功能，如图 5-2 所示。菜单栏为 Photoshop 的所有窗口提供菜单控制，可以通过单击菜单命令，或者按快捷键的方式来执行菜单中的所有命令。

图5-2　菜单栏

2．选项栏

选项栏又称属性栏。在 Photoshop 中，选择某个工具时，选项栏会自动变成该工具对应的属性设置选项，如图 5-3 所示。

图5-3　选项栏

3．工具箱

在 Photoshop 中，用于图像选择、绘图、编辑及查看的工具都在工具箱中，如图 5-4 所示。有些工具图标右下角有小三角形符号，表示该工具图标是包括多个相关工具的工具组。如果选择其中一个工具，选项栏则显示该工具的属性选项。

4．状态栏

图像窗口的底部是状态栏。状态栏由缩放栏和预览框等部分组成，如图 5-5 所示。

图5-4　工具箱 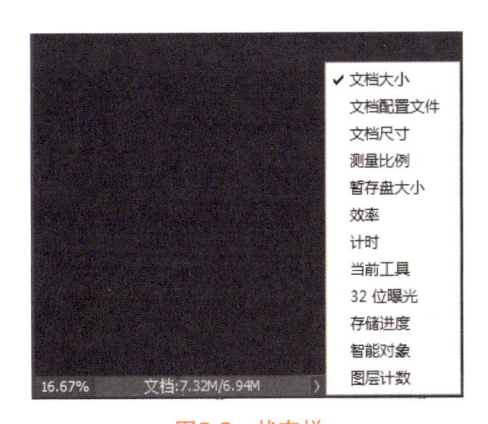　　　　　　　　　图5-5　状态栏

缩放栏用于控制当前图像窗口的显示比例，用户可以在缩放栏中输入缩放数值来改变显示比例。单击预览框右侧的黑色三角按钮，可以在弹出的快捷菜单中选择任一命令，以显示相关信息。

5．图像窗口

图像窗口位于 Photoshop 的工作界面正中的位置，是 Photoshop 的主要工作区，用于显示正在编辑的图像文件，如图 5-6 所示。Photoshop 支持同时打开多个图像文件进行编辑，每个图像窗口都包含标题栏，显示该图像文件的基本信息，如文件名、缩放比例、颜色模式等。可以使用"Ctrl+Tab"快捷键进行多个图像窗口的切换。

6. 控制面板

Photoshop 默认的控制面板包括颜色面板、调整面板、图层面板、通道面板、历史记录面板等，如图 5-7 所示。这些控制面板都可以通过窗口菜单进行显示或关闭。按"Tab"键可以自动隐藏或显示控制面板、选项栏和工具箱。按"Shift+Tab"快捷键可以显示或隐藏控制面板。

图5-6　图像窗口 　　　　　　　　图5-7　控制面板

5.1.2　Photoshop 常见的图像文件格式

在 Photoshop 中常见的图像文件格式包括以下几种。

psd 格式：psd 是 Photoshop 默认的图像文件格式，可以保留文件中的所有图层、蒙版、通道、路径、未栅格化的文字、图层样式等。通常情况下，将图像文件保存为 psd 格式，以便后续继续修改。在其他 Adobe 应用程序（如 Illustrator、InDesign、Premiere 等）中可以直接置入 psd 文件。

jpeg 格式：jpeg 是由联合图像专家组开发的文件格式。jepg 格式的文件采用压缩方式，具有较好的压缩效果，但是将压缩品质的数值设置得较大时，会损失掉图像文件的某些细节。jpeg 格式的图像文件支持 RGB、CMYK 和灰度模式。

gif 格式：gif 是基于在网络上传输图像文件而创建的文件格式，支持透明背景和动画，被广泛地用于网站传输。

png 格式：png 格式用于 Web 上显示无损压缩的图像文件。与 gif 格式不同，png 格式支持 24 位图像文件并产生无锯齿状的透明背景，但某些早期的浏览器不支持该格式。

5.1.3　Photoshop 图层

Photoshop 图层如同堆叠在一起的透明纸，透过图层的透明区域可以看到下面的图层，一幅图像可以理解为由多张透明纸堆叠而成。电商美工在进行视觉设计时经常会使用图层的基本操作。图层的基本操作主要在图层面板中进行，在菜单栏中选择"窗口"→"图层"命令可以打开图层面板，图层面板的常用命令如图 5-8 所示。

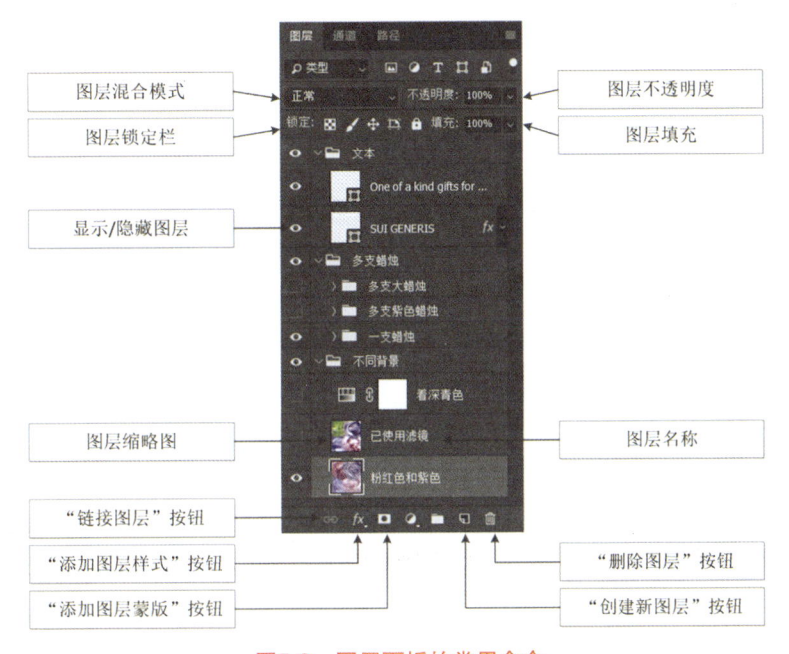

图5-8　图层面板的常用命令

单击图层面板中的相关命令可以完成图层的新建、删除、显示/隐藏、锁定、链接，添加图层样式及图层蒙版等操作。

常用的图层操作包括以下内容。

（1）复制图层：按"Ctrl+J"组合键可以在该图层上方得到复制的新图层，或者按住鼠标左键并拖动图层至"创建新图层"按钮上，释放鼠标后可以复制该图层。

（2）合并图层：选中两个或两个以上需要合并的图层，在菜单栏中选择"图层"→"合并图层"命令，或者按"Ctrl+E"快捷键可以将多个图层合并为一个图层。在菜单栏中选择"图层"→"合并可见图层"命令，或者按"Shift+Ctrl+E"快捷键合并可见图层，其中隐藏图层不能被合并。

（3）盖印图层：如果要将多个图层的内容合并到一个新的图层中，同时保留原来的图层不变，则执行盖印图层操作。选择需要盖印的多个图层，使用"Ctrl+Alt+E"快捷键将选中的图层盖印到一个新的图层中。

（4）使用图层组管理图层：当图层较多时，可以使用图层组对图层进行分类管理，方便后期查找与修改。选择需要移动的图层，按"Ctrl+G"快捷键将选中的图层移动到图层组中。双击图层组名称或图层名称可以重命名图层组或图层；也可以先单击"创建新组"按钮新建图层组，再将图层拖动到该图层组中。

5.2 图像编辑

Photoshop 的基本操作主要包括打开图像文件、调整图像与画布大小、保存图像、裁剪与重构图像等。

5.2.1 打开图像文件

在 Photoshop 中打开图像文件的方法有很多，既可以在菜单栏中选择"文件"→"打开"命令，也可以按"Ctrl+O"快捷键，还可以直接将图像拖动到软件界面中，读者可以根据实际情况进行相应的操作。

打开图像文件后，Photoshop 会在图像文件上方显示图像文件的名称、显示比例及颜色模式等信息。同时，单击状态栏右侧的 > 按钮，在弹出的快捷菜单中可以选择相应的命令来查看文档的相关属性，如图 5-9 所示。

如果图像窗口显示的图像过大或过小，不方便进行图像查看和编辑，则可以使用工具箱中的放大镜工具，对图像进行放大和缩小操作，如图 5-10 所示。

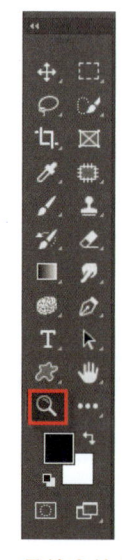

图5-9　文档属性菜单　　　　图5-10　工具箱中的放大镜工具

在 Photoshop 中，也可以使用快捷键来实现图像的放大和缩小效果。同时按"Ctrl"和

"+"快捷键,可以实现图像的放大操作;同时按"Ctrl"和"-"快捷键,可以实现图像的缩小操作。

> 提示:前面讲解的图像放大和缩小操作只是在图像窗口中调整图像显示的大小,图像的实际大小并未发生改变。如果需要改变图像的实际大小,则通过"图像大小"命令来实现。

5.2.2 调整图像大小

通过专业相机拍摄得到的商品图像的宽度和高度基本都是 3000 像素以上,这样的大尺寸图像往往并不能直接用于电商平台,因为过大的图像不仅会降低网页的加载速度,还会在合成、加工和制作图像的过程中,使软件的处理速度变慢,大大降低工作效率。

另外,还有一个关键的原因是,每个电商平台都有相应的图像尺寸规定,因此,商品图像后期处理往往需要修改图像的尺寸。

操作要领如下。

(1)使用 Photoshop 打开商品图像文件,商品图像如图 5-11 所示。

(2)在菜单栏中选择"图像"→"图像大小"命令,如图 5-12 所示。打开"图像大小"对话框如图 5-13 所示。

图5-11 商品图像(1)　　　　　图5-12 "图像大小"命令

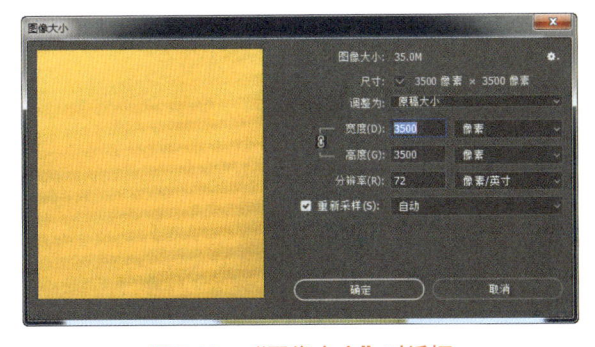

图5-13 "图像大小"对话框

（3）修改图像的宽度为"1600像素"，图像的高度会自动修改，如图5-14所示。设置完成后，单击"确定"按钮，可以看到修改好的图像效果。

图5-14　修改图像大小

【思考题】如何解除比例锁定，调整图像大小为1600像素×1500像素？

提示：如果只需要修改图像的宽度或高度，则在"图像大小"对话框中单击宽度和高度左侧的链条按钮，解除宽度和高度的锁定，即可随意更改宽度和高度的值。

5.2.3　调整画布大小

画布是绘制或编辑图像的区域。调整画布大小会裁剪掉部分的图像边缘，或者在图像四周增加空白区域。

提示：图像大小的设置决定图像内容的实际尺寸，而画布大小的设置决定图像内容在画布上的显示范围和外部空白区域。使用"图像大小"命令主要调整图像内容的尺寸，但可能间接影响画布的可视范围。使用"画布大小"命令调整画布大小，图像大小不会随之调整。因此，如果缩小画布，则图像边缘会被裁剪；如果扩大画布，则图像四周会增加新的空白区域。

操作要领如下。

（1）使用Photoshop打开商品图像文件，商品图像如图5-15所示。

图5-15　商品图像（2）

（2）在菜单栏中选择"图像"→"画布大小"命令，如图 5-16 所示。打开"画布大小"对话框如图 5-17 所示。

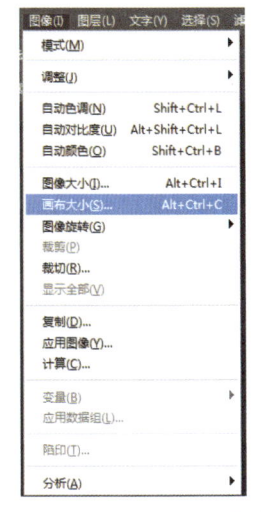

图5-16　"画布大小"命令

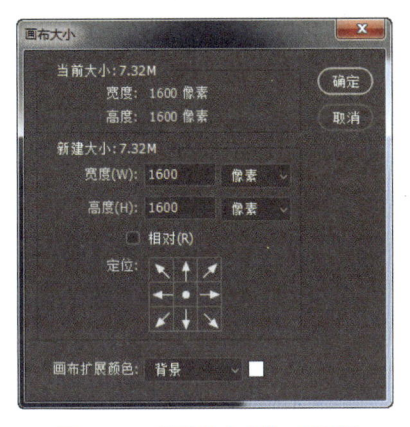

图5-17　"画布大小"对话框

（3）修改画布的宽度和高度均为"1400 像素"，如图 5-18 所示。如果新的画布比原始画布小，则会提示剪切，如图 5-19 所示，单击"继续"按钮，完成调整后，可以看到修改后的商品图像效果，如图 5-20 所示。

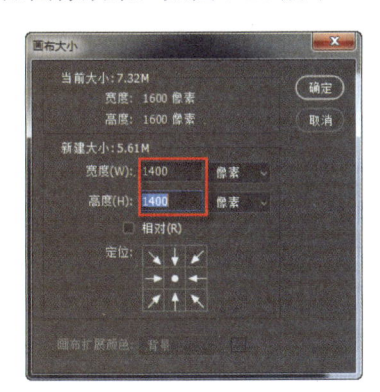

图5-18　修改画布大小

图5-19　画布大小的剪切提示

图5-20　修改后的商品图像效果

（4）重新修改画布的宽度和高度均为"1800像素"，修改画布扩展颜色为灰色，如图5-21所示，完成调整后，可以看到修改后的商品图像效果，如图5-22所示。

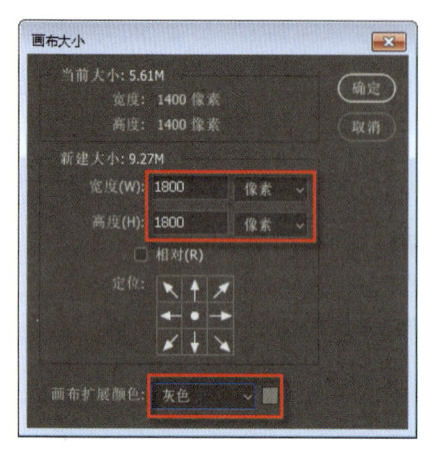

图5-21　修改画布大小与扩展颜色 　　　　　图5-22　修改后的商品图像效果

5.2.4　保存图像

在Photoshop中完成图像的编辑后，可以将文件保存为常规的图像文件格式。

操作要领如下。

（1）在完成图像的编辑后，在菜单栏中选择"文件"→"存储为"命令，如图5-23所示。打开"另存为"对话框，如图5-24所示。

图5-23　"存储为"命令 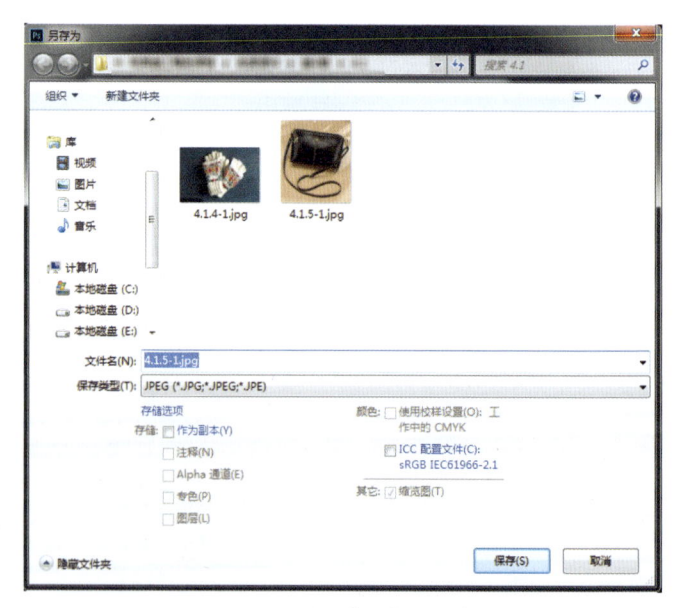　　　　　图5-24　"另存为"对话框

（2）在"保存类型"下拉列表中，选择所需的保存文件的格式即可。

【实践题】根据前面介绍的图像格式，选择不同的文件格式进行保存，观察文件属性和文件大小。

图像文件的格式与文件大小的关系非常密切。将图像文件保存成 tiff 格式的大小比保存成 jpeg 格式的大小要大得多。这是因为保存成 jpeg 格式适当压缩了图像文件，使得图像文件更小，但以略微降低视觉质量为代价。根据电子商务网站后台对设计图和商品图像文件的格式要求，在大多数情况下都会将图像文件保存成 jpeg 格式。

将其他格式的图像文件转换为 jpeg 格式的图像文件，通常可以节省较大的存储空间。操作要领如下。

在 Photoshop 中打开商品图像文件，在菜单栏中选择"另存为"命令，将该图像文件重新保存为 jpeg 格式的图像文件，打开"JPEG 选项"对话框，如图 5-25 所示，将图像的品质设置为"高"。同时，还可以调整"品质"数值的大小，"品质"数值越小，压缩比越大，图像品质越低，图像文件所占的存储空间也就越小；相反，"品质"数值越大，图像文件所占的存储空间也就越大。

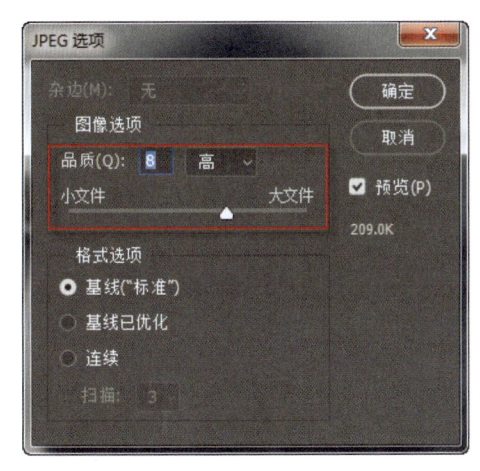

图5-25 "JPEG 选项"对话框

操作后查看图像文件的属性，可以发现图像文件所占的存储空间减小，但是用肉眼很难发现图像品质有较大的改变。因此，使用"另存为"命令降低图像文件的空间占用量是一项非常有效的操作。

【实践题】调整"JPEG 选项"对话框中的"品质"数值，观察图像文件大小的优化情况和图像质量变化。

5.2.5 裁剪与校正图像

在电商视觉设计时，常常需要使用裁剪工具和拉直工具对商品图像进行二次构图。Photoshop 中的裁剪工具不仅可以对商品图像进行裁剪，还可以通过拉直工具校正倾斜图像。

首先，我们将学习如何使用 Photoshop 的裁剪工具裁剪商品图像。

操作要领如下。

（1）使用 Photoshop 打开商品图像文件，商品图像如图 5-26 所示。

图5-26 商品图像（3）

（2）使用裁剪工具在图像窗口中按住鼠标左键并拖曳，调整裁剪框的位置和大小，将商品框选到裁剪框中。双击裁剪框，即可完成图像裁剪。裁剪工具如图 5-27 所示，裁剪工具的选项栏如图 5-28 所示，使用裁剪工具裁剪图像如图 5-29 所示，裁剪后的商品图像效果如图 5-30 所示。

图5-27 裁剪工具

图5-28 裁剪工具的选项栏

图5-29 使用裁剪工具裁剪图像

图5-30 裁剪后的商品图像效果

接下来，我们将学习如何使用 Photoshop 的拉直工具校正倾斜图像。

在拍摄商品图像的过程中，有时会因为拍摄环境或拍摄器材的限制，导致拍出的图像画面倾斜，此时，就可以使用 Photoshop 中的裁剪工具解决该问题。裁剪工具的拉直功能可以快速重新定义商品图像画面的水平或垂直基线，以一定的角度对图像进行校正并裁剪。

操作要领如下。

（1）使用 Photoshop 打开倾斜图像文件，倾斜图像如图 5-31 所示。

图5-31　倾斜图像

（2）先在工具箱中选择裁剪工具，再在选项栏中单击"拉直"按钮，如图 5-32 所示。在图像中按住鼠标左键并沿着图像中的水平或垂直方向进行拖曳，重新绘制图像的水平基线或垂直基线，如图 5-33 所示。

图5-32　"拉直"按钮

图5-33　重新绘制图像的水平基线

（3）在图像窗口中可以看到绘制的水平基线末端会显示出旋转裁剪的角度，释放鼠标按键后，Photoshop 会根据绘制的水平基线创建一个带有一定角度的裁剪框，此时裁剪框中的图像将显示出端正的视觉效果。倾斜校正后的图像效果如图 5-34 所示。

图5-34 倾斜校正后的图像效果

如果对校正效果不满意，则可以再次单击"拉直"按钮，反复绘制水平基线或垂直基线，直到获得满意的校正效果。

校正图像后，还可以将鼠标光标移至裁剪框的边缘按住鼠标左键并拖曳，调整裁剪框的高度和宽度，裁剪掉多余的部分，使图像可以端正地展示。倾斜校正并调整大小后的图像效果如图 5-35 所示。

图5-35 倾斜校正并调整大小后的图像效果

5.3 色彩校正与调色

当使用数码相机进行商品图像拍摄时，往往会因为天气、光照、环境等原因，导致拍摄的图像出现颜色失真等现象。在 Photoshop 中，可以使用"亮度/对比度"命令、"色阶"命令、"曲线"命令、白平衡工具及"色彩范围"命令，对颜色失真的图像进行色彩调整。

5.3.1 调整偏色图像

1. "亮度/对比度"命令调整偏色图像

"亮度/对比度"命令可以对图像的色彩范围进行调整，是 Photoshop 中对图像色彩调整最简单的方法。

操作要领如下。

（1）使用 Photoshop 打开偏色图像文件，偏色图像如图 5-36 所示。

图5-36　偏色图像（1）

（2）在菜单栏中选择"图像"→"调整"→"亮度/对比度"命令，打开"亮度/对比度"对话框，如图 5-37 所示。通过拖曳滑块调整图像的亮度和对比度的值，观察图像的变化情况，单击"确定"按钮，调整后的图像效果如图 5-38 所示。

图5-37　"亮度/对比度"对话框　　　　图5-38　调整后的图像效果（1）

2. 色阶命令调整偏色图像

在使用数码相机拍摄商品图像时，如果曝光不佳，图像就像蒙了一层灰白色的雾，这样会影响呈现的效果。

当遇到以上情况时，可以通过 Photoshop 的"色阶"命令对图像进行调整，使其恢复到正常的视觉效果，以便塑造商品形象。

操作要领如下。

（1）使用 Photoshop 打开偏色图像文件，偏色图像如图 5-39 所示。

人工智能与电商视觉设计

图5-39　偏色图像（2）

（2）在菜单栏中选择"图像"→"调整"→"色阶"命令，如图5-40所示，打开"色阶"对话框，如图5-41所示，从色阶直方图中可以看出图像的高光区域缺失。

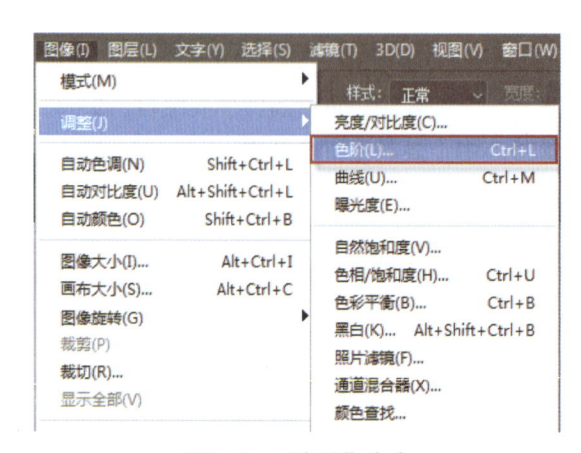

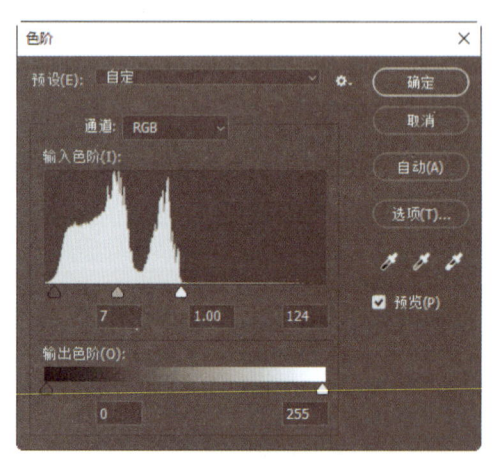

图5-40　"色阶"命令　　　　　　　　图5-41　"色阶"对话框

（3）在"色阶"对话框的"输入色阶"区域中直接拖曳滑块进行参数的调整，并在调整的过程中查看图像的明暗变化。调整后的图像效果如图5-42所示。

图5-42　调整后的图像效果（2）

在 Photoshop 中，除了可以使用"色阶"命令调整图像的明暗和层次，还可以使用"曲线""曝光""高光/阴影"等命令有效地改善商品图像曝光、对比度等方面存在的问题。

【实践题】使用 Photoshop 完成实践题素材商品图像效果的调整。

3."曲线"命令调整偏色图像

"曲线"命令被广泛地应用在图像色彩调整中。与"色阶"命令相比，"曲线"命令除了包含"色阶"命令的功能，还能进行更多、更精细的设置，如图像亮度调整、对比度调整、色彩控制等。

操作要领如下。

（1）使用 Photoshop 打开偏色图像文件，偏色图像如图 5-43 所示。

图5-43　偏色图像（3）

（2）在菜单栏中选择"图像"→"调整"→"曲线"命令，如图 5-44 所示，打开"曲线"对话框，如图 5-45 所示。

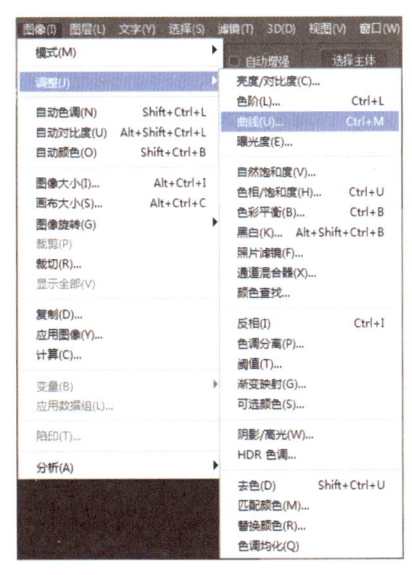

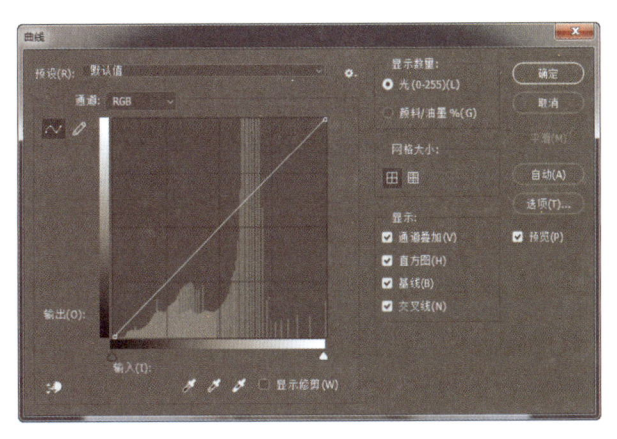

图5-44　"曲线"命令　　　　　　图5-45　"曲线"对话框

（3）在"曲线"对话框中，使用鼠标拖曳曲线调整曲线的曲度，改变图像的亮度，同时观察图像的变化，如图 5-46 所示，调整完成后单击"确定"按钮，调整后的图像效果如图 5-47 所示。

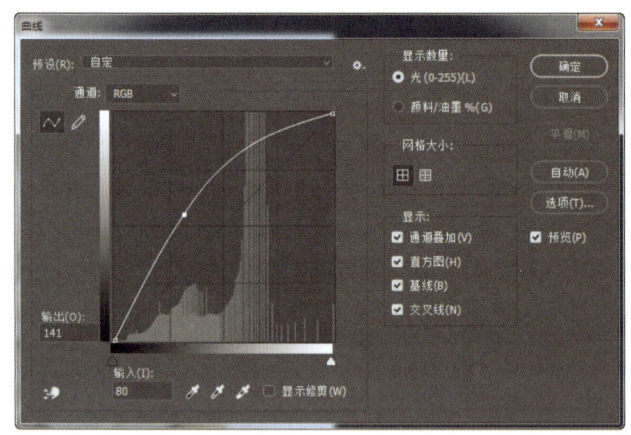

图5-46　调整"曲线"对话框中的曲度　　　　图5-47　调整后的图像效果（3）

4．白平衡工具调整偏色图像

在使用数码相机拍摄商品图像时，由于光线与数码相机的问题，拍摄的商品图像难免存在色差。例如，在日光灯的房间里拍摄的图像会发绿，在室内钨丝灯光下拍摄出来的图像会偏黄，而在日光阴影处拍摄到的图像则偏蓝，不能真实地表达商品原本的色彩，造成客户对商品的判断失误，进而导致退/换货等问题的发生。这就需要使用 Photoshop 进行校色处理。

对于偏色的问题，可以使用 Photoshop 中的白平衡工具进行校色。

操作要领如下。

（1）使用 Photoshop 打开偏色图像文件，偏色图像如图 5-48 所示。

图5-48　偏色图像（4）

（2）在菜单栏中选择"图像"→"调整"→"色阶"命令，如图 5-49 所示，打开"色阶"对话框，如图 5-50 所示。

第 5 章　Photoshop 设计基础

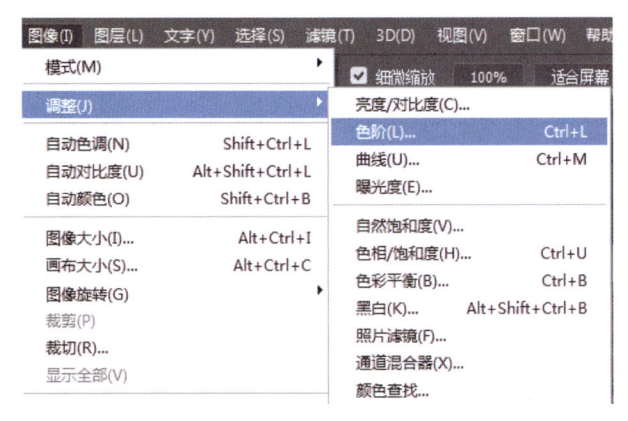

图5-49　"色阶"命令

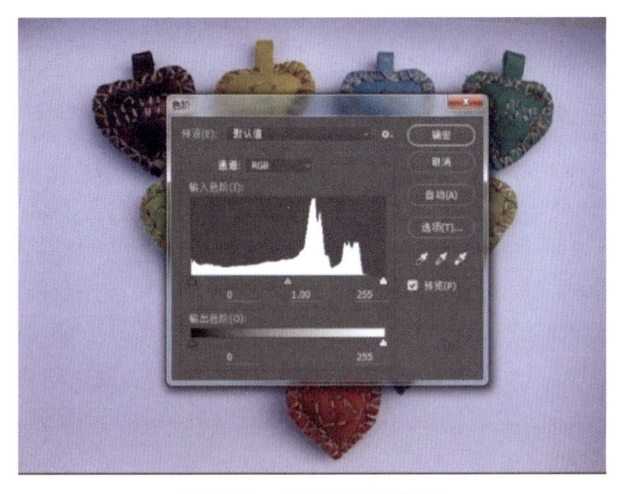

图5-50　"色阶"对话框

（3）在"色阶"对话框右侧区域中有三个吸管图标，从左到右分别代表黑色、灰色、白色的调节器，将图像中的黑、白、灰三色调节准确，图像整体的色彩也就准确了。在本案例中，商品是在白色的背景上拍摄的，此时，只要单击白色吸管图标，在白色的背景上单击，即可完成色彩的校正，调整后的图像效果如图 5-51 所示。

图5-51　调整后的图像效果（4）

93

【思考题】应该如何处理偏色严重的图像呢？

对于偏色非常严重的图像，要采用多个吸管组合调节的方法，图5-52所示的图像偏色严重，完全无法勾起客户的食欲。先单击"色阶"对话框中的白色吸管图标，并在盘子上单击，发现图像色彩得到了一定程度的校正，但效果不够理想；此时，再单击"色阶"对话框中的黑色吸管图标。那么，图像中哪个位置是黑色的呢？

通常来说，阴影一般是黑色的，因此，单击"色阶"对话框中的黑色吸管图标，并单击盘子左上角的阴影区域，立刻达到了不一样的效果。调整后的图像效果如图5-53所示。

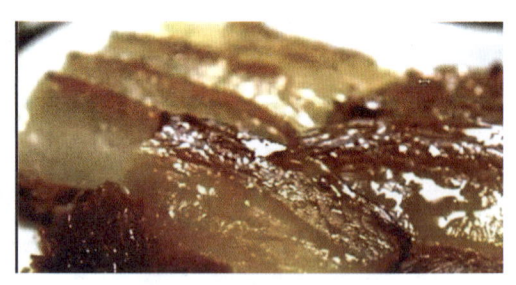

图5-52 偏色严重的图像　　　　　　图5-53 调整后的图像效果（5）

【实践题】使用Photoshop调整实践题中的素材商品图像的偏色。

5.3.2　替换图像色彩

在电商视觉设计中，如果需要对商品中特定颜色进行选取，那么可以使用"色彩范围"命令快速处理。

可以通过"色彩范围"命令根据图像的颜色和影调范围创建选区，该命令提供了较多的控制选项，具有较高的精准度。

操作要领如下。

（1）使用Photoshop打开商品图像文件，商品图像如图5-54所示。

图5-54　商品图像（4）

（2）在菜单栏中选择"选择"→"色彩范围"命令，如图 5-55 所示。在打开的"色彩范围"对话框中使用吸管工具提取衣服表面的颜色，并根据灰度预览图中的显示效果调整参数，如图 5-56 所示。单击"确定"按钮后，在商品图像中可以看到衣服表面被框选到了选区中，如图 5-57 所示。

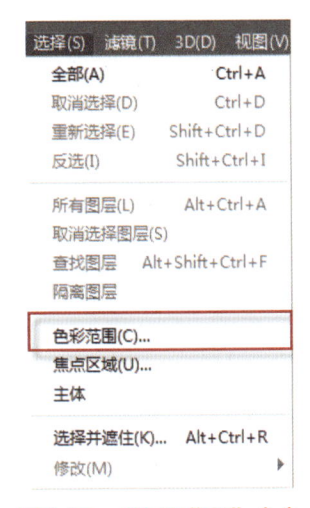

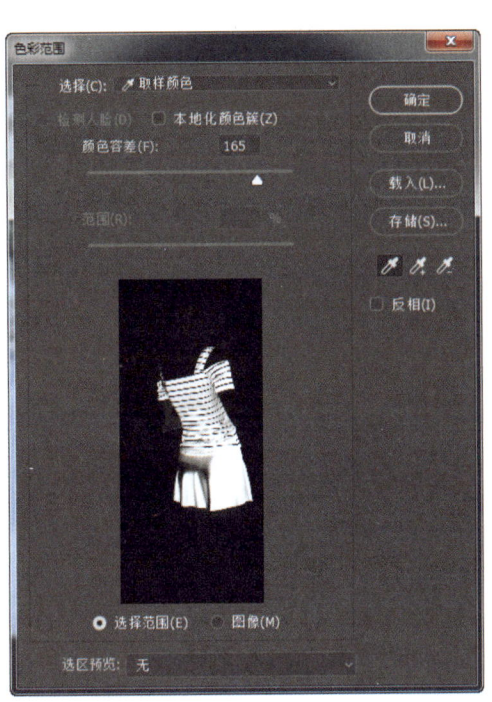

图5-55　"色彩范围"命令　　　　图5-56　"色彩范围"对话框

图5-57　框选衣服表面

（3）单击调整面板中的"色相/饱和度"按钮，创建"色相/饱和度 1"调整图层，如图 5-58 所示。拖曳"色相"滑块调整衣服表面的颜色，并调整饱和度和明度参数，如图 5-59 所示。调整后的图像效果如图 5-60 所示。

图5-58　创建"色相/饱和度 1"调整图层 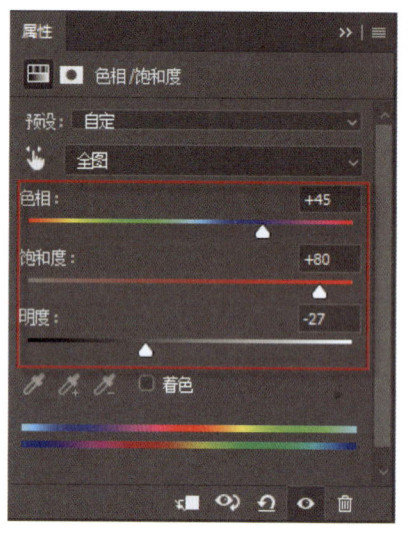　　　图5-59　调整色相、饱和度和明度参数

图5-60　调整后的图像效果（6）

在使用"色彩范围"命令选取特定颜色区域时，要注意使用吸管工具吸取的位置，同时设置好"颜色容差"选项的参数值，这样才能更精准地控制颜色的选取范围。另外，在"色彩范围"对话框的"选择"下拉列表中，除了可以选择特定颜色的图像，还可以通过预设的选择对象，选择图像中高、中、低不同明暗区域的颜色。

5.4 文字编排与图形绘制

文字与图形作为基础元素，不仅承载了信息传达的任务，还为商品图像增添美学价值和视觉吸引力。

5.4.1 文字的添加和设置

使用横排文字工具和直排文字工具为商品图像添加所需的文字。

操作要领如下。

（1）使用 Photoshop 打开商品图像文件，商品图像如图 5-61 所示。

（2）选择工具箱中的横排文字工具，如图 5-62 所示。在文字工具的选项栏中，设置字体为"Tahoma"，字体样式为"Bold"，文字大小为"72 点"，文字颜色为"#d98500"，如图 5-63 所示。在图像中输入文字内容，如图 5-64 所示。

图5-61 商品图像（5）

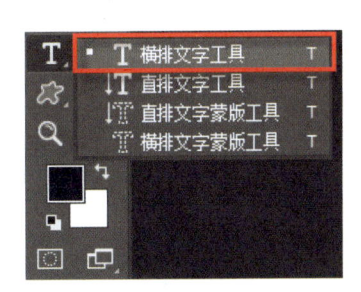

图5-62 横排文字工具

图5-63 文字工具的选项栏

图5-64 添加文字后的图像

(3)在控制面板中,打开"字符"面板,调整文字字符的间距,如图5-65所示,使字符之间的宽度更加适宜。经过调整后的图像如图5-66所示。

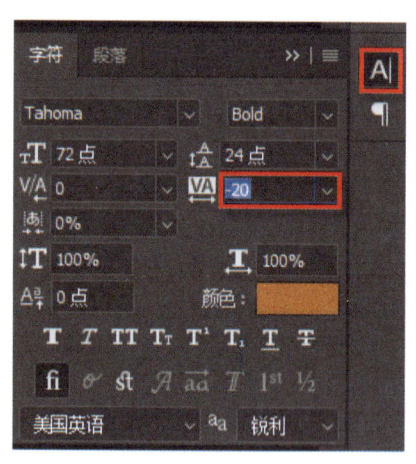

图5-65 "字符"面板

图5-66 经过调整后的图像

(4)选择工具箱中的横排文字工具,在段落文字区域拖曳鼠标创建文本框,如图5-67所示。在文字工具的选项栏中,设置字体为"Tahoma",字体样式为"Regular",文字大小为"50点",文字颜色为黑色,在文本框中输入文字,如图5-68所示。

图5-67 创建文本框

图5-68 在文本框中输入文字

(5)选中输入的文字,打开"字符"面板,设置行间距、字符间距、文字样式等属性。"字符"面板参数如图5-69所示,调整后的文字效果如图5-70所示。

【实践题】使用文字工具,完成实践题中的素材商品图像的设计效果。

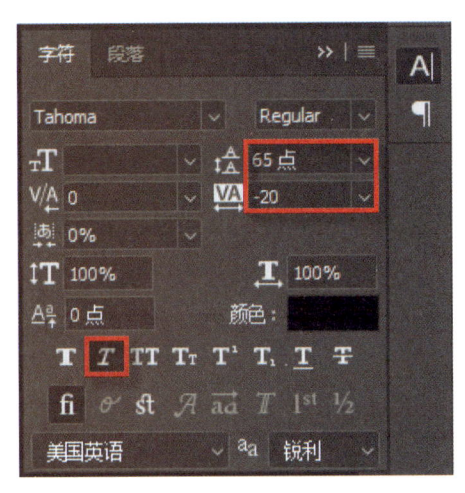

图5-69 "字符"面板参数 　　　　　　图5-70 调整后的文字效果

5.4.2 绘制形状规则的修饰图形

修饰图形是用于辅助表现商品的一种设计元素。在商品详情页中，可以通过修饰图形来增加页面的艺术感，提高客户的阅读兴趣，使商品产生较强的视觉效果，获得客户的好感。

在电商美工设计时，使用修饰图形可以对商品图像进行简单辅助和点缀，能呈现出较好的视觉效果。未添加修饰图形的图像如图5-71所示，添加修饰图形的图像如图5-72所示。修饰图形主要包括矩形、圆形、圆角矩形、多边形等。可以使用 Photoshop 的形状工具绘制形状规则的修饰图形。

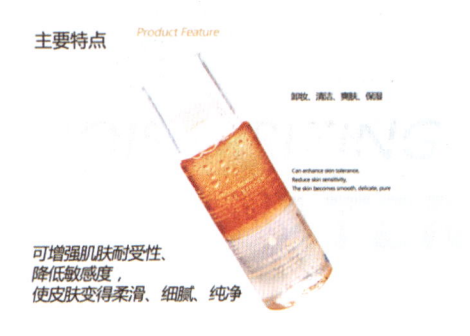

图5-71 未添加修饰图形的图像 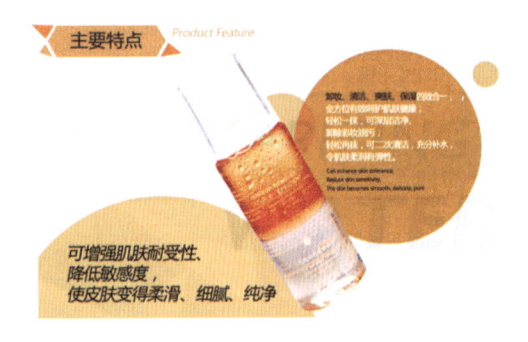　　　　　　图5-72 添加修饰图形的图像

操作要领如下。

（1）新建 Photoshop 文件。

（2）选择工具箱中的矩形工具，在形状工具的选项栏中，可以设置绘制矩形的大小、比例、样式、颜色等参数。按住"Shift"键并拖曳鼠标，可以绘制矩形，如图5-73所示，绘制菱形如图5-74所示，矩形图形的应用案例如图5-75所示。

99

人工智能与电商视觉设计

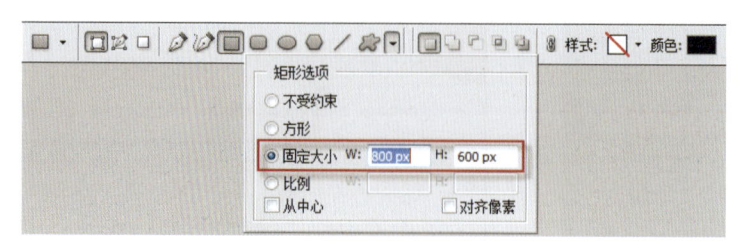

图5-73　绘制固定大小的矩形　　　　　　　　　图5-74　绘制菱形

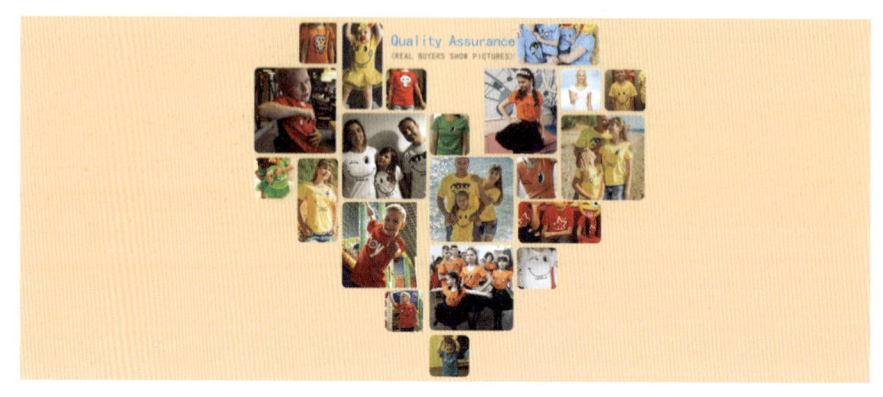

图5-75　矩形图形的应用案例

（3）选择工具箱中的椭圆工具，在形状工具的选项栏中，设置椭圆的大小、比例、样式、颜色等参数。按住"Shift"键并拖曳鼠标，可以绘制圆形，如图5-76所示，圆形图形的应用案例如图5-77所示。

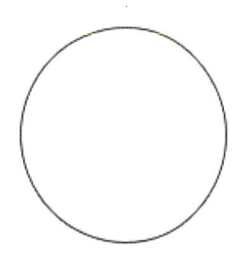

图5-76　绘制圆形　　　　　　　　　图5-77　圆形图形的应用案例

（4）选择工具箱中的圆角矩形工具，在形状工具的选项栏中，可以设置圆角矩形的大小、比例、样式、颜色等参数。绘制圆角矩形如图5-78所示，圆角矩形的应用案例如图5-79所示。

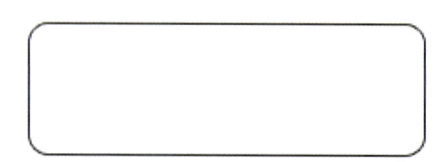

图5-78　绘制圆角矩形

第 5 章　Photoshop 设计基础

图5-79　圆角矩形的应用案例

（5）选择工具箱中的多边形工具，在形状的工具栏中，勾选"星形"复选框，设置"边"的值为5，如图 5-80 所示，绘制五角星图形如图 5-81 所示，五角星图形的应用案例如图 5-82 所示。

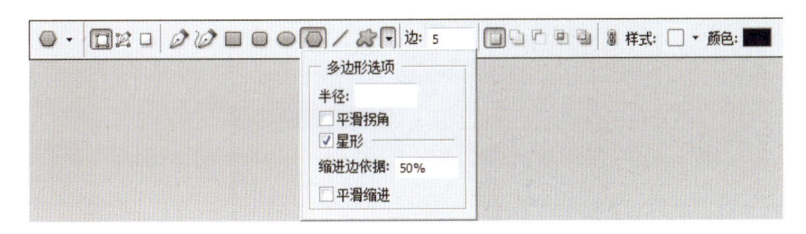

图5-80　绘制星形　　　　　　　　　　图5-81　绘制五角星图形

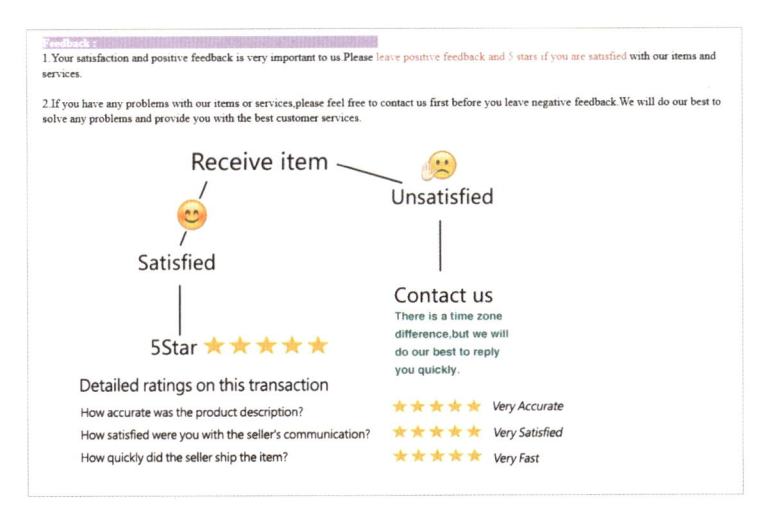

图5-82　五角星图形的应用案例

【思考题】修饰图形的基本图形有哪几类？如何选择不同修饰图形的适用场景？

5.4.3 绘制自定形状的修饰图形

在电商美工设计中,仅使用规则的形状进行装饰和布局无法满足电商企业的装修要求,可以使用 Photoshop 的自定形状工具绘制不规则形状的修饰图形。

操作要领如下。

(1) 新建 Photoshop 文件。

(2) 选择工具箱中的自定形状工具,如图 5-83 所示。在自定形状工具的选项栏中,单击"形状"下拉按钮,在弹出的下拉列表中选择所需的自定形状,如图 5-84 所示,选择"爱心"选项,在画布上绘制爱心图形,如图 5-85 所示。

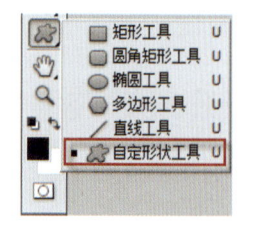

图5-83 自定形状工具

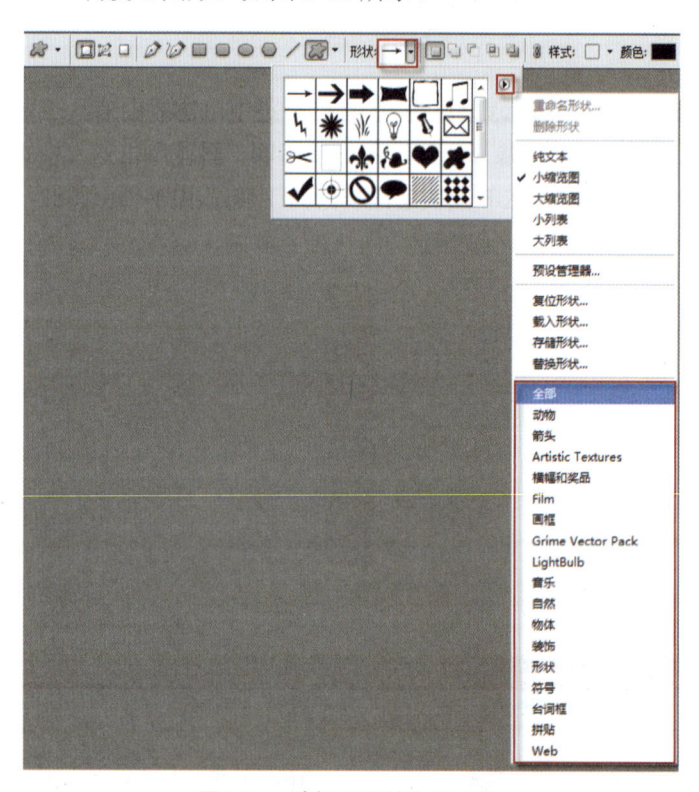

图5-84 选择所需的自定形状

图5-85 绘制爱心图形

对于绘制出的自定形状，如果想要更改其外观，则可以使用直接选择工具，单击形状边线以显示出形状的锚点，单击锚点可以显示锚点的方向控制杆。此时单击锚点并拖曳，移动锚点的位置，单击方向控制杆的端点并拖曳，可以调整形状的外观。

【实践题】使用图形工具，设计并完成修饰图形设计效果。

5.5 特效制作

Photoshop 提供了多种图像特效的方法和工具，通过各种特效的制作，可以为商品图像的整体效果"锦上添花"，并突出商品的特征与属性。

5.5.1 制作图像融合效果

制作图像融合效果最常用的方法是使用 Photoshop 中的图层蒙版。图层蒙版在 Photoshop 图像编辑中起到了非常重要的作用。图层蒙版就好比在当前图层上覆盖了一层玻璃片，这种玻璃片有透明的、半透明的、完全不透明的。

使用画笔工具在图层蒙版上涂黑色、白色或灰色。涂黑色的地方，图层蒙版会变为完全透明；涂白色的地方，图层蒙版会变为完全不透明；涂灰色的地方，图层蒙版会变为半透明，透明的程度由灰度深浅决定。

操作要领如下。

（1）在 Photoshop 中打开风景图像文件，风景图像如图 5-86 所示。

（2）在菜单栏中选择"文件"→"置入嵌入对象"命令，将荷花图像素材置入场景中，如图 5-87 所示。

图5-86　风景图像　　　　　　　　图5-87　置入荷花图像素材

（3）选择荷花图层，单击图层面板下方的"添加图层蒙版"按钮，如图 5-88 所示。为荷花图层添加一个图层蒙版，效果如图 5-89 所示。

（4）选择画笔工具，如图 5-90 所示。在画笔工具的选项栏中，设置画笔的大小，如图 5-91 所示，设置前景色为黑色。

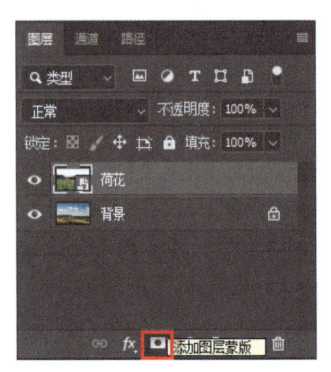

图5-88 "添加图层蒙版"按钮　　　　　图5-89 图层蒙版添加后的效果

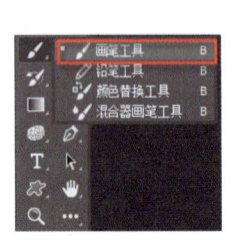

图5-90 画笔工具　　　　　　　　　　图5-91 设置画笔大小

（5）在图层蒙版上，使用黑色画笔涂抹图层蒙版，如图5-92所示。涂抹的部分将变为完全透明，显示出背景图片中的蓝天效果，调整图层蒙版后的效果如图5-93所示。

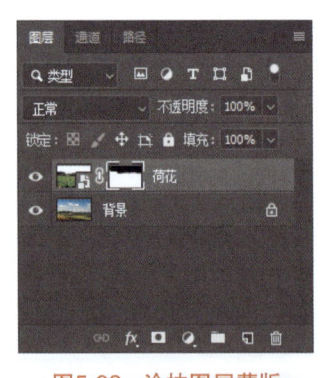

图5-92 涂抹图层蒙版　　　　　　　　图5-93 调整图层蒙版后的效果

【实践题】使用图层蒙版，创作其他创意效果。

5.5.2 制作图像景深效果

在商品拍摄的过程中，有时背景较复杂，导致拍摄的图像层次不明显，商品在图像中不够突出。可以通过 Photoshop 进行后期处理，制作出图像的景深效果，突出商品的形象。

Photoshop 提供了"模糊画廊"中的"光圈模糊""场景模糊""倾斜模糊"三个滤镜来构造景深的效果。

"光圈模糊"滤镜可以在图像中模拟出真实的浅景深效果，可以使用该滤镜自定义焦点，从而实现普通相机较难实现的效果。

操作要领如下。

（1）在 Photoshop 中打开商品图像文件，商品图像如图 5-94 所示。

图5-94　商品图像（6）

（2）在菜单栏中选择"滤镜"→"模糊画廊"→"光圈模糊"命令，如图 5-95 所示，打开"模糊工具"面板。调整光圈的大小和位置，同时设置光圈模糊的参数，如图 5-96 所示。

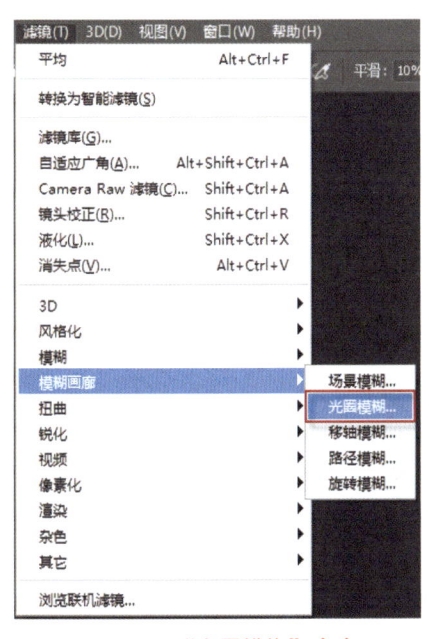

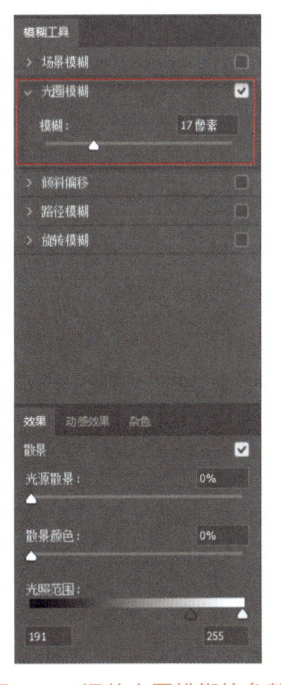

图5-95　"光圈模糊"命令　　　　　　　　图5-96　调整光圈模糊的参数

经过调整"光圈模糊"滤镜后，商品图像中的玉器周围变得模糊，使商品与周围图像形成了对比，构建出明显的景深效果，使商品更加突出。调整后的图像效果如图 5-97 所示。

【实践题】使用"模糊画廊"中的"场景模糊"和"倾斜模糊"滤镜，完成实践题中的素材商品景深效果。

图5-97　调整后的图像效果（7）

5.5.3　调整图像清晰度

在电商视觉设计时，商品图像清晰是最基本的要求。在商品拍摄的过程中，有时由于对焦等问题，使得商品图像局部不够清晰。可以使用 Photoshop 中的锐化滤镜和锐化工具提高图像的清晰度，从而增强商品的表现力。

"USM 锐化"滤镜将根据指定的量增强邻近像素的对比，使较亮的像素变得更亮，使较暗的像素变得更暗。

操作要领如下。

（1）在 Photoshop 中打开商品图像文件，商品图像如图 5-98 所示。

图5-98　商品图像（7）

（2）在菜单栏中选择"滤镜"→"锐化"→"USM 锐化"命令，如图 5-99 所示，打开"USM 锐化"对话框，如图 5-100 所示，设置其中的参数，调整后的图像效果如图 5-101 所示。

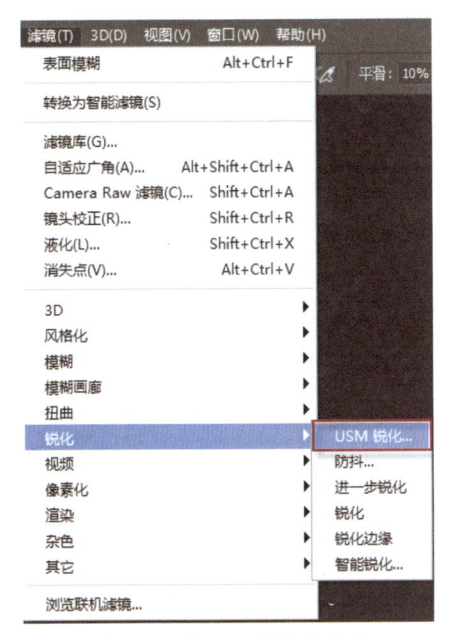

图5-99　"USM 锐化"命令

图5-100　"USM 锐化"对话框

图5-101　调整后的图像效果（8）

5.5.4　智能填充修复图像

修复图像局部，通常使用移除工具或内容识别填充功能。其中，Photoshop 2024 新增的移除工具采用先进人工智能技术，可以智能识别并移除图像中不需要的元素，如瑕疵、人物或物体，同时保留背景完整性和自然纹理。Photoshop 2024 加强了边缘处理与色彩融合能力，支持实时预览调整，显著提高图像的编辑效率与效果自然度，为专业影像处理提供强有力的支持。

操作要领如下。

（1）在 Photoshop 中打开商品图像文件，如图 5-102 所示。

（2）选择移除工具，如图 5-103 所示。在英文输入状态下，按"["键或"]"键放大或缩小移除工具的笔触大小。

图5-102　商品图像（8）

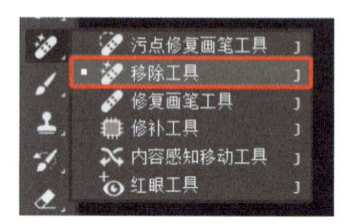

图5-103　移除工具

（3）使用画笔涂抹图像上需要移除的对象，如图 5-104 所示。释放鼠标左键，Photoshop 将自动处理需要移除的对象，处理后的效果图如图 5-105 所示。

图5-104　使用画笔涂抹需要移除的对象

图5-105　移除后的图像效果

5.5.5　修补图像瑕疵

使用天然石材制作的饰品会有随机性的麻点或划痕，然而并不是每件饰品都会有相同的瑕疵，带有瑕疵的商品图像如图 5-106 所示。为了树立商品的形象，需要对这些瑕疵进行清除。接下来介绍如何清除这些瑕疵，打造出完美的饰品细节展示图。

对于独立且细小的瑕疵（图 5-106 中的瑕疵 1），使用工具箱中的污点修复画笔工具进行修复即可得到理想的修复效果；对于周围纹理方向感较为明显的划痕（图 5-106 中的瑕疵 2），建议使用仿制图章工具进行修复。

图5-106　带有瑕疵的商品图像

操作要领如下。

（1）使用 Photoshop 打开带有瑕疵的商品图像文件。

（2）选择工具箱中的污点修复画笔工具，如图 5-107 所示。在污点修复画笔工具的选项栏中进行设置，调整画笔的大小、硬度、间距等参数，如图 5-108 所示。

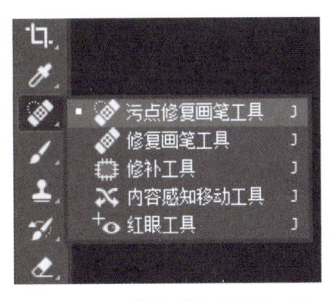

图5-107　污点修复画笔工具　　　　图5-108　调整画笔参数

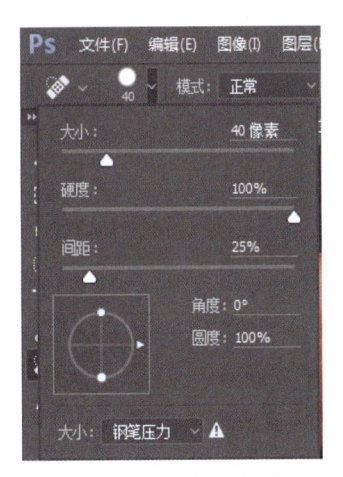

（3）放大图像，在有瑕疵的串珠图像上拖曳鼠标进行涂抹，涂抹之后 Photoshop 会自动对瑕疵进行修复。有瑕疵的串珠图像如图 5-109 所示。重复以上操作，直到得到较满意的修复效果，修复后的串珠图像如图 5-110 所示。

（4）对于瑕疵 2，选择仿制图章工具，如图 5-111 所示。

（5）首先按住"Alt"键和鼠标左键，拖曳鼠标在瑕疵附近取样，然后按住鼠标左键并拖曳，对划痕进行涂抹修复，经过多次取样修复，使串珠图像纹理清晰、表面光滑，修复后的图像效果如图 5-112 所示。

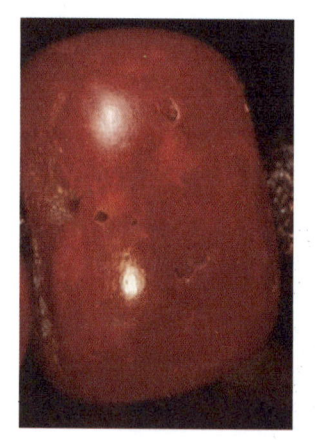

图5-109　有瑕疵的串珠图像

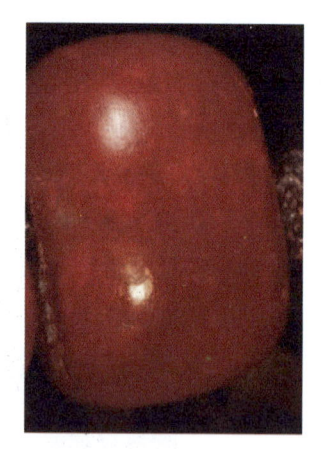

图5-110　修复后的串珠图像

图5-111　仿制图章工具

图5-112　修复后的图像效果（9）

【实践题】使用 Photoshop 工具，完成实践题中的素材商品图像修复效果。

习　题

1. 选择题

（1）在 Photoshop 中不能用于打开文件的方式是（　　）。
　　A．在菜单栏中选择"文件"→"打开"命令
　　B．"Ctrl+O"快捷键
　　C．选择工具栏中的"打开"命令
　　D．将图像拖放至 Photoshop 软件界面

（2）在默认情况下，Photoshop 的图像文件格式是（　　）。
　　A．jpeg　　　　　　B．png　　　　　　C．psd　　　　　　D．gif

（3）（　　）图像格式支持透明背景并且被广泛应用于网页设计。

A．psd B．jpeg C．tif D．png

（4）在 Photoshop 中，按（　　）快捷键可以快速复制一个图层。

A．"Ctrl + A" B．"Ctrl + C" C．"Ctrl + J" D．"Ctrl + V"

（5）图像尺寸是指屏幕上显示的长度和宽度，其单位是（　　）。

A．kB B．像素 C．MB D．Byte

（6）在图层蒙版中，使用（　　）绘制可以使对应区域变得透明。

A．白色 B．黑色 C．灰色 D．透明色

（7）如何解除图像大小调整中的比例锁定？（　　）

A．单击宽度和高度之间的链条图标　　B．右击图像

C．按下"Ctrl"键　　D．选择"编辑"→"解锁比例"命令

（8）在字符设置中，用于调整字符宽度的参数图标是（　　）。

A． B． C． D．

（9）使用椭圆工具绘制正圆时需要按（　　）键。

A．"Shift" B．"Ctrl" C．"Alt" D．"Tab"

（10）在调整画布大小时，如果新画布比原画布小，图像会发生什么变化？（　　）

A．图像会被拉伸　　B．图像会被裁剪

C．图像会被放大　　D．图像会保持不变

（11）如何在 Photoshop 中创建文本框？（　　）

A．选择文本工具直接在画布上单击

B．选择横排文字工具后拖曳鼠标

C．选择直排文字工具在画布上单击

D．在菜单栏中选择"文件"→"新建文本框"命令

（12）使用（　　）可以绘制自定形状的图形。

A．矩形工具 B．椭圆工具 C．圆角矩形工具 D．自定形状工具

（13）如何在图层蒙版上进行擦除效果而不删除实际像素？（　　）

A．使用橡皮擦工具　　B．使用画笔工具在蒙版上涂抹黑色

C．使用"删除图层"命令　　D．使用魔术棒工具选择并删除

（14）为了突出商品，可以使用（　　）滤镜制作景深效果。

A．高斯模糊 B．动感模糊 C．光圈模糊 D．表面模糊

（15）按（　　）键可以隐藏或显示控制面板、选项栏和工具箱。

A．"Shift" B．"Ctrl" C．"Tab" D．"Alt"

（16）选择（　　）图像格式可以保留 Photoshop 的所有编辑层。

A．jpeg B．png C．gif D．psd

（17）在 Photoshop 中，取消选区的快捷键是（　　）。

A．"Ctrl+D" B．"Ctrl+Q" C．"Shift+D" D．"Shift+Q"

（18）在利用自然饱和度调整图层时，将"饱和度"参数调整为（　　），可以把照片

转换为黑白效果。

  A．100   B．0   C．-1   D．-100

（19）在"图像大小"对话框中，如何保持图像的宽高比？（　　）

  A．不需要特别操作，Photoshop 默认保持

  B．手动输入相同的宽高数值

  C．单击宽度和高度之间的链条图标按钮

  D．选择"约束比例"选项

（20）使用（　　）可以拉直倾斜的图像。

  A．裁剪工具中的拉直功能   B．透视裁剪工具

  C．直线工具   D．旋转工具

2．简答题

（1）请简述 Photoshop 图层的概念及其重要性。

（2）请列举至少三种在电商视觉设计中常用的图像格式，并解释它们各自的优缺点。

（3）什么是图层蒙版？如何在 Photoshop 中使用图层蒙版来实现图像的自然融合的效果？

（4）如何使用 Photoshop 的拉直工具校正倾斜的图像？

（5）电商美工在设计中如何合理选择和使用修饰图形？

3．实践题

使用 Photoshop 对一张有瑕疵的商品图片进行修复和调色。要求修复后的图片清晰、色彩自然，并符合电商展示标准。请展示修复前后的对比图，并解释修复步骤。

第 6 章

电商视觉设计实践

学习目标

知识目标

- 理解电商视觉设计的关键性指标及其相互关系。
- 了解电商视觉设计的作用。
- 熟悉电商海报设计的标准。
- 掌握电商海报设计的流程。
- 了解主图设计的要求。

能力目标

- 能够使用 Photoshop 等软件完成海报的设计与制作。
- 能够独立完成产品主图的设计,并能根据目标市场调整设计风格。
- 能够评估自己设计的作品,并根据反馈进行迭代优化。

价值目标

- 培养对设计作品的责任感,追求高质量的设计成果。
- 增强团队合作意识,学会在设计过程中与他人有效沟通与协作。
- 提升审美素养,培养良好的设计品位。

6.1 电商视觉设计的关键性指标与作用

6.1.1 电商视觉设计的关键性指标

电商企业（或产品）的销售额是由曝光量、点击率、转化率和客单价四个因素共同决定的，具体公式如下。而曝光量、点击率、转化率与视觉营销密切相关，是衡量电商视觉设计成败的关键性指标。

$$销售额 = 曝光量 \times 点击率 \times 转化率 \times 客单价$$

1．曝光量

对电商平台而言，曝光量指的是电商企业的产品被电商平台展示的次数。曝光量越大，意味着产品被客户看到的次数越多，产品被点击的概率越高。

2．点击率

点击率是指客户点击产品的比例，即点击量与曝光量的比值。通常，点击率的高低与产品对客户的吸引力成正比，点击率越高，表明该产品对客户的吸引力越大；而点击率越低，则表示该产品对客户的吸引力越低。

假设电商平台为电商企业的产品提供了 100 次曝光，该产品被点击了 5 次，那么该产品的点击率为 5%。客户是否点击产品，很大程度上取决于主图的设计。主图往往被视为一个流量窗口，决定着客户的点击率，而点击率又是影响产品权重的重要因素之一。

3．转化率

转化率是指实际完成购买的客户数量与进入电商企业或产品页面的客户数量的比例。

转化率是电商领域非常重要的一个指标，它反映了电商企业或产品页面的营销效果和客户体验。高转化率意味着更多的客户被吸引并转化为实际购买者，反之低转化率则说明存在问题需要改进。通过对转化率的监控和分析，可以针对性地优化电商企业或产品页面，提高销售业绩。

6.1.2 电商视觉设计的作用

电商视觉设计的主要目的是为了达成营销目标，它通过一系列视觉展示，向客户传达产品信息、服务理念和品牌文化，达到促进产品销售、树立品牌形象的目的。

电商视觉设计有以下三个作用。

1．吸引眼球，引起潜在客户的关注

通过电商视觉设计，使产品在同类中脱颖而出，吸引更多客户浏览与点击，引起潜在

客户的关注，从而发挥出强大的引流作用。图 6-1 所示为亚马逊平台 iPhone Charger 主图，作为消费者的你会被哪张图片吸引呢？

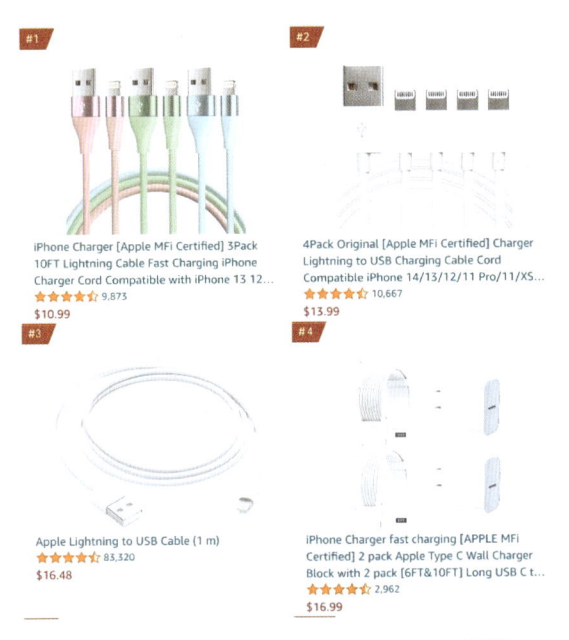

图6-1　亚马逊平台 iPhone Charger 主图

人的知觉具有选择性，人们在观察外界事物时，会把具有较强美感和较高区别度的部分作为关注点，并称其为聚焦点。如图 6-2 所示，由于模特服装色彩鲜艳、轮廓清晰、与背景对比鲜明，加上模特处于九宫格的交叉点位置，因此模特自然地成为聚焦点。同时，通过模特视线引导，出现了第二个聚焦点，即左侧的文本"Hot' Selling"，这就成功达到了引起潜在客户关注的目的。

图6-2　吸引眼球的海报

对电商而言，能够带来点击率的主要有产品主图、Banner 广告、关联图片等。

2. 激发兴趣，使客户产生购买行为

视觉营销最关键的是要抓住客户的核心诉求，激发客户的兴趣与购买欲望，也就是告诉客户"我是谁""我的样子""我的功能""我为什么值得购买""我为什么不可取代"。

图 6-3 展示了手机壳的防撞击功能，通过功能介绍激发客户的购买欲望。图 6-4 通过

折线图直观地展示了该产品的促销活动，平时售价为 20.98 美元，活动期间直降 5.00 美元，只要 15.98 美元，通过价格促销激发客户的兴趣。

图6-3　通过功能介绍激发客户的购买欲望　　图6-4　通过价格促销激发客户的兴趣

通过电商视觉设计，抓住客户的眼球，吸引客户的注意力。随后，通过详尽的功能介绍吸引客户深入了解产品特性，通过生动的场景展示建立情感共鸣的桥梁，拉近客户与产品的心理距离。加之客户推荐和权威认证内容的呈现，可以有效消除客户疑虑，顺其自然地达成交易，最终提高产品转化率。

3. 赢得好感，提高客户的复购率与忠诚度

一个电商企业或产品想要经久不衰，需要不断赢得客户的好感，提高客户的复购率，提升其忠诚度。目前，电商企业的数量成千上万，电商企业形象同质化严重，通过电商视觉设计可以打造出具有辨识度的电商企业形象，通过强有力的视觉效果塑造出让客户信赖的品牌形象，可以使电商企业或品牌被客户记住，最终使电商企业或品牌在同行业中"独树一帜"。

通过电商视觉设计，在客户心中树立电商企业或品牌的整体形象，为吸引忠诚客户奠定基础。

6.2　电商海报设计的标准与流程

当消费者被各种电商海报和促销信息包围时，电商海报将如何脱颖而出，获取更高的点击率呢？本节主要介绍电商海报设计的标准与流程。

6.2.1　电商海报设计的标准

优秀的电商海报设计都有其内在规律和共性，虽然行业不同、产品不同、文案内容也不同，但点击率高的电商海报往往遵循以下几个共性：主题清晰、目标人群定位准确、形式美观。

1. 主题清晰

优秀的电商海报必然会有一个清晰的主题,所有的元素都围绕着这个主题展开,而且主题信息往往被放置在视觉焦点上。

例如,促销海报的主题一般围绕着产品的价格、折扣、活动等展开。图6-5所示为促销海报设计,文本"UP TO 40% OFF"是海报的主题,它处于海报的视觉焦点位置,并且字体被放大处理,使折扣信息非常显眼。

图6-5 促销海报设计

2. 目标人群定位准确

不同的产品面向的目标人群不同,不同目标人群的审美标准和兴趣爱好也不尽相同,优秀的电商海报设计人员能清楚地认识到产品所针对的目标人群的类型,并根据目标人群的审美和喜好来确定电商海报的设计风格。

图6-6所示为男士手表海报设计,海报整体采用经典黑色,构图简约,字体设计庄重大方,符合成熟男性的审美需求。

图6-6 男士手表海报设计

图6-7所示为女士手表海报设计,海报采用红色、蓝色与黄色的撞色设计,能打动时尚女性这一目标人群。

图6-7 女士手表海报设计

3. 形式美观

电商海报的形式美观主要体现在色彩、版式和字体等方面。

(1) 色彩。

在色彩选择与搭配时,使用的颜色尽量不超过三种,三种颜色的面积按照 6∶3∶1 的比例进行分配。在设计极简电商海报时,可以减少颜色的使用,甚至只使用黑白灰的变化进行设计。电商海报设计时的色彩选择如图 6-8 所示。

图6-8 电商海报设计时的色彩选择

(2) 版式。

在电商海报设计中,版式是其中的重点,它对于画面构成有着非常重要的作用。版式好比一个生物的骨骼。电商海报的主流版式包括左右结构、上下结构、左中右结构等。

左右结构版式是最常用的一种,占电商海报设计的 80% 以上。这里的左右是相对文案排版和产品而言的,图 6-9 所示的案例采用左边产品右边文案的版式。

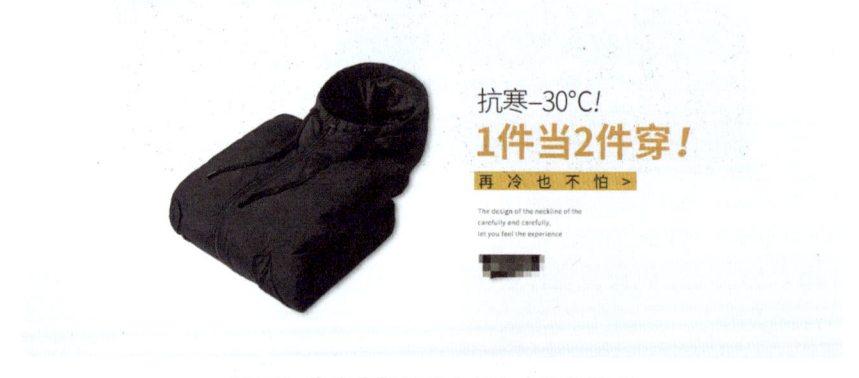

图6-9 电商海报设计中的左右结构版式

(3) 字体。

字体选择要与产品、海报定位相匹配,同时利用亲密性、对齐、对比等原则进行文案排版,便于客户阅读和抓取重点。图 6-10 所示的电商海报使客户一下子就注意到了 "8.28 Activity" 等信息,凸显电商海报的主题。

图6-10　电商海报设计中的字体选择

6.2.2　电商海报设计的流程

1．前期分析

（1）受众分析。

受众分析是电商海报策划与设计过程中至关重要的一步，旨在深入了解目标消费市场的具体构成，以便制定出更加贴合潜在消费群体的设计方案。这一过程不仅关乎了解电商海报投放区域基本人口的统计特征，如年龄、性别、收入水平等，还深入潜在消费群体的心理状态、价值观、生活习惯及媒体偏好等多个层面。

（2）产品分析。

一张电商海报中大多数情况下都会有产品图片，因此在电商海报设计时需要分析产品的价值点和属性差异。有些产品在品质上（如用料、做工）有明显的优势，有些产品的价格非常实惠，有些产品的外观很有创意。通过差异分析，可以展示出产品的优势特征。

如果产品款式非常新颖，则应该选择最具代表性的款式或最能抓住客户眼球的颜色进行展示，并注意呈现的角度和风格，从而吸引客户的注意力。

（3）确定电商海报的设计目标。

在设计电商海报时，要确定电商海报的设计目标是促销、活动宣传还是品牌形象宣传。促销海报往往以满多少减多少、降价打折、包邮等手段来刺激客户购买；活动海报一般是将活动给客户带来的优惠表达出来，让客户关注或收藏产品；品牌形象宣传海报则主要告诉客户"我是谁""我有什么独特之处"，让客户了解产品并加深其对品牌的印象。图6-11所示的iPod海报不传递价格和折扣信息，只传递品牌信息。

图6-11　iPod海报

2. 素材准备、沟通草案、确定风格

在前期分析的基础上，准备充足的素材，并充分地沟通草案、确定风格是做好电商海报设计的前提。

（1）素材准备。

电商海报设计犹如建造房子，需要各种素材，如背景素材、标签、字体等。可以通过网络搜索、收集素材，也可以借鉴其他网站的广告设计。充足、优质的素材可以为电商海报设计奠定基础，同时也可以提高设计的效率。

常用的素材和设计类网站有昵图网、千图网、全景网、致设计和站酷等。

（2）沟通草案。

在准备好素材后，要沟通在电商海报中到底出现哪些内容，如人物模特、折扣信息、产品图片、活动时间、品牌，甚至按钮等，将所需的内容进行梳理，绘制电商海报的设计草案。

同时，由于电商海报的尺寸有限，海报中的文字内容不宜过多，与客户利益相关的信息应该以简短的文字表达，从而引起客户的兴趣，吸引客户的注意力。

（3）确定风格。

电商海报的风格很多，如商务风、科技风、小清新风等，要根据产品受众和设计的定位，确定海报风格。

3. 设计制作

设计是营销策略的外延，是视觉的表达形式。如果不进行前期分析，不理解策划意图，不进行准备和沟通，就很难做好设计，因此要先耐心地体验产品，读懂策划，充分沟通，再进行海报的设计。

6.3 食品类电商海报设计案例

6.3.1 设计分析

使用 Photoshop 设计一款体现产品品质及健康理念的芒果汁饮料海报，图像大小为 1920 像素×800 像素。芒果汁饮料图片素材如图 6-12 所示。

（1）难易程度：★★★★★

（2）产品分析：本款饮料的原材料是芒果，提倡健康、绿色等理念，产品包装采用黄色、绿色搭配，彰显活力，非常适合年轻人选用。

（3）设计思路：设计有品质的、健康的芒果汁饮料海报。

图6-12 芒果汁饮料图片素材

- 背景：为使产品突出、醒目，选择深色背景并结合聚光灯效果。
- 构图：为体现产品的活力，产品采用小角度、不规则、倾斜的排版方式，同时，应用三角形构图，保证画面的平衡。
- 文案：通过色块衬底使文案更清晰易读。
- 特效：通过绿叶表达健康、有机的理念，并设置景深，增加空间感。

（4）最终效果：设计的最终效果如图6-13所示。

图6-13 芒果汁饮料海报设计的最终效果

（5）技术难点：通过绿叶实现景深效果。

6.3.2 步骤详解

第一步：新建文件。

按"Ctrl+N"快捷键执行"新建"命令，在打开的"新建"对话框中设置文件名为"芒果汁海报"，宽度为1920像素，高度为800像素，分辨率为72像素/英寸，如图6-14所示。

图6-14 "新建"对话框（1）

第二步：置入产品。

在菜单栏中选择"文件"→"置入嵌入对象"命令置入素材文件"芒果汁饮料产品素材.png"，重命名图层名为"产品 1"。按"Ctrl+T"快捷键调整产品大小，并将产品放置在图像的中间位置上，如图 6-15 所示。

图6-15　置入产品素材并调整大小和位置

第三步：背景处理。

（1）填充黑色背景。在"产品 1"图层的下方新建图层，并将新建图层重命名为"背景"。设置背景色为黑色，按"Ctrl+Delete"快捷键，在图层中填充背景色。在黑色背景上，产品非常突出，十分吸引客户眼球，如图 6-16 所示。

图6-16　填充背景色为黑色

（2）调整海报背景的通透度。在"背景"图层的上方新建图层，并将新建图层重命名为"背景装饰1"。吸取产品包装上的黄色（#fec801）作为前景色，选择画笔工具，设置画笔大小为1100像素，硬度为0，如图6-17所示。使用画笔工具单击产品的中心位置，同时调整图层的不透明度为70%，提高海报的通透度，效果如图6-18所示。

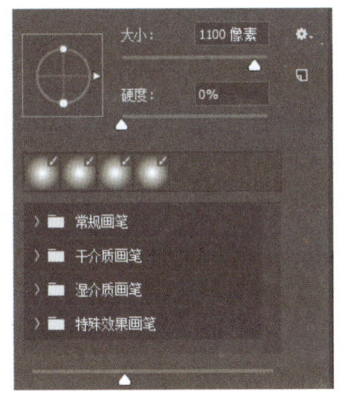

图6-17　设置画笔工具参数（1）

图6-18　提高通透度后的效果

（3）调整背景的层次感。吸取产品包装上的颜色，在调色面板中适当调整，提亮颜色为"#fbdb64"。新建图层，并将图层重命名为"背景装饰2"，选择画笔工具，设置画笔大小为500像素，在产品的中心位置上单击，使背景画面的层次更加丰富，如图6-19所示。

图6-19　调整背景的层次感后的效果

第四步：产品处理。

（1）增加产品展示面积的占比。目前产品在画面中所占的面积偏小，按"Ctrl+J"快捷键执行"复制图层"命令复制图层，并将复制得到的图层重命名为"产品2"。现在画面中饮料增至两瓶，如图6-20所示。

图6-20　增至两瓶饮料的效果

（2）增加产品的活力。如果按照上面的排版，则会显得非常呆板。采用"小角度不规则的倾斜排版"，使产品产生自由跳跃的感觉，同时将产品放置在黄金分割比的位置上。按"Ctrl+T"快捷键执行"自由变换"命令，调整产品的旋转角度和位置，如图6-21所示。

图6-21　调整产品的旋转角度和位置

第五步：文案处理。

（1）设置文案的中文文本为"华康方圆体"，英文文本为"Source Code Variable"，文本颜色为"#014c31"，采用左对齐方式，同时注意文案中字体的大小与粗细，输入文案如图6-22所示。

（2）在文案下方添加圆形色块。选择椭圆工具，设置前景色为"#f4ab10"，按住"Shift"键在文字图层下方绘制圆形，并调整圆形的大小和位置，使文案更加聚焦且醒目，如图6-23所示。

第六步：其他效果处理。

（1）置入芒果素材，增加说服力。通过置入素材文件"芒果素材.psd"，使素材与文案互为解释，同时，应用三角形构图，使画面展示趋于平稳，如图6-24所示。

图6-22 输入文案

图6-23 在文案下方增加色块

图6-24 置入芒果素材

（2）通过绿叶体现健康理念。置入绿叶素材，一是表达健康标识，二是通过绿叶设置前景、中景与远景等景深效果，增加空间感。置入素材文件"芒果叶.png"，按"Ctrl+J"快捷键复制得到两个图层，将三个图层分别命名为"前景""中景""远景"。

按"Ctrl+T"快捷键执行"自由变换"命令，调整"前景"图层、"中景"图层和"远景"图层的绿叶大小，放大"前景"图层的绿叶，缩小"远景"图层的绿叶，并使"中景"图层绿叶的大小介于两者之间。

对于"前景"图层的绿叶，在菜单栏中选择"滤镜"→"模糊"→"高斯模糊"命令，设置参数为"4.5"，产生虚化效果。采用同样的方法调整另外两片绿叶，注意使"中景"图层的绿叶清晰度高于"前景"图层和"远景"图层的绿叶清晰度，芒果汁饮料海报的最终效果如图6-25所示。

图6-25 芒果汁饮料海报的最终效果

至此，就完成了一张比较有品质的、体现健康理念的芒果汁饮料海报。

【实践题】完成食品类产品的电商海报设计。

6.4 服饰类电商海报设计案例

6.4.1 设计分析

使用 Photoshop 为如图 6-26 所示的冲锋衣素材设计一款全屏电商海报（1920 像素×800 像素），要求电商海报构建出冲锋衣户外运动的场景。

图6-26 冲锋衣素材

（1）难易程度：★★★★★

（2）产品分析：冲锋衣是户外运动的必备装备，具有防风、防雨、保暖等良好性能，因此备受喜欢户外运动人士青睐。

（3）设计思路：整个电商海报采用高山探险作为主基调，因此选取高山、树林、岩石作为背景素材，使整个电商海报产品与背景基调一致。

（4）最终效果：设计后的最终效果如图 6-27 所示。

图6-27 冲锋衣海报设计的最终效果

（5）技术难点：场景元素的抠取和复杂场景的搭建。

6.4.2 步骤详解

第一步：新建文件。

按"Ctrl+N"快捷键执行"新建"命令，在打开的"新建"对话框中设置文件名为"服装海报"，设置宽度为1920像素，高度为800像素，分辨率为72像素/英寸，如图6-28所示。

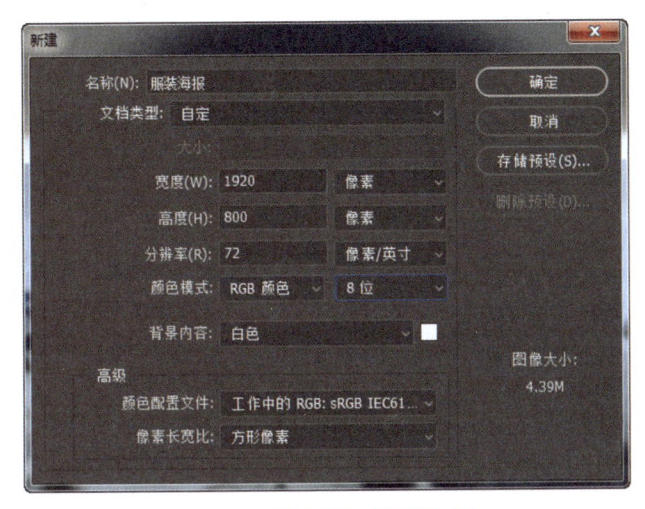

图6-28 "新建"对话框（2）

第二步：置入背景。

（1）置入背景素材文件"天空.jpg"，按"Ctrl+T"快捷键执行"自由变换"命令，按"Shift"键调整背景图像大小，使其充满整个画布，效果如图 6-29 所示。置入背景素材文件"山脉.jpg"并将其放置在"天空"图层的上方，使用相同方法，使其充满整个画布，效果如图 6-30 所示。

图6-29 置入素材文件"天空.jpg"后的效果　　图6-30 置入素材文件"山脉.jpg"后的效果

（2）单击图层面板下方的"图层蒙版"按钮，为"山脉"图层添加图层蒙版，如图 6-31 所示。选择画笔工具，设置画笔大小为 250 像素，不透明度为 30%，流量为 40%，如图 6-32 所示。选择"山脉"图层蒙版，设置前景色为黑色，在天空部分进行绘制，使得"天空"图层中的蓝天逐渐得以显示，如图 6-33 所示。

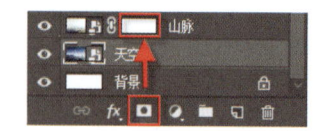

图6-31 为"山脉"图层添加图层蒙版

图6-32 设置画笔工具参数（2）

图6-33 山脉与天空融合效果

第三步：采用通道抠图法抠取树林素材。

（1）在 Photoshop 中打开素材文件"树林.jpg"，发现树林背景比较复杂，使用钢笔等工具进行抠取存在一定的难度，因此在本例中采用通道抠图法。选择通道面板，分别查看红、绿、蓝三色通道，发现"蓝"通道的颜色对比最明显，选择"蓝"通道如图6-34所示。复制并粘贴"蓝"通道，创建"蓝"通道副本，效果如图6-35所示。

图6-34 选择"蓝"通道

图6-35 创建"蓝"通道副本的效果

（2）在菜单栏中选择"图像"→"调整"→"色阶"命令，在打开的"色阶"对话框，分别调整黑色滑块和白色滑块的位置，使得白色区域与黑色区域更加明显，如图 6-36 所示。使用黑色画笔涂抹树林区域，使用白色画笔涂抹树林以外的区域，调整后的树林效果如图 6-37 所示。

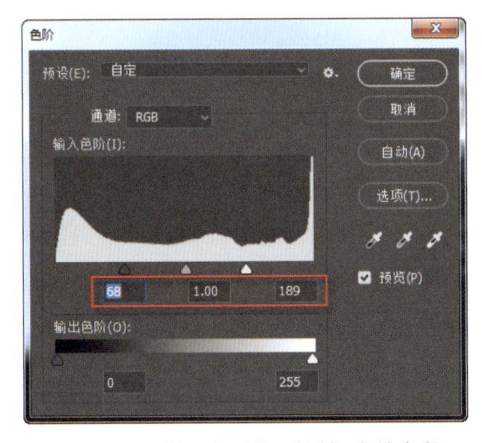

图6-36　调整"色阶"对话框中的参数　　　　图6-37　调整后的树林效果

（3）按"Ctrl"键的同时单击"蓝"通道缩略图，创建"蓝"通道选区，按"Ctrl+Shift+I"快捷键反向选区，在通道面板中重新选择"RGB"通道，效果如图 6-38 所示，接着复制选中的图像。

图6-38　抠取树林图像效果

（4）在"服装海报"文件中新建图层，并将图层命名为"树林"。在"树林"图层中粘贴树林图像，按"Ctrl+T"快捷键执行"自由变换"命令，并调整大小和位置。在"树林"图层中右击，在弹出的快捷菜单中选择"水平翻转"命令，将树林图像水平翻转，如图 6-39 所示。粘贴树林图像后的效果如图 6-40 所示。

（5）目前，树林和山峰的过渡非常生硬，本例中采用图层蒙版的方式进行调整。在"树林"图层中添加蒙版，选择画笔工具，设置画笔大小为 125 像素，不透明度为 100%，流量为 60%，如图 6-41 所示。

图6-39　将树林图像水平翻转

图6-40　粘贴树林图像后的效果

图6-41　设置画笔工具参数（3）

设置前景色为黑色，在树林和山脉交界处进行绘制，实现树林到山脉自然过渡的效果，如图6-42所示。

图6-42　树林到山脉自然过渡的效果

第四步：置入模特素材。

置入模特素材文件"模特.png"，使用自由变换工具，调整模特的大小和位置，并适当旋转，如图6-43所示。

图6-43　置入模特素材文件并调整

第五步：置入岩石素材。

（1）在 Photoshop 中打开素材文件"岩石.jpg"，选择钢笔工具，勾选出岩石的部分图像，如图 6-44 所示。

图6-44　使用钢笔工具勾选出岩石的部分图像

（2）将勾选的岩石图像的路径转换为选区。复制岩石选区。在"服装海报"文件中粘贴岩石选区，如图 6-45 所示，并将该图层命名为"岩石"，使用自由变换工具，调整岩石的大小和位置。

图6-45　复制岩石选区并粘贴到海报

（3）在"岩石"图层中添加蒙版，选择画笔工具，设置画笔大小为 60 像素，画笔类型为"Kyle 的终极粉彩派对"，不透明度为 60%，流量为 60%。设置前景色为黑色，绘制草地自然过渡的效果，如图 6-46 和图 6-47 所示。

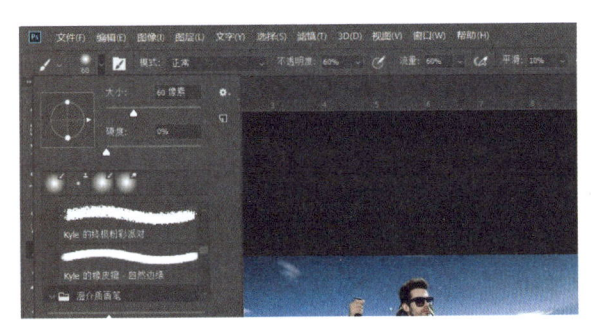

图6-46　设置画笔工具参数（4）

图6-47　草地自然过渡的效果

第六步：添加文字素材。

（1）选择横排文字工具，设置文字大小为"68 点"，字体为"Futura-Heavy"，文字颜色取自冲锋衣（#2d3b7a），输入主文案 1"FASHION·DEFENSE"，设置字体属性为"浑厚"，如图 6-48 所示。

图6-48　输入并设置主文案1

（2）目前的主文案 1 的颜色比较单一，接下来复制"天空"图层，将该图层移动到主文案 1 图层的上方。按"Alt"键，在"天空"图层和主文案 1 图层之间单击，创建剪切蒙版效果，使得主文案的颜色与背景匹配。同时在主文案 1 图层样式中，设置外发光效果，如图 6-49 所示。

图6-49　设置主文案1的效果

(3)选择横排文字工具,设置文字大小为"120点",字体为"DIN",文字颜色为白色,输入主文案2"2025 EXPLORER FUTURE",设置字体属性为"浑厚",文字图层的不透明度为50%。为体现层次感,将主文案2图层置于"模特"图层下面,如图6-50所示。

图6-50 输入并设置主文案2

(4)继续输入主文案3"Explore the future Forest series Pizex",设置文字大小为"15点",字体为"Arial",文字颜色为黑色。同时连续输入"-"符号,起到分割作用。全部文案效果如图6-51所示。

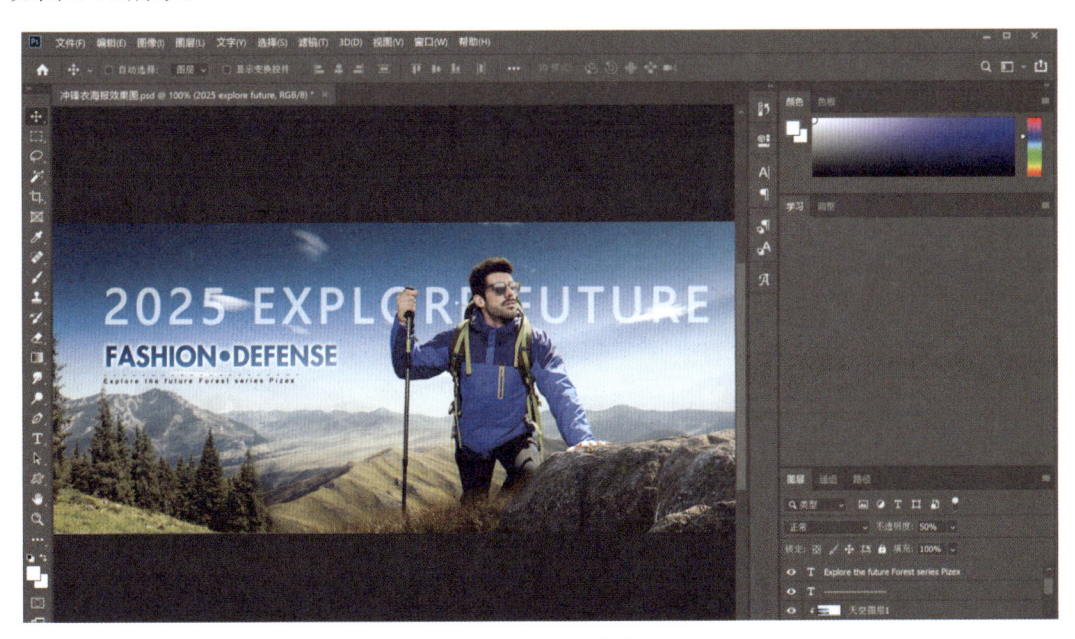

图6-51 全部文案效果

第七步:添加辅助效果。
置入老鹰等素材文件,并设置高斯模糊,实现动感效果。
至此,就完成了服装海报案例的设计与制作。
【实践题】完成服饰海报的设计与制作。

6.5 主图概述

6.5.1 什么是主图

无论是天猫、京东，或者是亚马逊、eBay 等电商平台，都提供了搜索功能。客户在搜索产品后，展示在客户面前的第一张图片就是产品的主图。例如，在亚马逊平台搜索"computer"，出现如图 6-52 所示的主图列表，这些列表中展示的产品图片就是主图。

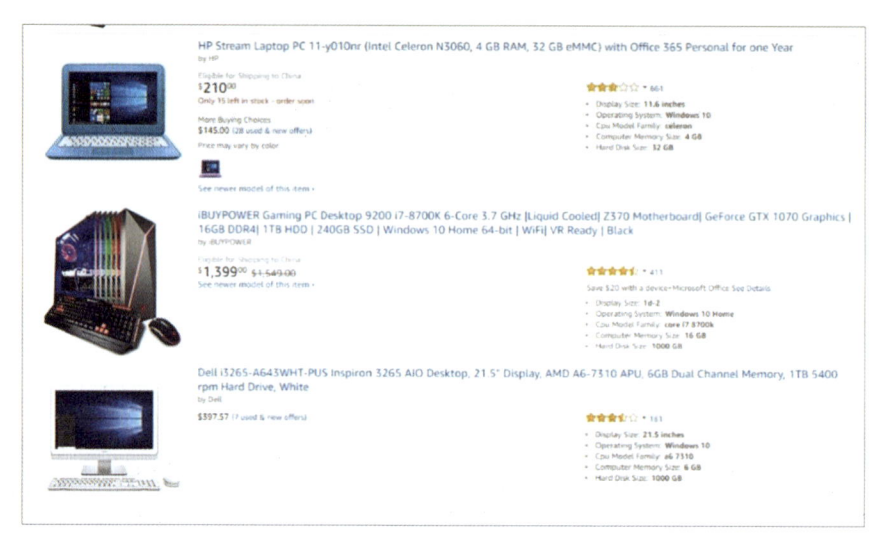

图6-52　在亚马逊平台搜索"computer"的主图列表

在天猫平台上搜索"羽绒服"，出现如图 6-53 所示的主图列表，这些列表中展示的羽绒服图片就是主图。

图6-53　在天猫平台上搜索"羽绒服"的主图列表

如果客户对某一款产品产生了兴趣，则单击进入该产品的详情页，详情页左上方区域中展示的是产品的五张主图，这五张主图可以说是详情页的精华，一般来说包括全景图、模特图、细节图等，天猫等电商平台还支持展示"主图视频"，如图6-54所示。

图6-54　详情页中的主图

6.5.2　主图的重要性

无论客户是直接搜索产品还是通过类目搜索产品，展示在客户眼前的第一张图片就是产品主图。因此，主图的好坏决定着客户的关注程度，并影响客户是否单击其关注的主图进入详情页，使电商企业获取流量。

主图承载了产品的款式、风格、颜色等产品属性，如果这些特征能够清晰、准确地呈现，将比文字描述更有效地提升点击率。设想一下，在搜索栏中输入"靴子"并搜索，在打开的页面中展示出各种靴子的产品主图，如图 6-55 所示。客户首先关注的往往是自己喜欢的款式，如果发现符合自己喜欢的款式，就会把更多的精力放在产品的品牌、价格、购买人数等其他信息上。

图6-55　在天猫平台搜索"靴子"关键词的主图列表

以羽绒服搜索为例，当客户浏览多个主图后，选择其中一个点击进入产品详情页，而其他产品则未能获得点击。这里涉及一个核心指标——访问量，访问量的计算公式为：

$$访问量=曝光量×点击率$$

假设电商平台对某款产品进行了 100 次的展示，该产品的主图点击率为 20%，那么这款产品的实际访问量就是 20。而客户是否点击主图，很大程度上取决于主图的设计。主图往往被视为一个流量"窗口"，决定着产品的点击率，而点击率又是影响产品权重的重要因素之一。

一张优质的主图可以节省一大笔推广费用，这也是很多电商企业在没有付费推广的情况下，依然能吸引很多流量的主要原因。如果电商平台将某款产品的主图展示在搜索页，但长时间没有客户点击该主图，平台可能会降低该产品的曝光优先级，甚至不再为其提供展示机会。所以，主图在电商美工中是非常重要的一个设计内容，主图的好坏直接影响到产品流量。

6.6 主图设计案例

6.6.1 设计分析

1. 产品主图设计的基本流程

当设计师拿到一个产品主图的设计需求时，往往需要遵循一定的设计流程，具体如下。

第一步：客户画像分析。

设计师首先要分析产品的目标消费群体特征，如年龄、性别、兴趣爱好等。这一步骤有助于设计师更好地理解目标消费者的需求和期望，从而进行更符合消费者"口味"的设计。

第二步：购买关注点分析。

分析消费者在购买产品时通常会关注哪些内容，如价格、品质、功能、品牌还是服务。了解这些关注点可以帮助设计师更好地突出产品的优势，并在产品主图中展示这些优势，从而吸引消费者的注意力。

第三步：核心竞争力分析。

分析产品的核心竞争力，也就是了解本产品与竞品相比的优势，以及该产品的核心卖点。这有助于在设计中更好地突出产品的独特性和优势。

第四步：确认主图风格。

在完成以上步骤后，根据产品的特性和目标消费者的喜好，确认最终的主图风格。

第五步：设计制作。

最后，设计师根据上述所有分析结果进行产品主图的设计制作。

这样的设计流程有助于设计师在产品主图的设计过程中充分考虑消费者需求、产品特性和市场竞争情况，从而使设计出的产品主图更能吸引消费者的注意力，并提高产品的销量。

2. 案例分析

下面以图 6-56 中的宠物狗背带为例，分析得出以下结论。

图6-56　宠物狗背带

（1）客户画像分析。

该产品的目标消费群体为年轻消费者，他们喜爱与宠物狗一起进行户外运动，并且愿意为宠物狗消费。

（2）购买关注点分析。

在购买宠物狗背带时，该消费群体主要关注背带的穿戴舒适度、产品质量、安全问题及产品的耐用性。在产品主图设计的过程中需要充分考虑这些关注点，以确保产品主图能够吸引消费者的注意力，并提升他们的购买意愿。

（3）核心竞争力分析。

产品的核心竞争力主要体现在精细的做工和优质的材料上。在设计的产品主图中展示这些优势，可以使得消费者能够一目了然地了解产品的核心卖点，从而更容易产生购买行为。

（4）确定产品主图风格。

鉴于上述分析，本案例以时尚与炫酷为设计定位，主色调取自产品颜色，使得主图的整体风格和产品颜色保持一致，从而达到视觉统一。黑色基调展现出炫酷与个性魅力，体现出产品的独特质感。这种设计风格符合年轻消费群体的审美，能够有效地吸引他们的注意力。在元素选择上，采用较多的矩形、圆角矩形和圆形等，给人以规则、舒适的感觉，符合产品的特点。同时，采用硬朗的线条和文字，使产品主图与辅图更加时尚潮流，符合年轻消费群体的审美。

6.6.2 步骤详解

1. 产品主图设计

亚马逊电商平台规定产品主图须采用白色背景,产品主图设计与制作的步骤如下。

第一步:新建文件。

按"Ctrl+N"快捷键执行"新建"命令,在打开的"新建"对话框中设置文件名为"主图",宽度为1600像素,高度为1600像素,分辨率为72像素/英寸,如图6-57所示。

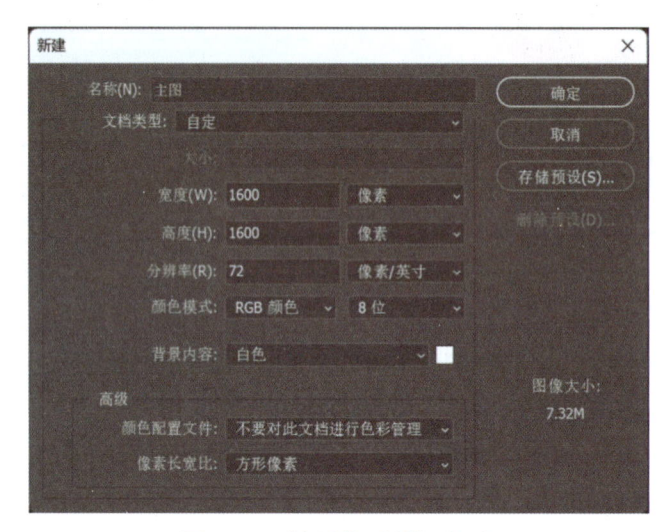

图6-57 "新建"对话框(3)

第二步:抠取产品主体。

(1)在菜单栏中选择"文件"→"打开"命令,在打开的对话框中,选择产品素材文件"主图素材.jpg"。

(2)由于主图背景较杂乱,接下来进行抠图处理。在菜单栏中选择"选择"→"主体"命令,同时,配合快速选择工具对产品主体进行抠取,如图6-58所示,接着按"Ctrl+C"快捷键复制抠取的产品主体。

图6-58 抠取产品主体

备注：在抠取产品主体时，也可以使用钢笔工具。

第三步：将产品主体粘贴至主图中并调整大小。

切换至产品主图文件，按"Ctrl+V"快捷键粘贴产品主体，产生新的图层，将新图层命名为"主体"。按住"Ctrl+T"快捷键调整图像大小，使其在画布中占比适当；如果要适当增强产品的对比度，则可以使用"色阶"命令。

至此，就完成了产品主图的制作，最终效果如图 6-59 所示。产品主图使用镂空的形式展示，传递出产品的主要信息，体现产品的功能及卖点。

图6-59 产品主图的最终效果

2．产品辅图设计

产品辅图主要从使用场景、产品细节、产品尺码、产品功能等方面展示背带的性能与功能，下面重点讲解辅图 1 与辅图 2 的设计过程。

1）辅图 1—场景图设计

第一步：新建文件。

新建一个宽度、高度均为 1600 像素，分辨率为 72 像素/英寸，文件名为"辅图 1"的文件。

第二步：置入素材。

在菜单栏中选择"文件"→"置入嵌入对象"命令（见图 6-60），在打开的对话框中，选择产品素材文件"辅图 1 素材 1.jpg"，适当调整图像大小，将其置于画布的左侧。同理，将素材文件"辅图 1 素材 2.jpg"置于画布的右侧，如图 6-61 所示。

第三步：利用图层蒙版使两者融合。

（1）由于两个素材均带有白色背景，导致右侧图像将左侧图像的一部分遮住，因此需借助图层蒙版进行处理。选择"素材 2"作为当前图层，单击图层面板下方的"添加图层蒙版"按钮，为"素材 2"图层添加图层蒙版，如图 6-62 所示。

（2）选择画笔工具，在画笔工具的选项栏中，设置画笔的大小，设置前景色为黑色。在图层蒙版中使用黑色画笔进行绘制，显示出左侧图像的主体，至此完成了辅图 1 的设计，最终效果如图 6-63 所示。

图6-60 "置入嵌入对象"命令　　　　图6-61 置入素材之后的效果

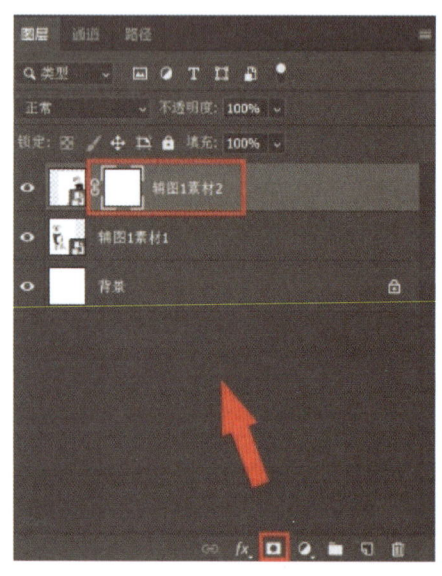

图6-62 添加图层蒙版　　　　图6-63 辅图1设计的最终效果

该场景图从正面与背面两个角度较好地展示了背带穿在狗身上的效果，狗愉悦的表情能使客户感受到产品的舒适性。

2）辅图2——细节图的设计

第一步：新建文件。

新建一个宽度、高度均为1600像素，分辨率为72像素/英寸，文件名为"辅图2"的文件。

第二步：绘制矩形。

选择矩形工具，设置颜色为#363636，在画布中绘制 4 个矩形，从上至下，将图层分别命名为"矩形一""矩形二""矩形三""矩形四"，如图 6-64 所示。

图6-64　绘制4个矩形

第三步：抠取产品细节并进行融合处理。

（1）打开"辅图 2 素材 1.jpg"素材文件，使用钢笔工具抠取需要展示的产品细节部分，如图 6-65 所示，按"Ctrl+Enter"快捷键将其转换为选区，将其复制到"辅图 2"图层中，并将其置于"矩形一"图层的上方，调整产品细节图的大小与方向，效果如图 6-66 所示，将图层命名为"细节图一"。

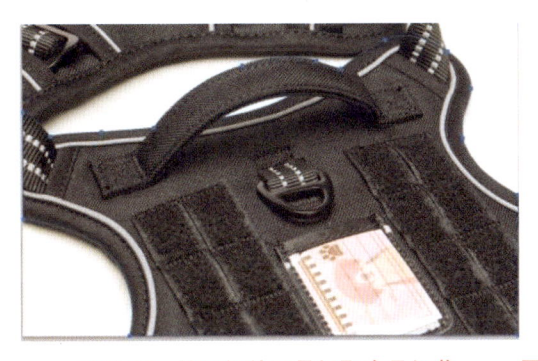

图6-65　使用钢笔工具抠取产品细节　　　图6-66　将产品细节图置于"矩形一"图层上方的效果

（2）为"细节图一"图层添加图层蒙版，使用钢笔工具框选除矩形框外的两个选区（见图 6-67），在图层蒙版中填充黑色，这样可以将细节图置于矩形框中，同时呈现出框效果，消除了呆板感，"细节图一"图层效果如图 6-68 所示。

人工智能与电商视觉设计

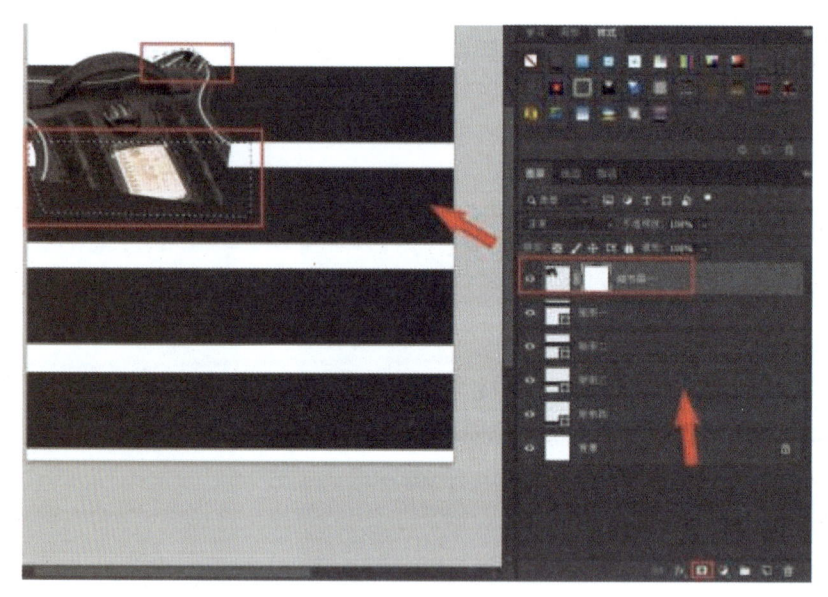

图6-67　添加图层蒙版并框选选区

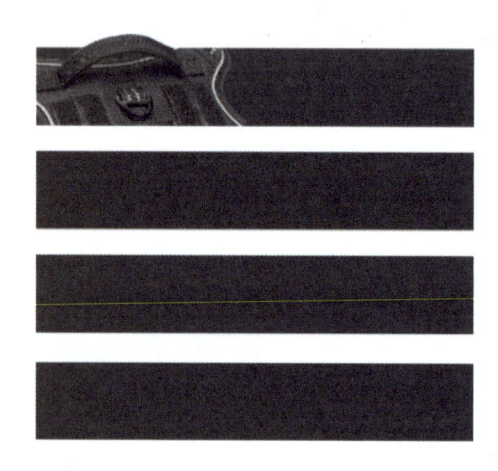

图6-68　"细节图一"图层的出框效果

第四步：创建发光效果。

为了突出细节，首先使用钢笔工具将"细节图一"图层中的卡扣细节抠取出来，复制到新的图层中，并将其命名为"细节图一重点"。接着设置其图层样式，勾选"外发光"复选框，并调整相应参数，在"结构"选区，设置混合模式为正常，不透明度为99%，杂色为5%，颜色为黄色（#eec830），在"图素"选区，设置扩展为11%，大小为16像素，使其产生黄色的外发光效果，如图6-69所示。

第五步：输入相应文案并设置效果。

选择横排文字工具，设置文字大小为"60点"，字体为"Impact"，文字颜色为白色，在矩形框右侧输入文案"DURABLE HANDLE"。设置图层样式为描边，大小为5像素，位置为外部，颜色为深灰色（#454545），如图6-70所示。按照相同方法完成其他文案输入。

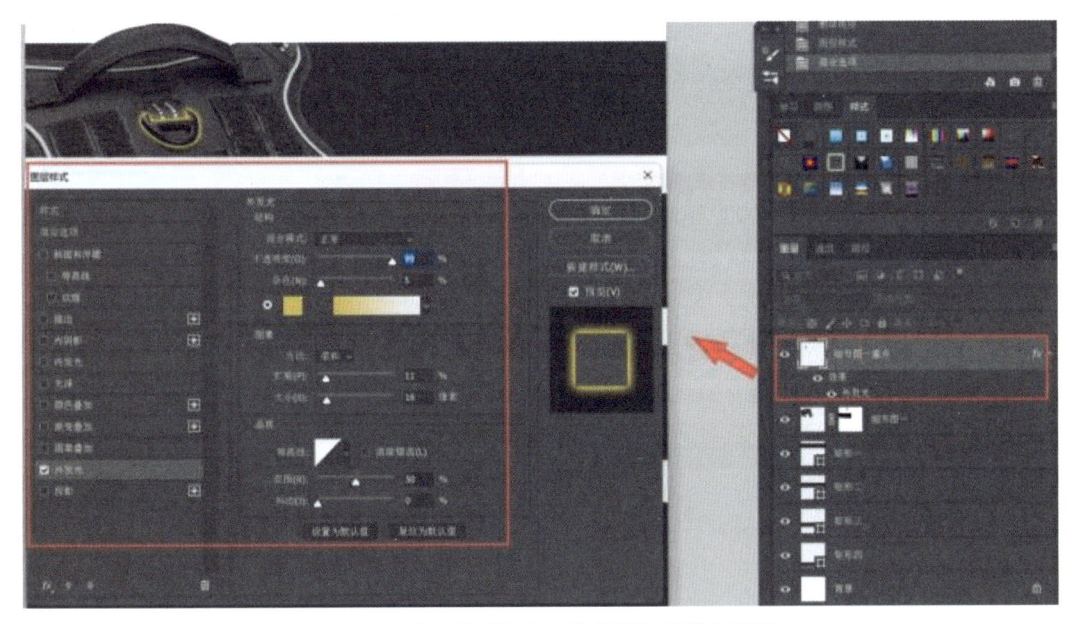

图6-69 对细节图的突出内容添加外发光效果

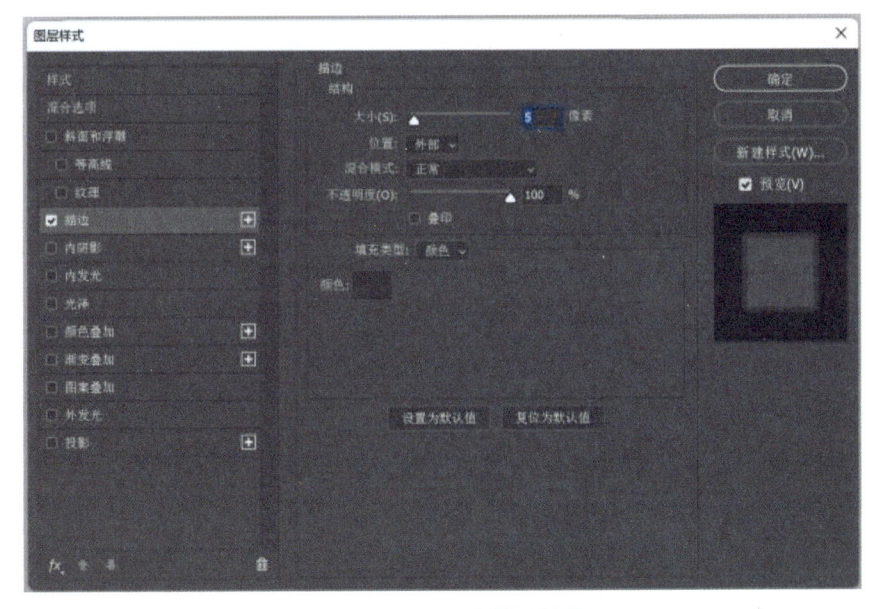

图6-70 设置文字描边样式

接下来，重复第三步至第五步的操作，完成整体画面的设计与制作，辅图 2 设计的最终效果如图 6-71 所示。

辅图 2 通过 4 个矩形展示背带的 4 个细节，利用出框及外发光效果，使整体设计充满立体感与质感，通过图文结合的方式，充分展示背带的安全性与耐用性等性能。

亚马逊产品主图与辅图的设计并不是千篇一律的，优秀的图片设计需要在符合平台规范的基础上，多角度、多维度地展示产品特性和优点，吸引客户的注意力，从而提高产品的转化率。

图6-71 辅图2设计的最终效果

习 题

1．选择题

（1）电商销售额=曝光量×点击率×（　　）×客单价。

　　A．访客数　　　　B．跳失率　　　　C．转化率　　　　D．展示量

（2）UV的含义是指（　　）。

　　A．独立访客数　　　　　　　　B．页面浏览次数

　　C．关键词被搜索次数　　　　　D．指客户一次访问企业页面的次数

（3）你认为在电商视觉设计中，最重要的是（　　）。

　　A．美观　　　　B．创意　　　　C．传达　　　　D．文案

（4）小王在设计好电商海报之后，结果和老板、运营之间都持有不同的意见，此时应该（　　）。

　　A．听运营的

　　B．听老板的

　　C．听小王的

　　D．制定小金额推广计划，对不同的主图进行测试

（5）关于亚马逊的主图标准，下列说法错误的是（　　）。

　　A．大多数类目主图背景要求为纯白色

　　B．主图可以包含Logo和水印

　　C．主图中的产品最好占图片约85%左右的空间

　　D．允许使用模特的类目，只能使用真人模特，不能使用模型模特

（6）下列说法错误的是（　　）。

　　A．促销广告图上可以放置多重的主题信息，促销信息越多越吸引客户点击

B．重要信息以第一主题的形式传递

C．促销广告图避免形式大于内容

D．重点文字可适当加粗，使用高对比的色调突出

（7）以下不属于促销的主题的是（　　）。

A．价格　　　　　B．折扣　　　　　C．其他促销内容　　　D．企业 Logo

（8）（　　）是电商海报最常用的版式，约占个人计算机电商产品海报设计的 80% 以上。

A．左右版式　　　B．上下版式　　　C．左中右版式　　　D．中心环绕式

2．简单题

（1）电商视觉设计的作用是什么？

（2）简述电商海报的设计标准。

（3）简述电商海报的实施流程。

3．实践题

（1）设计一张电商促销海报，要求主题清晰、目标人群定位准确、形式美观。请展示设计成果，并分析海报的设计思路和效果。

（2）为某电商产品设计主图，要求符合平台规范，并能够吸引目标受众。请展示设计成果，并分析主图的设计策略。

第三篇

人工智能在电商视觉设计中的应用

第 7 章

Midjourney 在电商视觉设计中的应用

学习目标

知识目标

- 了解人工智能视觉设计的发展现状及其在不同领域的应用案例。
- 区分并评价常用的人工智能视觉设计工具的特点、优势和局限性。
- 掌握 Midjourney 在电商视觉设计中的具体应用优势。

能力目标

- 能熟练配置 Midjourney 的基本设置。
- 能使用 Midjourney 设计出高质量的产品 Logo、产品主图和场景图。
- 能使用 Midjourney 或其他工具创建个性化的数字人物形象。
- 能将人工智能技术应用于企业的视觉设计升级和品牌营销策略中。

价值目标

- 培养良好的职业道德和社会责任感,在使用人工智能技术时遵循相关法律和伦理准则。
- 发展创新思维和团队协作能力,有效促进项目团队间的沟通与合作。

7.1 人工智能视觉设计的发展现状

7.1.1 一幅受质疑的画作

2022年8月，游戏设计师Jason Allen凭借人工智能绘画作品《太空歌剧院》（见图7-1）获得美国科罗拉多州博览会"数字艺术/数码摄影"竞赛单元一等奖，这一事件引发了全球热议。该作品虽然是由人工智能画图完成的，但也是创作者Jason Allen花费了大量的时间和精力来调整并优化生成的结果。Jason Allen花了近一个月的时间不断地修改指令，首先在人工智能工具上输入尽可能准确、具体的指令，创作出了100多幅画作，然后从这上百幅画作中，选出了自己喜欢的三幅，并使用工具进行处理和微调，最后打印在画布上。这表明即便使用人工智能创作，艺术家仍然需要投入大量的精力来指导人工智能的创作过程，并对结果进行后期编辑。

图7-1 人工智能绘画作品《太空歌剧院》

7.1.2 一幅得到肯定的画作

2022年12月，在拍卖会上，由百度文心一格根据民国才女陆小曼未尽画作（见图7-2）与著名海派画家乐震文补全的同名画作（见图7-3）续画的画作《未完·待续》（见图7-4），以110万元落槌成交。这是全球首次人工智能山水画作的成功拍卖，这一事件标志着人工智能在艺术领域的突破，表明由人工智能创作的艺术品被认可并具有一定的市场价值。

图7-2 陆小曼未尽画作　　图7-3 乐震文补全的同名画作　　图7-4 百度文心一格完成的画作

7.1.3　人工智能视觉设计的应用领域

上述案例揭示了人工智能在艺术创作领域的潜力。随着人工智能技术的进步，人工智能在视觉设计中的应用越来越广泛，主要包括以下几个领域。

（1）商业应用：人工智能在电商海报、产品设计、产品包装等领域有着广泛的应用前景，可以显著提高设计效率和降低成本。

（2）艺术创作：人工智能不仅能够帮助艺术家快速生成初步的概念草图，还能够创造出独特且新颖的艺术作品。

（3）教育训练：人工智能可以模拟不同的艺术风格和技巧，为艺术教育提供新的途径。

7.2　人工智能视觉设计相关工具

随着人工智能技术的快速发展，在视觉营销领域出现了很多人工智能工具，本节重点介绍 Midjourney、Stable Diffusion 等人工智能视觉设计相关工具。

7.2.1　Midjourney

Midjourney 是由 Midjourney 研究实验室开发的人工智能绘画工具，根据用户输入的文字描述，快速生成符合要求的图片或画作，能够大大提高创作效率，其操作界面如图 7-5 所示。Midjourney 可以选择不同画家的艺术风格，如安迪·沃霍尔、达·芬奇、达利和毕加索等名人的艺术风格，还可以识别特定镜头或摄影术语，使生成的图片更加丰富多彩。

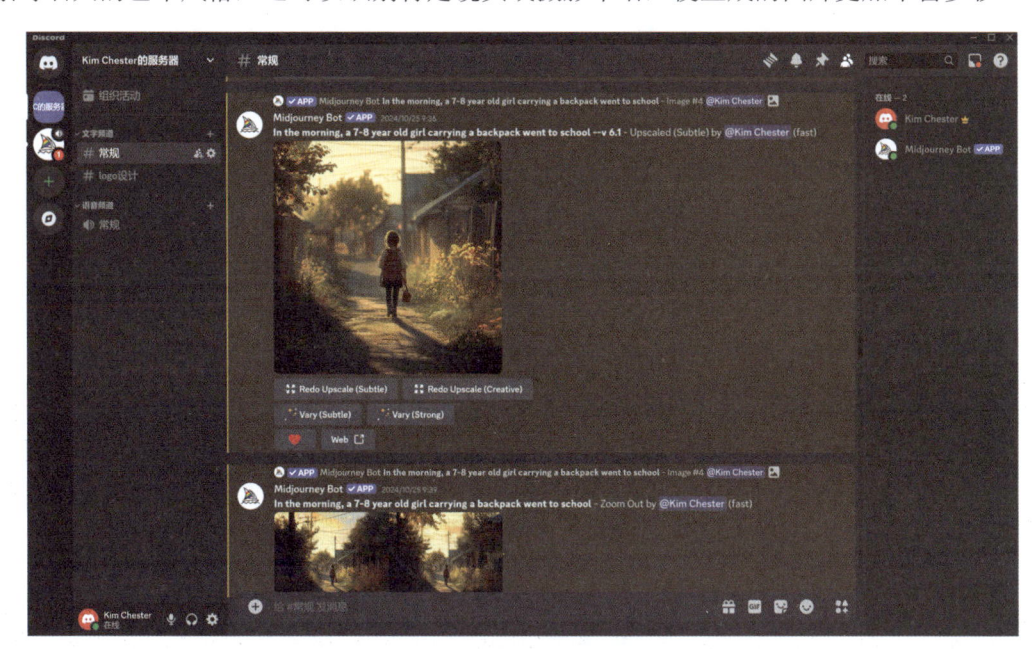

图7-5　Midjourney 操作界面

用户通过 Discord 机器人指令进行操作，可以创作出很多的图片作品。例如，输入"/imagine prompt photography, In the morning, a girl accompanied her backpack on the street, holding flowers in the hand --ar 16:9 "命令，就能生成如图 7-6 所示的图片。

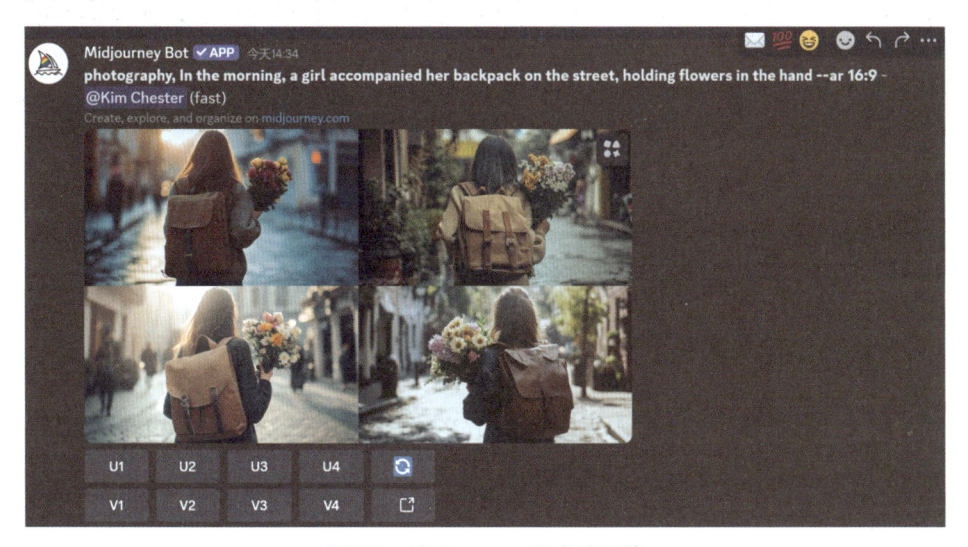

图7-6　Midjourney 生成的图片

Midjourney 只需要进行简单的部署和配置，不受环境限制，直接通过网页或 App 即可生成图片。对用户而言，不需要任何技术功底，简单易用，创作体验随意、轻松。

但 Midjourney 目前需要付费使用，并且从现有的版本来看，Midjourney 在处理某些复杂细节方面存在局限性。例如，在电商、家居领域使用 Midjourney 生成概念图之后，设计师往往需要借助 Photoshop 及 Stable Diffusion 配合处理，才能达到最佳效果。

7.2.2　Stable Diffusion

目前人工智能绘画最热门的产品当属 Midjourney 和 Stable Diffusion。

Stable Diffusion 是一种强大的文本到图片的生成模型，操作界面如图 7-7 所示，它应用了潜在扩散模型（Latent Diffusion Model，LDM）、OpenCLIP 编码器、超分辨率放大器等技术，根据输入的任意文本生成高质量、高分辨率、高逼真的图片。

图7-7　Stable Diffusion 操作界面

Stable Diffusion 具有以下优点。

（1）高质量。Stable Diffusion 模型可以生成高分辨率、高质量、多样化的图片，与真实图片几乎难以区分。

（2）灵活性。Stable Diffusion 模型可以处理任意领域和主题的文本输入，并生成对应的多样化和富有创意的图片。

（3）稳定性。Stable Diffusion 模型能避免出现常见的图片生成问题，如模糊、伪影、重复、不自然等。

Stable Diffusion 是一个开源的人工智能模型和代码库，能够实现各种风格的图片生成，创作效果较专业，主要用于艺术创作、辅助设计、教育及娱乐等领域。

然而，Stable Diffusion 使用门槛较高，需要使用者具有一定的技术功底，根据个人需求进行模块拼接和微调，同时，由于 Stable Diffusion 是开源工具，需要配置较高性能的 GPU，自行搭建的成本也比较高。

Midjourney 和 Stable Diffusion 都是基于人工智能技术的图片生成器，但它们之间也存在以下一些差异。

在技术方面，Stable Diffusion 是基于 LDM 的深度学习模型，而 Midjourney 则是基于生成对抗网络（Generative Adversarial Network，GAN）的模型。

在访问方式方面，Stable Diffusion 是开源的，可以单机安装并运行，而 Midjourney 需要通过网络连接访问，并且目前只能通过 Discord 平台使用。

在付费模式方面，Stable Diffusion 可以在用户个人的计算机上免费运行，而 Midjourney 需要每月至少支付 10 美元才能生成有限数量的图片。

另外，Stable Diffusion 作为一个功能强大的工具，有着相对复杂的设置流程和较高的学习曲线。而 Midjourney 强调易用性和直观性，即使是没有深入技术背景的创意工作者，也能快速上手。

总体来说，Stable Diffusion 和 Midjourney 各有优点，用户可以根据自己的需求和技能水平选择合适的产品。

7.3 Midjourney 简介与基础设置

7.3.1 Midjourney 简介

Midjourney 正式发布于 2022 年 1 月，是一款人工智能绘画工具，创始人为 David Holz，同年 8 月更新至 V3 版本，引起了人们较大的关注，其官网界面如图 7-8 所示。在 Midjourney 上线的一年内，用户突破了 1600 万人，2023 年更新的 V5 版本使 Midjourney 及其作品成功"出圈"，其代表作是《中国情侣》。

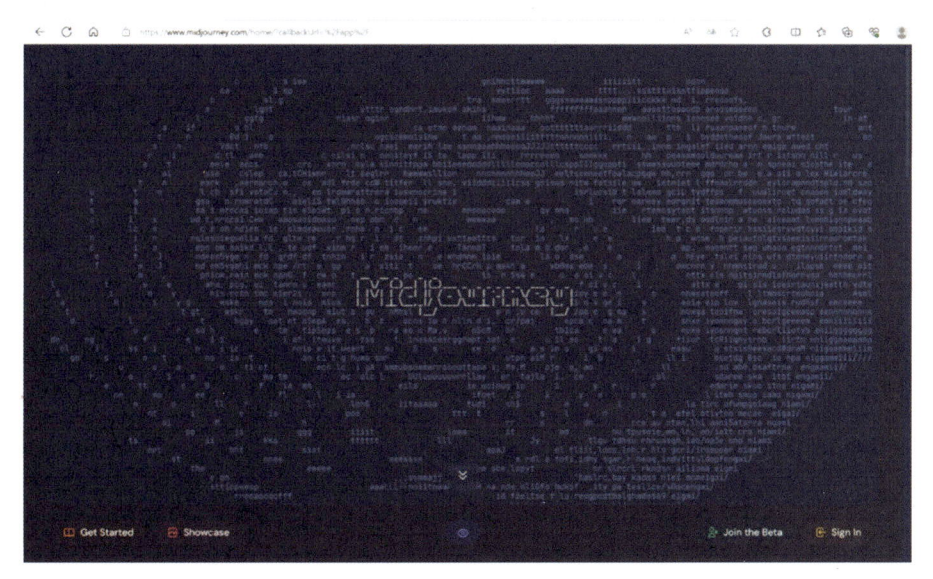

图7-8　Midjourney 官网界面

作为一个精调生成模型，Midjourney 搭载在 Discord 服务器上，用户通过与 Midjourney Bot 进行交互，输入提示词（prompt）来生成自己想要的图片。

创始人 David Holz 表示，Midjourney 旨在释放普通人的创造力，为他们提供工具，通过文字描述生成图片。Midjourney 默认偏向于创作具有绘画性、美观性的图片，无论是风景、动物、植物、人物、建筑、抽象物等，只要用户使用文字进行描述，Midjourney 就能生成出来。

7.3.2　Midjourney 在电商视觉设计中的应用优势

Midjourney 是一款非常强大的人工智能绘画工具，虽然它不是专门为电商视觉设计而设计的，但它的一些功能和特性可以应用于电商视觉设计中。Midjourney 在电商视觉设计中的应用优势有以下几点。

第一，操作简单。Midjourney 操作界面非常直观，只要输入相应的文字提示，Midjourney 就可以生成符合要求的图片。例如，输入"An European or American beauty wearing a head-mounted wireless Bluetooth headphones"，即可生成如图 7-9 所示的图片。同时，用户可以根据要求提示 Midjourney 调整各种参数，使生成的图片更符合自己的要求。

图7-9　Midjourney 生成的图片

第二，快速生成。Midjourney 能使设计团队在短时间内得到多种不同的创意，快速生成多种设计方案，有助于提高设计效率和质量，可以应对快速发展的电商行业。

第三，个性化风格。Midjourney 能根据用户的偏好提供个性化的视觉设计，提供多种艺术风格以供用户选择，包括卡通风格、水彩风格、油画风格等，将这些风格应用于电商视觉设计中，能提升视觉效果和吸引力。

第四，高效协作。Midjourney 提供了多种协作工具和功能，支持多人协作，可以帮助团队和用户更方便地进行反馈和修改，以便最终完成高质量的作品设计。

基于以上特性，电商设计师可以应用 Midjourney 设计产品 Logo、产品主图和场景图、产品包装图等，不断提高设计的效率和质量。

7.3.3 Midjourney 初始设置

1．注册账号

Midjourney 是建立在 Discord 平台上的应用，因此需要登录 Discord 官网或下载 Discord App 注册账号，注册 Discord 账号界面如图 7-10 所示。

图7-10　注册 Discord 账号界面

2．添加服务器

Discord 账号注册成功并通过验证后，需要新建一个属于自己的服务器，共有 4 个操作步骤，如图 7-11 所示。

第一步：单击左侧的"+"按钮，启动"添加服务器"操作。

第二步：在"创建服务器"界面中，选择"亲自创建"选项或其他选项。

第三步：在"告诉我们更多关于您服务器的信息"界面中，选择"仅供我和我的朋友使用"选项或其他选项。

第四步：在"自定义您的服务器"界面中，自定义服务器名称。

3．添加机器人

在服务器中添加 Midjourney 机器人，共有 4 个操作步骤，如图 7-12 所示。

第一步：单击左边的"Midjourney"图标。

第二步：在界面中间，单击"Midjourney Bot"机器人按钮。

人工智能与电商视觉设计

第三步：在打开的界面中，单击"添加至服务器"按钮。

第四步：在打开的界面中，选择"添加至服务器"选项，单击"继续"按钮，经过系列验证，即可添加机器人。

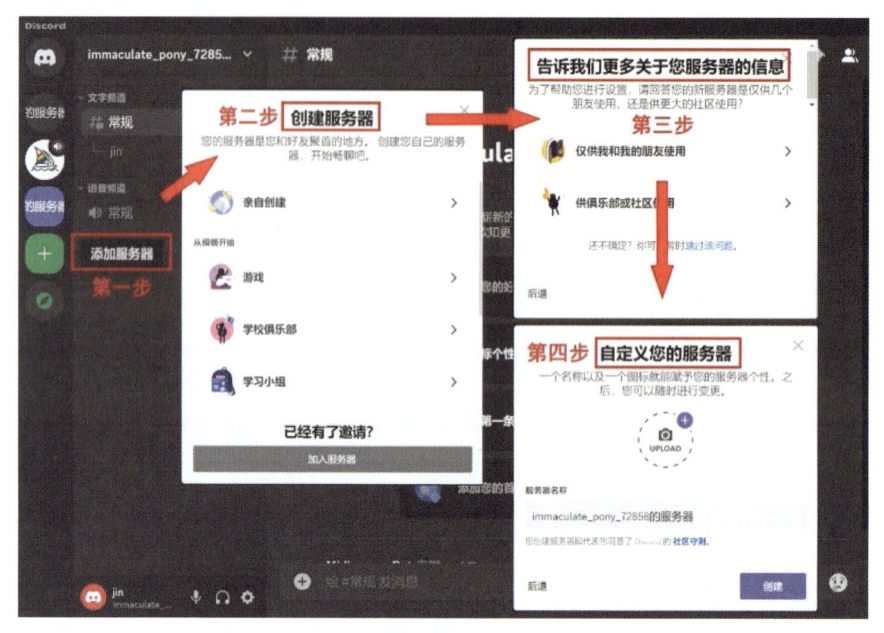

图7-11　在 Discord 中添加服务器

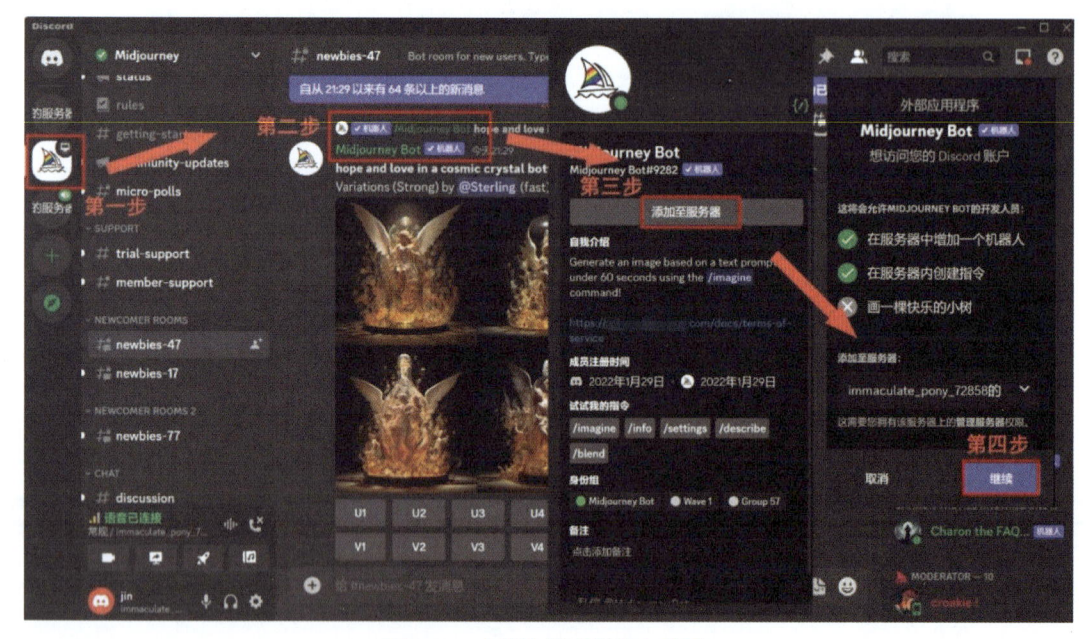

图7-12　在服务器中添加机器人

至此，Midjourney 初始设置成功，如图 7-13 所示。接下来就可以在操作指令对话框输入提示词开始绘图，助力电商企业进行视觉营销。

156

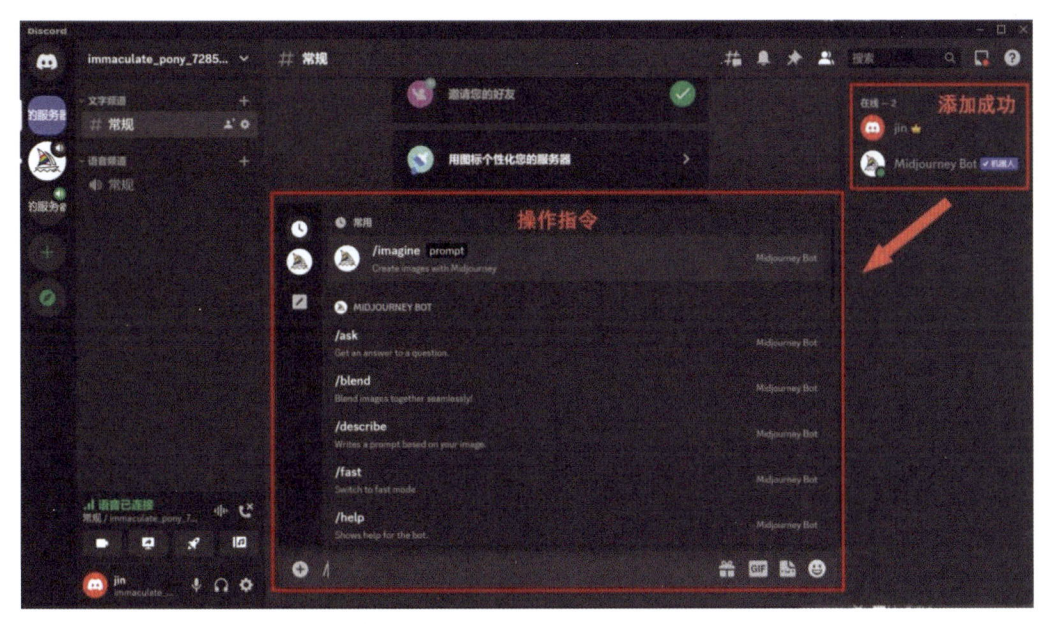

图7-13 Midjourney 初始设置成功

需要提醒的是，使用 Midjourney 需要付费，用户按需订阅即可。

7.4 基于 Midjourney 设计产品 Logo

Logo 是消费者认识一个品牌的开端。一个设计精良的 Logo，不仅可以很好地树立品牌形象，体现其文化内涵，还可以传达丰富的产品信息。优秀的 Logo 往往具有鲜明的个性，给人以较强的视觉冲击力，也便于人们识别、记忆，有引导与促进消费、使人产生美好联想的作用，有助于使该品牌的产品在众多产品中脱颖而出。

为了使 Midjourney 更好地助力 Logo 设计，我们将 Logo 划分为 4 种类型，分别是图形 Logo（Graphic Logo）、吉祥物 Logo（Mascot Logo）、几何图形 Logo（Geometric Logo）及文字标志 Logo（Lettermark Logo）。在这 4 种类型中，使用 Midjourney 等人工智能工具绘制图形 Logo 和吉祥物 Logo 相对比较容易，因为它们需要足够的发散性创意，而其他两种类型的 Logo，则需要更强的几何与文字识别能力，这对目前的人工智能绘图工具来说仍有难度。

本节将以设计图形 Logo 为例，介绍如何利用 Midjourney 设计产品 Logo。

为了让 Midjourney 能较好地理解用户的意图，首先需要告诉它具体的需求，需求越详细，生成的图片越精准，例如，我们需要设计一个宠物品牌的图形 Logo，风格为扁平化，采用简洁的矢量图形装饰，这样就得到了对应的关键词集合，即"graphic logo, pets, flat, vector graphic, simple"。

接下来，将上述设计需求输入 Midjourney 的提示框内，步骤如下。

第一步：输入相应的操作指令。本次指令是作图，需要输入"/imagine"，以启动作图功能。

第二步：单击弹出的功能框，输入设计需求（见图 7-14），并按"Enter"键。输入的操作指令如下。

/imagine prompt graphic logo,pets,flat,vector graphic,simple

图7-14　输入设计需求

Midjourney 就像变魔术一样，生成如图 7-15 所示的图形 Logo。在本案例中，读者可以强烈地感受到 Midjourney 的高效性与便捷性。

图7-15　Midjourney 生成的图形 Logo

当然，第一次生成的图形 Logo 也许不能达到设计人员的需求，这并不要紧，因为后续还可以不断地对图形 Logo 进行修改与调整。

7.5　产品主图与场景图的智能设计

7.5.1　产品主图的智能设计

产品主图是在产品目录和详情页上展示的主要图片，通过展示产品的外观、特点及产品的相关属性，吸引目标消费群体的关注，激发消费者对产品的兴趣，从而引导消费者进行购买。

产品主图一般采用纯色背景，主要凸显产品本身的特性，如颜色、形状、结构、材质、产品组合等，从而让消费者清楚地了解即将购买的产品。

在使用 Midjourney 生成产品主图前，需要先回答以下问题。

我们打算生成一张什么图片？图片的主体是什么？它处于什么样的环境中？采用什么镜头拍摄？构图是怎么样的？图片将呈现什么风格？

在本案例中，我们想要设计一张产品主图，图片的主体是香水瓶，背景为纯白色，采用普通镜头拍摄，拍摄产品采用正视图，需要对产品进行精修处理。

输入的操作指令如下。

```
/imagine prompt Product Image a perfume bottle pure white background
Product front view normal lens photography refinement
```

香水瓶的产品主图描述及最终生成效果如图7-16所示。

图7-16 香水瓶的产品主图描述及最终生成效果

7.5.2 产品场景图的智能设计

产品场景图是一种展示产品在不同场景中使用的图片，主要用于展示产品的使用场景，并将产品巧妙地融入其中。通过展示产品在实际场景中的使用效果，让消费者更直观地了解产品的功能和特点，增强消费者的购买意愿。

在使用 Midjourney 生成产品场景图前，同样需要先回答以下问题。

我们打算生成一张什么图片？图片的主体是什么？它处于什么样的环境中？如何布光？采用什么镜头拍摄？

在本案例中，我们想要生成一张产品场景图，图片的主体是放置在梳妆台上的香水瓶，布光采用的是聚光灯，采用长焦镜头拍摄，实现一定的景深效果，需要对产品进行精修处理。

输入的操作指令如下。

```
/imagine prompt Product photography perfume bottle spotlight, light-
colored decoration placed in the dresser telephoto, depth of field
photography refinement
```

香水瓶的产品场景图描述及最终生成效果如图7-17所示。

图7-17　香水瓶的产品场景图描述及最终生成效果

根据描述的结构分析可以看到，Midjourney 依然需要用户掌握摄影及设计的基本常识，如主体环境的描述、构图的描述、镜头和风格的描述等，越了解摄影和设计本身，就越容易得到优质的创意效果图。

通过上述案例不难发现，Midjourney 具有极强的发散性创意功能，能轻松地理解描述的含义，生成各种各样的产品场景图。

接下来仍然以香水瓶产品场景图为例，只改变其中的一项关键词，将"梳妆台"改为在"花朵中"（surround by flower）、"植被中"（surround by plants）、"沙漠中"（on the desert）及"街道上"（on the street），可以得到如图7-18所示的不同环境中的香水瓶场景效果。

如果将图7-18描述中的"香水瓶"改成"酒瓶"，则可以得到如图7-19所示的不同环境中的酒瓶场景效果。

图7-18　不同环境中的香水瓶场景效果 　　　　图7-19　不同环境中的酒瓶场景效果

通过上述案例，可以发现 Midjourney 可以激发设计人员的灵感和创意，设计人员可以在短时间内得到多种不同的创意方案，为电商产品场景图的设计提供了很多便利。然而 Midjourney 生成的图片具有一定的随机性，设计人员仍然需要具备一定的专业知识和技能，才能将 Midjourney 生成的图片完善为真实产品的设计方案。

思考：上述案例均为 Midjourney 生成的产品，有没有办法将电商企业的产品放进设计中呢？这就需要用到 Midjourney 垫图设计。

7.5.3　产品主图设计的进阶技巧——垫图设计

Midjourney 垫图是指在 Midjourney 中使用用户提供的图片作为垫图，在此基础上生成不同主题的、同样风格的图片。

掌握了 Midjourney 垫图技巧，电商设计人员就可以让 Midjourney 以某款产品的图片为垫图，生成产品主图。

那么，Midjourney 是如何读取用户提供的垫图呢？

我们先来了解下两个版本的 Midjourney Prompt，分别是基础版 Midjourney Prompt 与高级版 Midjourney Prompt。基础版 Midjourney Prompt 仅包含对生成图片的描述，也就是 Text Prompt，这样生成的图片能满足设计人员的普通需求，结构如图 7-20 所示。

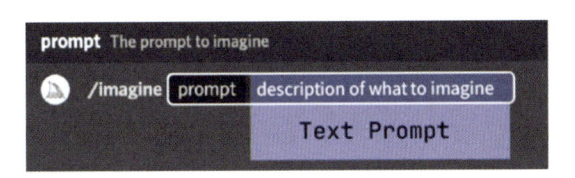

图7-20　基础版 Midjourney Prompt 的结构

高级版 Midjourney Prompt 包含三个区域，结构如图 7-21 所示。其中，在 Image Prompts 区域中可以填写垫图信息，在 Text Prompt 区域中可以填写文字描述，在 Parameters 区域中可以填写生成图片的相应参数。在高级版 Midjourney Prompt 中，用户输入提示词时必须按"Image Prompts—Text Prompt—Parameters"的顺序。

图7-21　高级版 Midjourney Prompt 的结构

注意：Image Prompts 区域中的垫图信息提示必须以 URL（Uniform Resource Locator，统一资源定位系统，即图片地址）形式提供。有两种方法可以获得图片的 URL：一种方法是首先将图片上传到托管图片的第三方服务，然后复制图片链接；另一种方法是直接将图片上传到 Discord，获取 URL 地址，具体步骤如下。

第一步：双击"+"按钮，将垫图文件上传到 Discord，如图 7-22 所示。

第二步：在输入框中按"Enter"键，即可看到放大的垫图。

第三步：右击图片，在弹出的快捷菜单中选择"复制链接"命令，如图 7-23 所示。

图7-22　上传图片文件

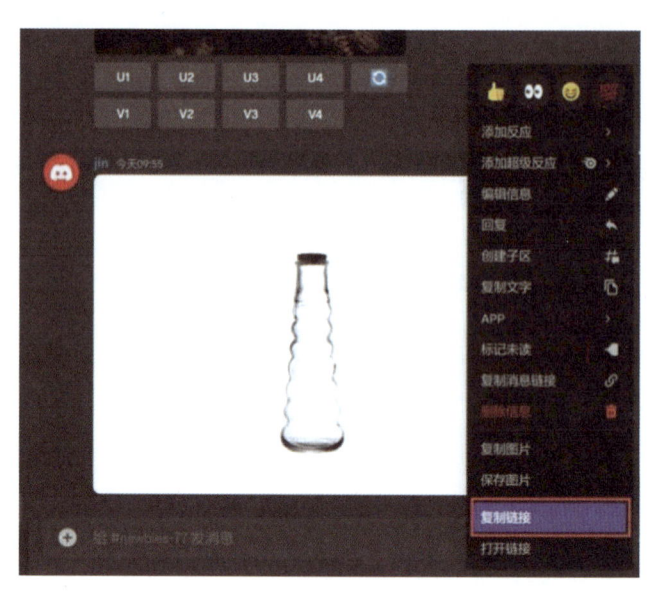

图7-23　复制图片链接

接下来就可以将垫图的 URL 粘贴到 Image Prompts 区域中。

输入操作指令，如图 7-24 所示，框选部分为垫图的信息，其他部分为文字描述，最终生成如图 7-25 所示的效果。

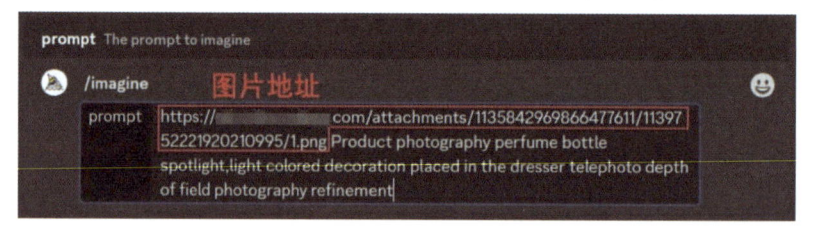

图7-24　包含垫图信息的操作指令

图7-25　垫图配合描述的最终生成效果

可以看出，Midjourney 生成的图片较好地参考了用户上传的垫图，然而由于创意的发散特性，Midjourney 几乎无法给出与垫图完全一致的生成效果图，但它会根据图片和描述进行合理的推测。

那么，如何让生成的图片更偏向垫图或描述文案呢？

在具体操作时，可以在文字描述的后面添加 iw 参数控制图片的生成效果。iw 参数表示垫图的权重。在 Midjourney V5 版本中，iw 参数的取值范围为 0.5～2，iw 参数值越大，则上传的垫图对生成结果的影响越大，生成的图片越偏向于垫图；iw 参数值越小，生成的图片越偏向于文字描述。iw 参数的默认值为 1。

带 iw 参数的操作指令如图 7-26 所示。

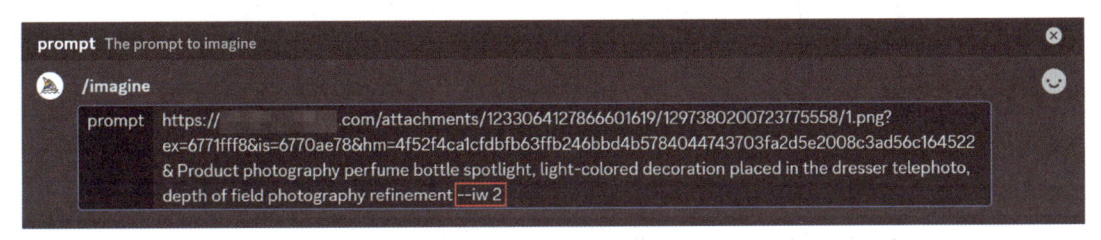

图7-26　带 iw 参数的操作指令

通过调整 iw 参数，可以帮助设计师更好地控制生成图片的风格和特点，图 7-27 所示为 iw 参数值对最终效果的影响。

图7-27　iw 参数值对最终效果的影响

7.5.4　产品主图设计的进阶技巧——叠图设计

叠图是指将两张图片叠在一起，让 Midjourney 自动识别两张图片的特征和关系，推测并创意生成新图片。

人工智能与电商视觉设计

　　Midjourney 的叠图有两种模式，一种模式是使用自带的"/blend"指令，实现多张图片的上传和"混合"，从而达到叠图的效果；另一种模式是使用人工叠图与垫图相结合的方式，实现叠图效果。

　　先介绍第一种叠图模式。在输入"/blend"指令后，Midjourney 会提示上传两张图片，"/blend"指令使用界面如图 7-28 所示，如果需要添加更多图片，则单击"请添加文件"按钮并在打开的对话框中选择需要添加的图片文件。混合图片的默认纵横比为 1∶1，可以设置"dimensions"为方形（square）、竖向（portrait）或横向（landscape）等比例。

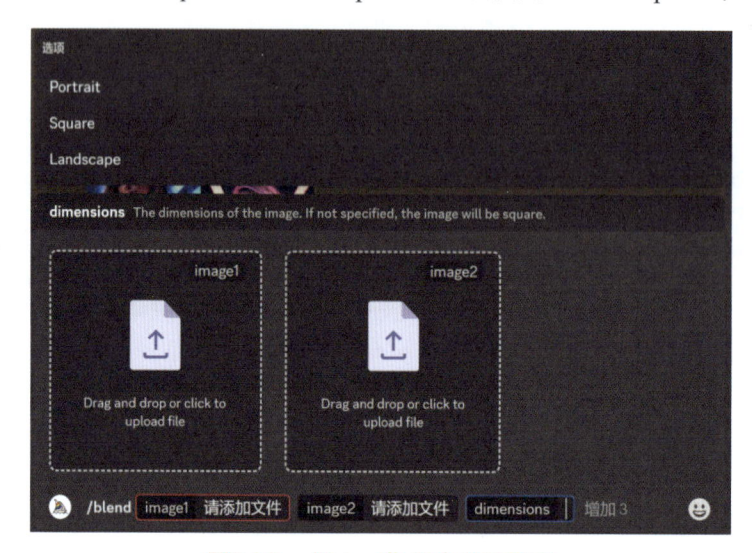

图7-28　"/blend"指令使用界面

　　"/blend"指令适用于主体和风格识别度都比较高的图片，即主题或内容比较明确，且风格或样式比较相似的图片，这样才能获得较好的混合效果。

　　本案例中，通过"/blend"指令上传两张图片，分别是唐装与人物（见图 7-29），最终得到了如图 7-30 所示的叠图效果。

图7-29　"/blend"指令上传两张图片

164

图7-30 "/blend"指令生成的叠图效果

如果使用"/blend"指令的叠图效果不尽如人意的话，还可以采用 Midjourney 的第二种叠图模式，也就是通过"人工叠图+垫图"的方式将两张图片混合，具体的操作步骤如下。

第一步：选择两张图片，分别是服装与人物图片，如图 7-31 所示。

第二步：利用 Photoshop 等图片处理工具，将服装图片叠放在模特图片上，并调整大小、位置，生成模特"穿"服装的概念图，如图 7-32 所示。

第三步：结合垫图技巧（详见 7.5.3 节的内容），添加特定的文字描述（如"Full body shot of a Chinese male model wearing a comfortable sweatshirt, standing in front of a white backdrop.portrait photo.Shot from a low angle using Canon EOS R5 camera with a standard lens to capture the model's entire outfit and showcase his height of 175cm."），操作指令如图 7-33 所示，最终生成的叠图效果如图 7-34 所示。

图7-31 合成之前的两张图片

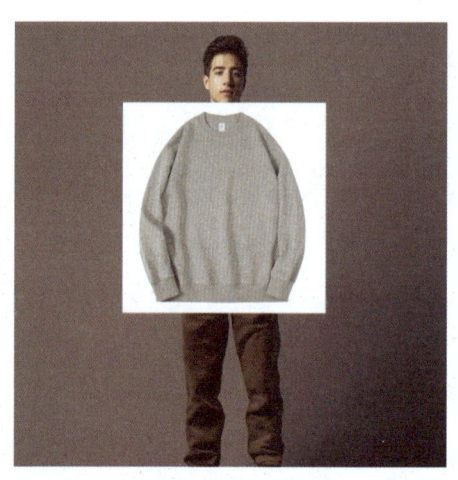

图7-32 生成模特"穿"服装的概念图

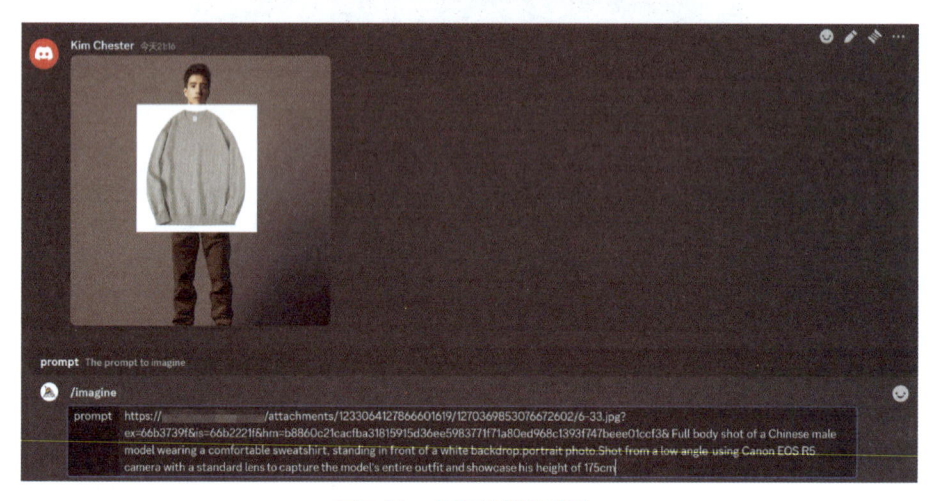

图7-33 垫图的操作指令

图7-34 最终生成的叠图效果

从生成的叠图效果来看，尽管服装的色彩、样式、版型有所改变，但已经呈现出较好的叠图效果，这样便于电商企业在产品实拍之前完成模特的筛选和效果预览，能大大提高拍摄效率。当然，如果要保证模特和服装的稳定性，还需要借助 Stable Diffusion 等工具。

一些大型产品的场景图同样可以使用人工叠图结合垫图的技巧来实现，具体操作步骤如下。

第一步：选择两张图片，分别是产品主图与场景图，如图 7-35 所示。

第二步：利用 Photoshop 等图片处理工具，将叉车图片叠放在场景图片上，并调整大小与位置，生成叉车与场景比例相对合适的概念图，如图 7-36 所示。

图7-35 叠图之前的两张图片

图7-36 叉车与场景比例相对合适的概念图

第三步：结合垫图技巧（详见 7.5.3 节的内容），添加特定的文字描述（如 "Real photos of forklifts outdoors"），即可得到如图 7-37 所示的生成效果，兼具了产品应用场景的还原、真实性和合理性。

图7-37 使用人工叠图结合垫图的技巧生成效果

7.6　Banner 图与产品包装图的设计

7.6.1　Banner 图设计

电商 Banner 图作为重要的横幅广告，通常位于电商平台或企业官网的顶部位置。

通过精心设计的 Banner 图，能激发消费者对网站或产品的兴趣，从而提高点击率和转化率，同时也有助于传达重要信息，帮助消费者快速了解产品或活动内容，进而引导消费者购买或进行其他操作。更为重要的是，Banner 图还能帮助电商企业塑造品牌形象和风格，提高品牌的知名度和美誉度。

Midjourney 在制作 Banner 图方面具备极强的创意性，只要设计人员能清晰地描述场景与需求，即可生成高质量的 Banner 图。

为了让文字描述更加精准、稳定，可以使用 ChatGPT 生成文字描述，例如，一家礼品包装的电商企业，利用 NLP 工具生成了如下文字描述。

"Create an HD, large image showcasing the art of 'Gift Wrapping'. The scene should exhibit an array of beautifully wrapped gifts with various patterns, colors, ribbons, and bows. You can also include elements like wrapping paper rolls, scissors, and tape to indicate the process of gift wrapping. The image should convey the joy and anticipation associated with giving and receiving presents. Ensure the final image is of ultra quality."

接下来，使用 Midjourney 绘制 Banner 图，操作指令如图 7-38 所示，其中"--ar"指令用于控制生成图片宽高比的参数。本指令中"--ar 25∶12"表示生成图片的宽高比为 25∶12。

图7-38　操作指令（1）

Midjourney 最终为这家礼品电商企业生成了如图 7-39 所示的 Banner 图。

图7-39　生成的礼品电商企业的 Banner 图

7.6.2　产品包装图的设计

产品包装图设计是产品包装设计中的重要组成部分,主要用于展示产品外观、产品功能和特点等,优秀的产品包装图能有效地展示产品、吸引消费者、传达信息,同时能有效地提升品牌形象,满足人们的审美需求。

使用 Midjourney 设计产品包装图的关键在于精准的文字描述,需要清晰地说明使用场景(如用于某产品包装)、风格特色(如简洁、高级)与画面构成(如包装正视图)等。如果电商企业有比较满意的示意图,也可以将图片链接置于 Image Prompts 区域中,为 Midjourney 提供更多的参考。在文字描述后面还可以添加参数,使 Midjourney 更好地了解产品包装图设计的详细需求。

图 7-40 所示为 Midjourney 生成的水晶盲盒产品包装图,完整的指令如下。

```
/imagine prompt Crystal blind box packaging diagram, simple and
advanced, packaging front view
```

除了产品包装图,Midjourney 还可以生成产品设计概念图,如图 7-41 所示。一方面,产品设计概念图有助于设计人员更好地与用户或团队成员沟通,通过可视化操作界面,快速调整和完善设计方案,确保最终的设计方案符合用户的需求和期望;另一方面,对于电商营销人员来说,产品设计概念图能突出更清晰的产品形象和特点,有助于制定有针对性的营销策略,吸引更多的潜在消费者。

图7-40　生成的水晶盲盒产品包装图　　　图7-41　生成的产品设计概念图

7.7　打造个性化的数字人图片

Midjourney 诞生之初,很多用户就利用个人照片制作个性化的数字人图片,该功能受到了用户的喜爱,尤其是卡通、动漫爱好者。

Midjourney 的数字人图片生成功能非常出色，用户只需要上传自己的照片，选择自己喜欢的卡通风格，Midjourney 就会根据文字描述和个人照片生成对应的数字人图片。

在 Midjourney 上传个人照片后，使用垫图技巧并配合各种风格的文案描述，即可诞生各具特色的数字人图片，如图 7-42 所示，Midjourney 生成的卡通风格效果最佳。

图7-42　使用照片生成的数字人图片

数字人图片与个人照片的相似程度与垫图、iw 参数值有关，数字人图片的风格则主要依据文字描述，生成卡通风格的数字人图片需要添加类似"disney style"等关键词，如"a cute boy, high detail, hyper quality, Bright color, disney style, fine luster, 3D render, OC render, best quality, 8k, bright front lighting, ultra detailed"，由于卡通风格的数字人图片对人像的要求低，因此更容易制作出与个人照片相似的效果。

完整的操作指令如图 7-43 所示，前半部分为个人照片的 URL 地址，后半部分为文字描述。

图7-43　操作指令（2）

如果想要生成接近真实风格的数字人图片，则需要在文字描述中添加类似"realistic"等关键词（如 a cool boy, ultra realistic, real porcelain skin cinematic close up portrait, rich detail, full 3d, intricate details, highly detailed, photo realistic octane render, 8k），以此保证生成的数字人图片具有摄影质感，而非卡通风格，最终生成如图 7-44 所示的效果。

Midjourney 的生成效果与训练数据的质量和规模密切相关，训练数据包含各种图片和特征信息，Midjourney 通过学习这些信息，根据输入的文字描述和参考图片生成具有相应特征的作品。

如果训练数据的数量不足，Midjourney 则可能无法充分学习到各种图片特征和艺术风格，从而会影响生成效果；如果训练数据的质量不高，如包含了诸多噪声或标注错误，则会对 Midjourney 的生成效果产生负面影响。

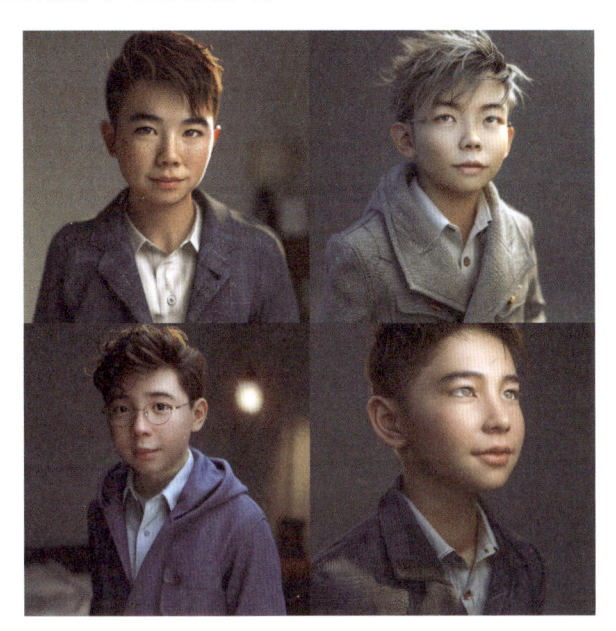

图7-44　接近真实风格的生成效果

为了获得更好的生成效果，需要使用大规模的高质量训练数据，并采用先进的训练策略和技术。

习　题

1. 选择题

（1）《太空歌剧院》是由 Jason 借助（　　）创作的。
　　A．乐震文　　　　　B．百度文心一格　　C．即梦 AI　　　　D．Midjourney

（2）（　　）是全球首次成功拍卖的人工智能山水画作。
　　A．《太空歌剧院》　　B．《未完·待续》　　C．《晨曦》　　　　D．《梦幻之城》

（3）Midjourney 是一种（　　）类型的人工智能工具。
　　A．人工智能绘画　　　　　　　　　B．机器学习平台
　　C．数据分析软件　　　　　　　　　D．自然语言处理

（4）以下关于 Midjourney 的描述，哪个选项是错误的？（　　）
　　A．它是一个免费工具，不需要付费即可使用所有功能。
　　B．用户通过 Discord 机器人指令进行操作。
　　C．可以选择不同画家的艺术风格生成图片。

D．在细节处理上存在一定困难，可能需要其他工具辅助。

（5）Stable Diffusion 和 Midjourney 的主要区别之一是什么？（　　）

　　A．Midjourney 是开源的，而 Stable Diffusion 不是开源的。

　　B．Stable Diffusion 需要通过网络连接访问，而 Midjourney 可以在本地运行。

　　C．Stable Diffusion 是基于潜在扩散模型的，而 Midjourney 是基于生成对抗网络的。

　　D．Midjourney 支持多语言输入，而 Stable Diffusion 只支持英语。

2．判断题

（1）Midjourney 可以根据用户输入的文字描述快速生成符合要求的图片或画作，提高创作效率。　　　　　　　　　　　　　　　　　　　　　　　　　　　（　　）

（2）Stable Diffusion 的使用门槛非常低，适合没有技术背景的普通用户直接使用。
　　　　　　　　　　　　　　　　　　　　　　　　　　　　　　　　　（　　）

（3）Midjourney 提供的是完全免费的图片生成服务，不需要用户支付任何费用。
　　　　　　　　　　　　　　　　　　　　　　　　　　　　　　　　　（　　）

3．简答题

（1）列举两种常见的人工智能视觉设计工具，并简述其功能。

（2）简述 Midjourney 在电商视觉设计中的应用优势与使用场景。

4．实践题

（1）使用 Midjourney 设计一款电商产品品牌 Logo。要求 Logo 符合品牌定位，并具有较高的辨识度。请展示设计成果，并解释设计思路。

（2）使用 Midjourney 生成一款电商产品的场景图。要求场景图能够展示产品的使用场景，并具有较高的视觉吸引力。请展示生成的场景图，并分析其效果。

第 8 章

Stable Diffusion 在电商视觉设计中的应用

学习目标

知识目标

- 掌握 Stable Diffusion 的基本功能、特点、相关技术及工作流程。
- 了解 Stable Diffusion 在人工智能品牌符号设计、人工智能电商产品设计等领域的应用实例。
- 了解控制类型及其在图像生成中的具体应用。

能力目标

- 能够使用 Stable Diffusion 进行从文本到图像的生成。
- 能够配置和使用 ControlNet 进行图像的精准控制,提高图像生成的个性化程度和精确度。
- 具备使用 Stable Diffusion 进行产品设计优化和精细化调整的能力。
- 能够安装和使用 Stable Diffusion 插件进行图像编辑和修复。

价值目标

- 具备将人工智能技术应用于电商视觉设计的创新能力,促进跨学科知识融合。
- 探索 Stable Diffusion 的新应用领域和技术改进,提高设计效率。
- 理解并践行技术伦理,尊重并维护知识版权。

8.1　Stable Diffusion 技术解析与应用领域

Stable Diffusion 是一款由 Stability AI 研发的开源人工智能工具，专门根据用户的文字描述生成高品质、高分辨率的图像。Stable Diffusion 基于深度学习的图像生成技术，以其强大的创造性、高保真度和对用户输入的灵活响应的特点，在生成全新原创的艺术作品、修复画质、进行室内设计等多元应用场景中，展现了强大的图像生成能力和广泛的实用性。

Stable Diffusion 技术核心理念是利用潜空间扩散模型（Latent Space Diffusion Mode，LSDM）在潜在空间中进行图像生成，结合先进的神经网络架构和文本—图像对齐技术，实现从文字描述到逼真图像的高效转换。

Stable Diffusion 是一种潜在扩散模型，由慕尼黑大学的 CompVis 研究团体开发。该模型由初创公司 Stability AI、CompVis 与 Runway 合作开发，同时得到了 Eleuther AI 和 LAION 公司的支持。Stable Diffusion 于 2022 年正式发布，标志着深度学习技术在跨媒体创作领域的崭新发展。

Stable Diffusion 不仅在艺术与设计领域展现了巨大的潜力，其应用还深入医疗、娱乐、建筑等领域，彰显了人工智能技术与艺术、科学领域的紧密结合。

8.1.1　Stable Diffusion 的基本功能

Stable Diffusion 的基本功能主要包括以下几方面。

（1）文生图（Text-to-Image Generation）：Stable Diffusion 通过用户输入的图像细节关键词，即可生成与其描述相符的图像。输入的文字描述可以包括详细的视觉特征，还可以包括风格、情绪、光照等复杂元素。此外，它还具有反向关键词功能，允许用户指定不应出现在生成图像中的内容。

（2）图生图（Image-to-Image Translation）：用户可以提供一张参考图，并添加关键词提示 Stable Diffusion 对参考图进行风格迁移、内容修改或细节增强等操作。这一功能有助于用户在已有图像的基础上进行创意再加工。

（3）模型合并（Model Merging）：Stable Diffusion 支持将多个模型的特性融合，以创建具有独特风格或特定功能的混合模型，从而满足用户对特定类型图像生成的定制需求。

（4）模型训练与部署（Model Training & Deployment）：Stable Diffusion 赋予有经验的用户自定义模型的能力，使模型能适应特定数据集或任务需求。经过训练的模型能够整合工作流程，以满足特定场景的应用要求。

（5）参数设置与控制（Settings & Controls）：用户可以调整图像生成的各项参数，如分辨率、尺寸、样式等，以精确地控制生成图像的质量、风格及细节程度。此外，软件界面提供了正向关键词和反向关键词的输入框，确保用户能够准确传达生成指令。

（6）插件扩展（Plugin Extensions）：Stable Diffusion 具备良好的扩展性，支持通过插件引入的额外功能，进一步丰富其应用范围和可能性。

8.1.2　Stable Diffusion 的特点

Stable Diffusion 的特点主要包括以下几方面。

（1）高质量图像生成：Stable Diffusion 生成图像的视觉保真度和艺术质量极高，无论在细节描绘、色彩搭配上，还是整体布局上，都可以媲美专业艺术家的手笔。

（2）广泛的主题与风格覆盖：Stable Diffusion 能通过用户指定的主题、风格关键词生成从现实主义到抽象艺术、从古典到现代的各种视觉风格的图像。

（3）强大的可定制性：通过正向关键词和反向关键词的输入，以及模型和参数的精细调节，用户可以实现图像内容、风格和细节的高度定制化。

（4）开源与跨平台：Stable Diffusion 作为开源项目，其代码和模型可供公众免费访问、使用及改进。这不仅促进了技术的透明度和社区参与，也使得软件能在多种操作系统和硬件平台上运行。

（5）实时交互与快速迭代：用户能够实时预览基于文字描述生成的图像，并迅速依据需求调整提示词或参数配置，从而高效地推进内容迭代与优化。

8.1.3　Stable Diffusion 的相关技术

1．卷积神经网络

卷积神经网络（CNN）是一类包含卷积计算且具有深度结构的前馈神经网络（Feedforward Neural Network，FNN），是深度学习（Deep Learning）的代表算法之一。卷积神经网络的结构如图 8-1 所示。

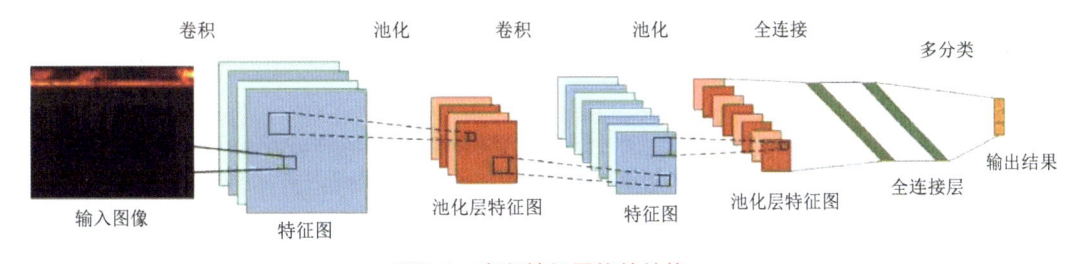

图8-1　卷积神经网络的结构

卷积神经网络是 Stable Diffusion 模型中的基础组件之一，用于对输入图像进行特征提取。CNN 利用卷积核在图像像素之间进行滑动运算，提取局部特征并进行组合，形成多尺度、多层次的图像表征。在 Stable Diffusion 中，CNN 可以用于预处理阶段，将输入的文字描述编码为图像相关的特征向量，或者在图像生成过程中对中间结果进行特征增强。

2. CLIP 模型

CLIP（Contrastive Language-Image Pre-training）模型是一个强大的跨模态预训练模型，又称文本编码模块，用于实现文本与图像之间的语义对齐。在 Stable Diffusion 中，CLIP 模型主要负责将输入的文字描述编码为与图像对应的向量序列。这一文本编码器确保了生成图像与用户提供的文字描述语义上的高度匹配，增强了生成图像的语义精确性和可控性。

3. U-Net 架构与注意力机制

U-Net 是一种专门设计用于图像分割任务的 CNN 架构。Stable Diffusion 在反向扩散过程中采用了类似 U-Net 的解码器结构，可以帮助模型在随机噪声逐渐恢复图像的过程中更好地保留和重建图像的细节，确保生成图像的高保真度和清晰度。

注意力机制可能被融入模型中，使网络能够动态聚焦于与当前生成任务最相关的图像区域，从而提高生成效果的精细度和针对性。

4. 变分自编码器

Stable Diffusion 结合了变分自编码器（Variational Auto-Encoder，VAE）架构，先通过编码器将图像数据压缩到低维潜空间，再通过解码器从潜空间重构图像。VAE 有助于模型学习数据的内在结构，并在生成过程中保持图像质量。在潜空间中，通过调整潜变量，可以实现对生成图像的平滑过渡和风格变化。

5. 潜空间扩散模型

潜空间（Latent Space）指的是一个抽象的、多维的数学空间，用于表示数据的内在结构或潜在特性，是机器学习特别是深度学习领域中的一个重要概念。在潜空间中，数据（如图像、文本、音频等）被编码为一组潜在变量（Latent Variables），这些变量通常是不可直接观测的，通过这些变量捕捉到数据的高层次、抽象或本质特征。

潜空间扩散模型（Latent Space Diffusion Mode，LSDM）是 Stable Diffusion 的核心理论基础。它是一种基于概率过程的生成模型，首先通过逐步添加随机噪声到图像数据点，直至完全破坏原始结构，然后在逆向扩散时，从纯噪声中逐步恢复出高质量图像。具体而言，扩散模型通常分为两个阶段。

- 扩散阶段（Forward Process）：这个过程通过在图像数据上逐层添加高斯噪声，使其逐渐退化为纯随机噪声。正向扩散的过程通常被建模为一系列连续的小步长高斯噪声注入，可以视为对数据分布的逐步"去结构化"。
- 反向扩散阶段（Reverse Process）：从纯噪声开始，通过一系列递归步骤逐渐去除噪声并重构出结构化图像。反向过程由一个深度神经网络驱动，网络在每个时间点预测应该减去的噪声成分，以便逐渐恢复数据的原始结构。这个神经网络又称解码器或扩散模型预测器。

这种模型利用深度学习方法来学习噪声添加和去除的过程，从而能够在给定特定关键词条件时，从随机噪声中生成结构化、有意义的图像。

8.1.4　Stable Diffusion 的工作流程

Stable Diffusion 的工作流程包括首先使用 CLIP 模型对文本进行编码，然后通过 Diffusion 模型执行反向扩散过程生成图像数据，最后由 VAE 模型解码并后处理得到最终图像。Stable Diffusion 的工作流程如图 8-2 所示。

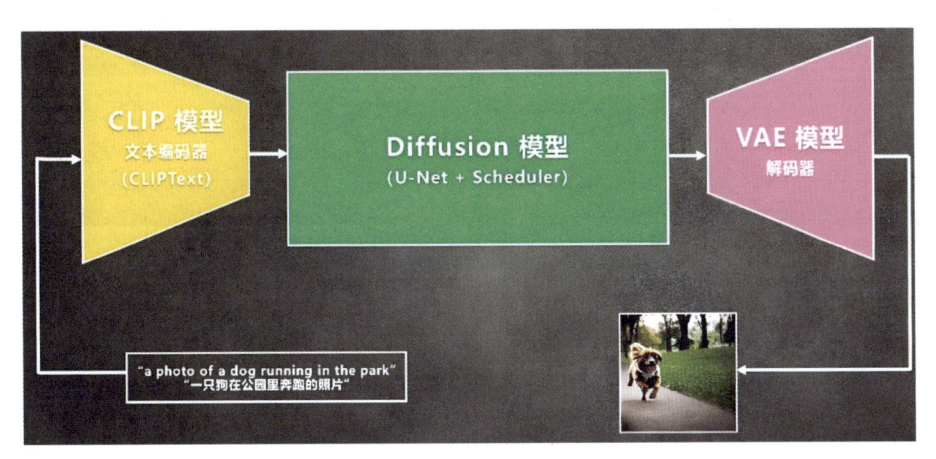

图8-2　Stable Diffusion 的工作流程

1. 文本编码

用户输入一段描述图像内容、风格或情感的文本。文本编码器（如 CLIP）接收文本输入，将其编码为一个固定维度的向量序列。

2. 图像生成

在图像生成过程中，采用纯高斯噪声作为初始潜变量，通过 U-Net 架构的神经网络预测器进行多轮迭代。每轮迭代具体包括以下 3 个步骤。

第一步：输入集成。将当前噪声图像信息、对应的迭代步骤及图像生成的文字描述信息作为输入，为预测器提供全面信息。

第二步：预测与评估。预测器根据输入信息，输出当前步骤的噪声系数，量化潜变量中的噪声强度，并估算出潜变量的更新数据，减少噪声并增强图像特征。

第三步：潜变量更新。依据预测的噪声系数，对潜变量进行精准调整，逐步剥离其中不需要的噪声成分，同时根据文字描述中的条件引导图像内容的生成，直至生成清晰、符合预期的图像。

在这一过程中通过多轮迭代，实现了从纯噪声到高质量图像的转换。

3. 图像解码与后处理

当反向扩散过程达到预设的终止步数或满足某种停止条件时，当前的潜变量被视为最终生成的图像表示。VAE 模型解码器将此潜变量映射回实际图像空间，生成具有像素值的图像。

Stable Diffusion 可以对生成的图像进行后期处理，如色调调整、锐化等，从而进一步提升图像质量。

根据以上的工作流程，Stable Diffusion 文生图功能的实现流程，如图 8-3 所示。

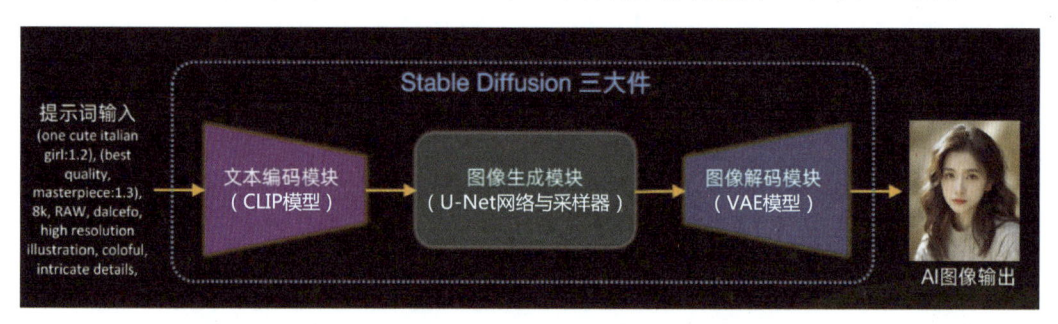

图8-3　Stable Diffusion 文生图功能的实现流程

8.1.5　Stable Diffusion Web UI 介绍

Stable Diffusion Web UI 是一个基于 Web 的用户界面，旨在简化用户对图像生成模型及其他相关任务的操作与应用，该界面已经在 GitHub 平台上公开源代码。

Stable Diffusion Web UI 凭借其开源、易用的特性，以及对 Stable Diffusion 功能全面且直观的封装，已经成为广大用户运用 Stable Diffusion 进行图像生成及相关任务的首选工具。它不仅简化了接入途径，更通过高效的训练管理功能，使用户能够充分发掘 Stable Diffusion 的潜力，推动了人工智能绘图技术在各领域的广泛应用与创新发展。

在本地计算机部署 Stable Diffusion 模型，对计算机硬件和操作系统都有一定的要求。

在硬件方面，推荐使用配备 Intel Core i5 或同级别的 AMD Ryzen 处理器的计算机，搭配至少 16GB 内存以支持深度学习模型的运行。GPU 应选择支持 NVIDIA 显卡（如 RTX 或较新 GTX 版本），且显存至少为 4GB 及以上以保证模型运行的流畅度和处理高分辨率图像的能力。此外，还需要至少 50GB 的固态硬盘（SSD）空间提高数据读写速度。

在软件环境方面，计算机需要安装 Windows 10 或 Windows 11 操作系统，保持操作系统及 NVIDIA 显卡驱动为最新版本。安装与 GPU 兼容的 CUDA Toolkit（如 CUDA 11.x 或更高版本）及其配套的 CUDNN（CUDA Deep Neural Network，CUDA 深度神经网络）。创建 Python 3.x（如 3.9+版本）环境，并安装 Stable Diffusion 所依赖的 Python 库。

此外，确保网络连接稳定，以便下载模型文件、更新软件包或访问远程 API。在满足这些硬件与软件条件后，即可在 Windows 平台上成功部署并运行 Stable Diffusion 模型。

为方便用户进行本地部署，Stable Diffusion 相关业内专家开发了基于 Stable Diffusion Web UI 的整合包（如秋叶大佬整合包等），将 Stable Diffusion 运行所需的 Python 环境、相关模型及 Web UI 界面整合在一个安装包中。用户只需下载并解压缩该安装包，即可轻松启动并使用 Stable Diffusion Web UI 进行图像创作。

8.1.6　Stable Diffusion 界面介绍

Stable Diffusion 用户界面的设计充分体现了直观性、简洁性与功能性三者的和谐统一，为用户营造了一个既友好又高效的图像生成工作平台。Stable Diffusion 用户界面如图 8-4 所示，其中分为模型参数区、画图功能标签栏、提示词区、挂载小模型区、图像生成参数区及图像展示区。

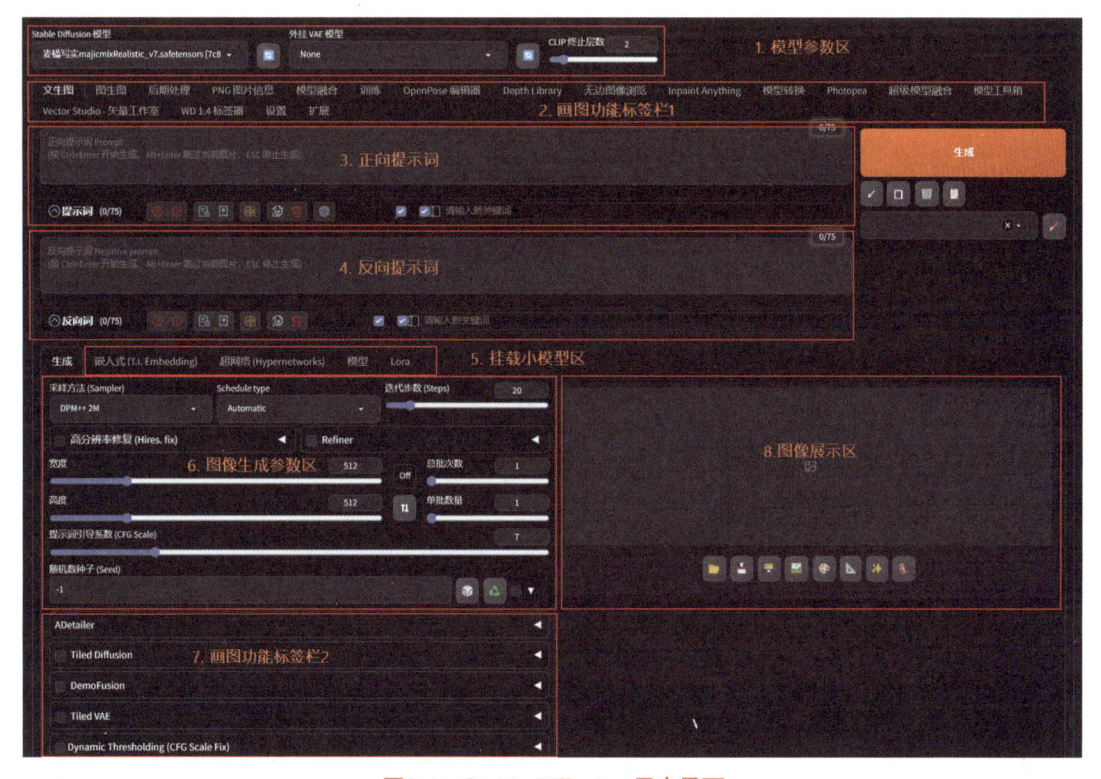

图8-4　Stable Diffusion 用户界面

1. 模型参数区

在模型参数区中，用户可以对 Stable Diffusion 的核心模型进行配置，包括选择基础模型、外挂 VAE 模型及设定 CLIP 终止层数。基础模型是图像生成的基础，目前主流的模型版本包括 Stable Diffusion 1.5（SD1.5）与 Stable Diffusion XL（SDXL）。其中，SD1.5 凭借其较低的显存需求和广泛的应用范围，成为用户的首选；而 SDXL 则以其更庞大的图像概念库、更高的细节精度和卓越的文本理解能力，为追求更好效果的创作者提供强大支持，但是对设备显存的要求也相对会更高。

在图像合成效能方面，SDXL 模型采用了针对高分辨率图像的训练策略，专注于处理 1024 像素×1024 像素及以上的大尺寸图像，其性能优化足以支撑 2048 像素×2048 像素或更高分辨率的图像生成，这归功于其在训练阶段纳入的大规模图像数据集。SD1.5 模型的训练数据主要侧重于处理 1024 像素×1024 像素或更低分辨率的图像，使其在处理中低分辨率图像任务时展现出良好的适应性和效率。通过特定的应用配置和后期优化，SD1.5 模型也能在一定程度上扩展其适用的分辨率范围，从而可以满足更高分辨率图像处理的需求。综上所述，SDXL 和 SD1.5 模型在图像生成的分辨率支持上展现了明显的差异，分别服务于高清晰度与标准清晰度的图像创作需求。

2. 画图功能标签栏

画图功能标签栏整合了 Stable Diffusion 的核心功能——文生图与图生图，以及一系列实用的拓展工具。在文生图模式下，用户输入文字提示词，系统即生成对应图像；而在图生图模式下，用户可以在现有图像基础上，借助文图融合技术进行人工智能重绘。与文生图界面相比，图生图界面增设了参考图像上传框，允许用户调整基于底图的尺寸比例，并引入重绘幅度设定，赋予作品更丰富的层次感与个性化表达。图生图界面如图 8-5 所示。

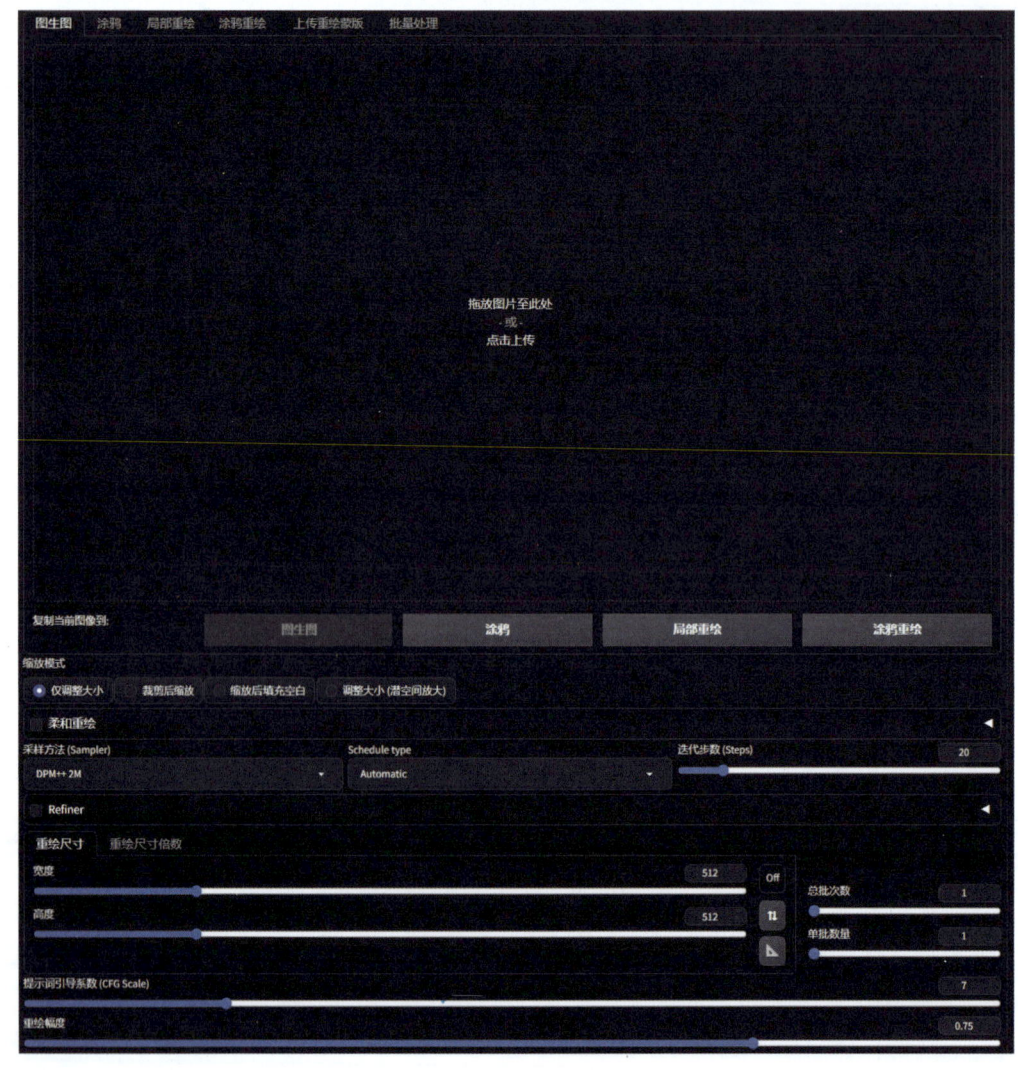

图8-5 图生图界面

此外，画图功能标签栏还涵盖了如后期处理、PNG 图像信息等实用选项。后期处理功能支持单张或批量图像的放大、裁剪及各类编辑操作，帮助用户完善作品的细节。PNG 图像信息选项卡则使用户能加载带有完整生成数据的 Stable Diffusion 图像，查阅并一键复制所有生成参数，在文生图或图生图界面中粘贴，实现参数的复用。

3．提示词区

提示词区分为正向提示词与反向提示词两部分。正向提示词用于明确用户期望生成的图像内容，而反向提示词则用于排除用户不想在生成图像中看到的元素。Stable Diffusion 兼容自然语言及标签短语的输入，目前主要支持英文的输入，但通过内置的提示词翻译插件，用户可轻松将中文的输入转换为英文的输入。

在 Stable Diffusion 的文本提示中，可以通过使用英文圆括号"()"和英文方括号"[]"调整关键词的权重，从而影响生成图像时模型对这些关键词的关注程度。

使用英文圆括号"()"可以增加关键词的权重。每添加一对英文圆括号，权重会乘以 1.1。例如，(word)表示将"word"的权重提高至默认值的 1.1 倍。((word))表示将"word"的权重提高至默认值的 1.21 倍（1.1×1.1）。

使用英文方括号"[]"可以降低关键词的权重。每添加一对英文方括号，权重会降低至原来的约 90.9%（1÷1.1）。例如，[word]表示将"word"的权重降低至默认值的约 90.9%。[[word]]表示将"word"的权重进一步降低至默认值的约 82.6%（90.9%×90.9%）。

此外，还可以直接在括号内使用英文冒号":"和一个具体的数值精确地设置关键词的权重。例如，(word:1.5)表示将"word"的权重提高至默认值的 1.5 倍。(word:0.25)表示将"word"的权重降低至默认值的 25%。

4．挂载小模型区

在挂载小模型区中，主要使用的是 LoRA（Low-Rank Adaptation of Large Language Models）模型。LoRA 技术起源于语言模型微调领域，现在已经被成功应用于 Stable Diffusion 等多模态模型中。作为基础大模型的插件式强化工具，LoRA 模型能够针对性地调整大模型，赋予其特定功能或风格特性，助力用户精准塑造作品的独特风貌。

5．图像生成参数区

图像生成参数区中包含了调控生成过程的关键选项，包括迭代步数、采样方法、图像尺寸、重绘参数及批次参数等。不同的采样方法显著影响图像的细节呈现。对于大尺寸作品，推荐采用高分辨率修复以获取细腻质感。提示词引导系数决定了提示词对生成结果的影响力度，权重越高，生成图像越忠实于用户意图。随机种子决定了初始噪声分布，其中，"-1"表示随机选取，其他正整数值则表示重现特定图像。

6．图像展示区

单击"生成"按钮后，图像展示区呈现生成过程进度、最终作品、相关参数及生成耗时等信息。图像展示区不仅是创意成果的展示舞台，也是问题排查的重要窗口。如果遇到作图异常的情况，系统则在此区域显示详细的错误信息，便于用户及时定位并解决问题。

8.2 人工智能品牌符号设计

  Stable Diffusion 作为一种先进的图像生成模型，正在逐步变革品牌符号设计领域。它通过接受自然语言描述，实现快速原型制作与概念生成，探索多样化的风格与主题，匹配品牌定位与价值主张。通过 Stable Diffusion 可以使得设计涵盖多元艺术流派、文化背景及现代趋势，确保设计既能保持品牌一致性，又能展现出新颖的创意，适应不同市场与受众需求。

  利用 Stable Diffusion 可以轻松构建统一且适应性强的品牌视觉体系，包括标志、图标、图案等，确保各元素之间的风格连贯。同时还能生成在不同场景、尺寸下的品牌符号，保障跨媒介传播的视觉一致性。通过定制化设计，增强品牌与消费者的互动体验，同时有利于收集用户的偏好数据，塑造更贴近市场的品牌形象。

  为了达到最佳的创作效果，提升 Stable Diffusion 生成图像的品质和要求，通常需要设置统一的正向、反向提示词，以便在生图时直接进行调用。

  在"生成"按钮下方，单击"编辑预设样式"按钮，如图 8-6 所示，打开预设样式编辑对话框。

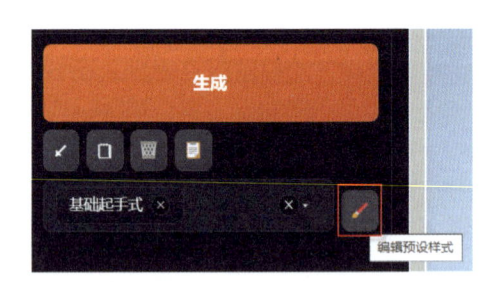

图8-6　单击"编辑预设样式"按钮

  在预设样式编辑对话框中，选择或新建样式名称（如基础起手式），设置正向提示词为"best quality,masterpiece,ultra details,high res,8k"，反向提示词为"worst quality,low quality, normal quality,cgi,deformed,distorted,disfigured,poorly drawn,bad anatomy,wrong anatomy, ugly, deformed, blurry, Noisy, logtext"，如图 8-7 所示，单击下方的"保存"按钮。

1. 案例说明

  利用 Stable Diffusion 的文生图功能，设计一款白色背景，复古简约的小女孩头像的企业品牌 Logo。

2. 步骤详解

  第一步：根据生成的风格要求，选择合适的大模型，如"anything-v5-PrtRE"或"majicmixRealistic_v7"等，不同的大模型对应生成的效果会有较大的差异。

图8-7 预设样式编辑对话框

第二步：选择文生图选项卡，在预设样式中，选择设置好的"基础起手式"样式。

第三步：根据内容要求，在正向提示词文本框中输入提示词"logo of girl emblem,kitschy vintage retro simple,on a white background"。

第四步：在初次设计中，设置宽度和高度分别为"256"，单批数量为"4"，以提高出图效率，便于进行初次设计筛选，设置随机数种子为"-1"，如图8-8所示。

图8-8 品牌符号初始设计的参数设置

第五步：设置采样方法为"DPM++ 2M"，迭代步数为"20"。不同采样方法和迭代步数的设置都将对图像的质量和效果产生影响，如图8-9所示。

图8-9 设置采样参数

第六步：单击"生成"按钮，生成最终结果。随机数种子为随机产生，因此每次生成的结果都将不一样，可以通过多次生成以选择最为满意的结果，品牌符号生成效果如图8-10所示。

图8-10　品牌符号生成效果

8.3　人工智能电商产品设计图

Stable Diffusion 在产品设计领域展现出强大的应用潜力，正逐步成为设计师们提高工作效率与实现创意的得力工具。Stable Diffusion 结合了人工智能与 Photoshop 等专业软件的功能，能够在短时间内生成高质量的电商产品设计图，实现从概念到视觉呈现的快速转换，通常仅需几分钟就能完成设计过程。

设计师可以利用 Stable Diffusion 轻松进行创意场景绘制、产品局部重绘或修改，甚至通过文字描述引导模型生成符合特定要求的设计方案，极大降低了艺术和技术的门槛。这种人工智能辅助设计不仅加速了设计流程，还使得设计更具个性化与多样化，满足快速变化的市场需求。

在产品设计图的设计过程中，通常会对现有产品设计图重新进行创意设计，或者根据已有的产品设计线稿图进行进一步的创造，这些都可以利用 Stable Diffusion 快速实现。

8.3.1　ControlNet 介绍

在 Stable Diffusion 中，通常使用 ControlNet 对生成的图像进行精准的控制。ControlNet 是一种先进的辅助神经网络模型结构，其核心功能在于增强人工智能绘画生成过程的控制能力。

ControlNet 允许用户在生成图像时添加更为具体的条件或指引，如线条草图、色彩提示、特定风格或纹理，从而在不直接干预模型内部训练参数的前提下，引导模型生成的图像更符合预期。利用 ControlNet，设计师可以对人物姿势、景深、线稿上色等细节进行更稳定的控制，这对于需要高度定制化和精确度的设计项目尤为关键。在 Stable Diffusion Web UI 界面中，ControlNet 通常作为插件存在，便于用户安装和使用。它扩展了文生图功能，使用户能够以新的控制方式引导图像生成，提高了创作的灵活性和效率。ControlNet 界面如图 8-11 所示。

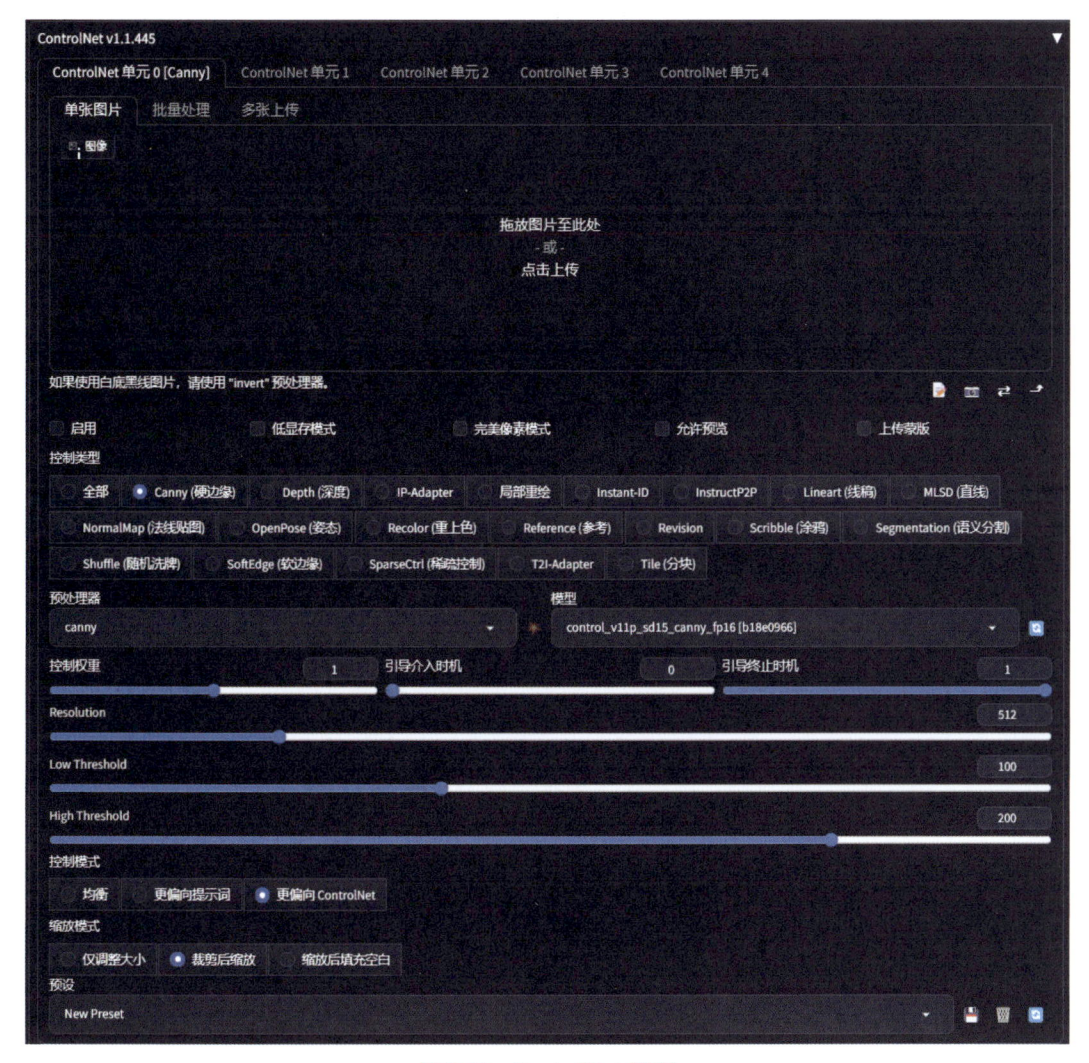

图8-11 ControlNet 界面

ControlNet 主要包括以下常用的控制类型。

（1）Canny（硬边缘）：利用 Canny 边缘检测算法，识别图像中的硬边缘，帮助模型在生成图像时遵循这些边缘轮廓，适用于基于参考图的硬边界的艺术风格转换或线条加强，常用于将参考图转换为漫画风格，或者为线稿上色。

（2）Depth（深度）：利用深度图作为控制信息，可以指导模型理解图像中物体的远近关系，生成具有正确透视和深度感的图像，适合创造具有深度感的场景，如风景画，使前景和背景分离，增强立体效果。

（3）IP-Adapter：这是一种集成 Instance Prompting 的适配器，允许用户通过实例级别的提示来引导图像生成，实现更细致的样式或内容控制，适用于风格迁移，如将照片转换为梵高风格的画作。

（4）局部重绘：允许用户指定图像中需要重新生成或修改的区域，而保留其他区域不变，实现局部图像的更新，适用于图像修复或特定区域创意改变。

（5）Instant-ID：快速识别图像中的主体并应用特定的样式或属性，如改变人物的发型、服装颜色等，适用于人像编辑和个性化设计。

（6）InstructP2P：这是一种指令到像素的控制方式，用户可以通过文本指令直接控制图像生成过程，从而实现更高级别的语义指导，适用于复杂场景设计或特定主题创作。

（7）Lineart（线稿）：使用线稿图作为输入，模型根据线稿生成上色后的完整图像，保持线条的清晰度和艺术风格，适用于为艺术家的草图上色，或者快速制作带有手绘感的设计图。

（8）MLSD（直线）：基于 MLSD（Monocular Line Segment Detection）的控制，强调检测并控制图像中的直线元素，适用于建筑、机械等直线主导的场景设计。

（9）NormalMap（法线贴图）：通过法线贴图指导生成具有真实表面质感的图像，常用于 3D 渲染和游戏纹理的图像生成。

（10）OpenPose（姿态）：利用 OpenPose 模型识别并控制人物或动物的姿势，适用于生成特定动态或静态姿势的图像，在动画制作、角色设计或运动分析方面应用广泛。

（11）Recolor（重上色）：仅改变图像的色彩而不改变结构，根据用户指定的色彩方案为图像重新上色，适合时尚设计、产品展示或个性化色彩调整。

（12）Reference（参考）：提供一个或多个参考图像，让模型学习并将这些图像的风格或元素融合到新生成的图像中，适用于风格模仿和创意启发。

（13）Revision：对已经生成的图像进行细节修正或风格调整，实现对最终输出的进一步控制，适用于细节调整和质量提升。

（14）Scribble（涂鸦）：用户可以简单涂鸦，模型能够基于这些粗略的草图生成高质量的图像，适用于快速创意草图的细化、快速概念设计和创意速写。

（15）Segmentation（语义分割）：通过预先分割好的图像区域作为指导，模型能够按照不同区域的内容和属性生成图像，实现精确的区域控制，适用于复杂的图像编辑和合成。

（16）Shuffle（随机洗牌）：在保持图像某些特征的同时，随机变换其他部分，生成多样化的变体，适用于创意探索和灵感激发。

（17）SoftEdge（软边缘）：处理图像中的软边缘，可以处理云朵、毛发等柔和过渡的场景，保持自然的边缘模糊效果，适用于自然风光、肖像画等需要细腻过渡的场景设计。

（18）SparseCtrl（稀疏控制）：利用少量关键点或线索控制图像生成，可以高效地指导模型生成特定内容，适用于局部风格变换或细微调整。

（19）T2I-Adapter：文本到图像的适配器，强化文本提示对图像生成的影响，提高文本引导的精确度和创造性，适用于基于文字描述的图像生成。

（20）Tile（分块）：将图像分成多个小块分别处理，有助于处理大型图像或实现复杂的图像拼接效果，适用于处理超大尺寸图像或实现特殊拼接效果。

这些控制类型极大地丰富了人工智能图像生成的可能性，为创作者提供了前所未有的控制力和创意空间。

8.3.2 产品创意设计

1. 案例说明

利用 Stable Diffusion 的文生图功能，结合 ControlNet 中的 Canny 边缘检测技术进一步细化和控制，可以根据如图 8-12 所示的鞋子设计线稿图，生成一款更具体且具有视觉吸引力的运动鞋设计效果图，如图 8-13 所示。

这种方法通常应用于鞋类、服装、手袋及其他工业产品的设计过程中，设计师可以借助这些技术快速实现产品迭代和设计理念完善。

图8-12　鞋子设计线稿图　　　　图8-13　产品设计效果图

2. 步骤详解

第一步：根据生成的风格要求，选择写实类（如"majicmixRealistic_v7"）大模型。

第二步：选择文生图选项卡，在预设样式中，选择设置好的"基础起手式"样式。

第三步：假设需要一款都市时尚风格的运动鞋的设计效果图，运动鞋的鞋面为靛蓝色和橙色，鞋带为白色。为了便于二次创作需要，要求生成的图像为白色背景。同时要求图像质量为高质量。根据设计要求，在正向提示词文本框中输入提示词"sneakers, urban fashion, sharp lines, indigo and orange upper, white shoelace, (unique:0.9), masterpiece, best quality, no shadow, white_background, best quality, masterpiece, ultra details, high res,8k"。

第四步：在初始设计中，设置宽度为"512"，高度为"384"，单批数量为"4"，以提高出图效率，帮助进行初次设计的筛选，选择随机数种子为"-1"，如图 8-14 所示。

第五步：设置采样方法为"DPM++ 2M"，迭代步数为"20"。

第六步：因产品设计的外观需要，设计师需要将已有的产品主图或产品设计线稿图提供给 Stable Diffusion，以便根据产品样式进行创新性设计。

在 Stable Diffusion 的 ControlNet 设置中，勾选"启用""完美像素模式""允许预览"复选框。如果遇到显卡显存资源有限的情况，则考虑勾选"低显存模式"复选框以优化性能。设置控制类型为"Canny（硬边缘）"。在图像区域上传产品设计线稿图。单击预处理器和模型中间的红色爆炸按钮 ，在"预处理结果预览"区域中将出现预览结果，如图8-15所示。Stable Diffusion在图像生成中将遵循这些边缘轮廓进行产品创作。

图8-14 设置初始设计参数

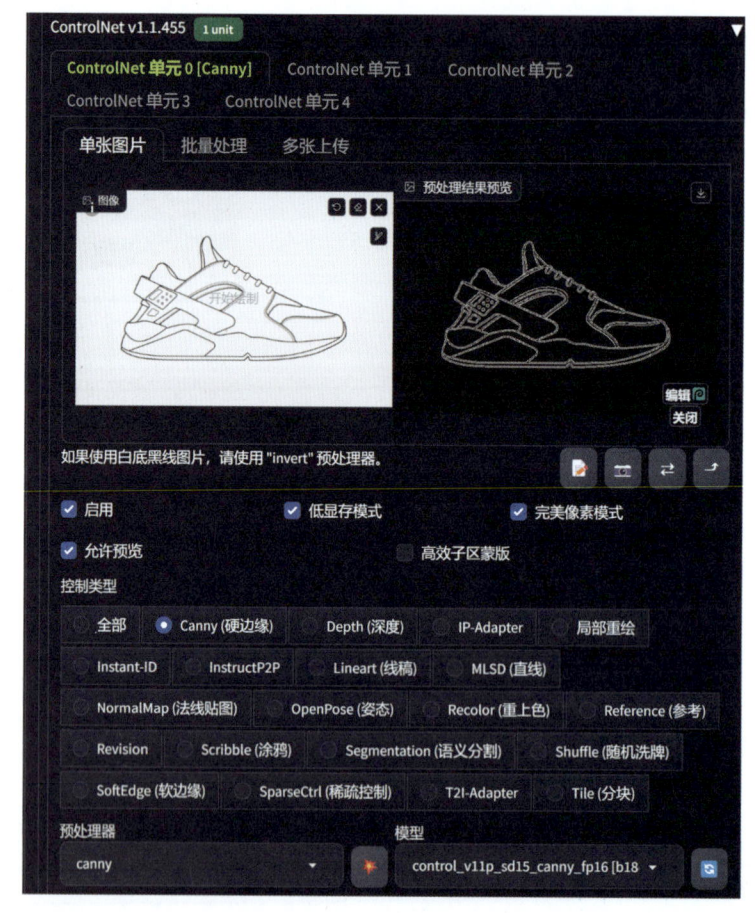

图8-15 设置ControlNet参数（1）

第七步：单击"生成"按钮，或者按"Ctrl+Enter"快捷键生成产品设计图。对于不满意的产品设计，可以尝试多次生成，以达到满意效果为止。生成的产品设计效果图如图8-16所示。

选择中意的产品设计图，并保存。

图8-16 运动鞋产品设计图

8.3.3 产品精细化设计

1. 案例说明

在利用 Stable Diffusion 技术进行产品设计图的初步创作过程中,输出设计图的精细度可能未达到预期的丰富程度,进而影响了产品设计细节的全面展示。

为增强产品的视觉效果,选择一幅产品设计图,如图 8-17 所示,并借助 Stable Diffusion 的高分辨率修复插件,对该产品设计图进行深度优化,经过精细化设计和调整后的产品设计图如图 8-18 所示。

这一过程不仅补充了缺失的微小元素,增强产品设计图的清晰度和细节,还大幅度提升了整体设计的品质与真实感,从而提升产品设计图的档次。

图8-17 产品设计图(1)   图8-18 经过精细化设计和调整后的产品设计图

精细化设计对于产品开发来说至关重要,因为它不仅关乎产品的外观质量,还直接影响到用户体验。通过高分辨率修复插件，可以对产品设计图进行深入的细节优化，如改善材料质感、增加表面纹理的复杂性、调整色彩饱和度及优化光线反射等，这些都是提升设计真实感的关键因素。此外，还可以通过添加品牌标志、装饰元素和功能细节来进一步完善设计，使产品更符合市场定位和消费者期望。

2．步骤详解

第一步：选择 PNG 图像信息选项卡，上传产品设计图（产品设计图为由 Stable Diffusion 生成的图像）。在界面右侧区域中将自动显示该图像生成的所有参数信息，如图 8-19 所示，单击"发送到 文生图"按钮，将参数信息一键发送到文生图选项卡中。

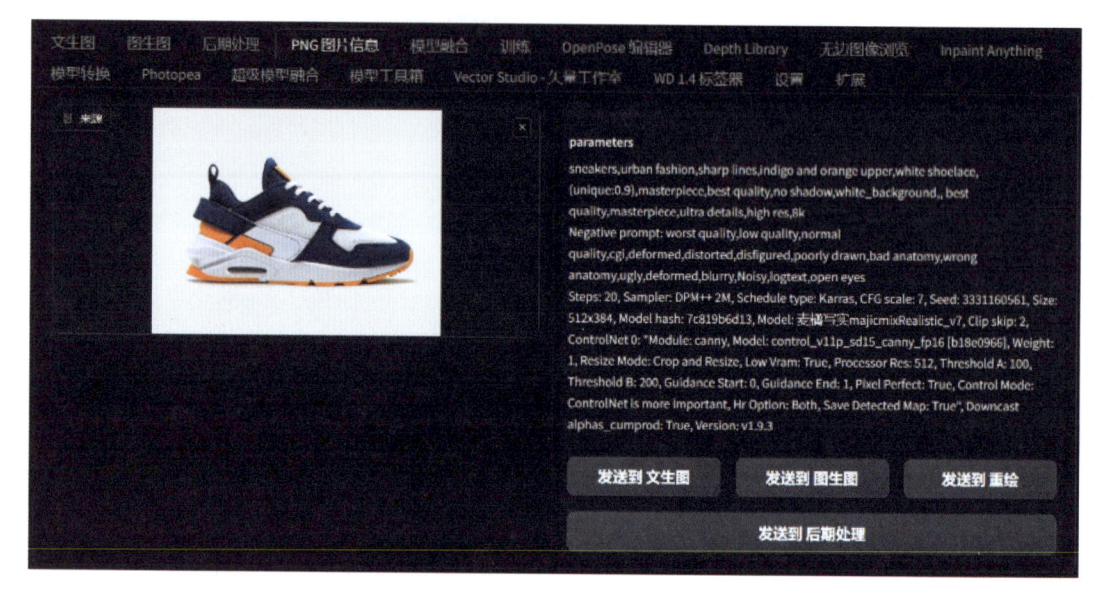

图8-19　运动鞋 PNG 图像信息

第二步：选择文生图选项卡，重新设置 ControlNet 的 Canny（硬边缘）控制参数。

第三步：在"生成"面板中，勾选"高分辨率修复"复选框，设置放大倍数为"2"，重绘幅度为"0.7"，如图 8-20 所示。

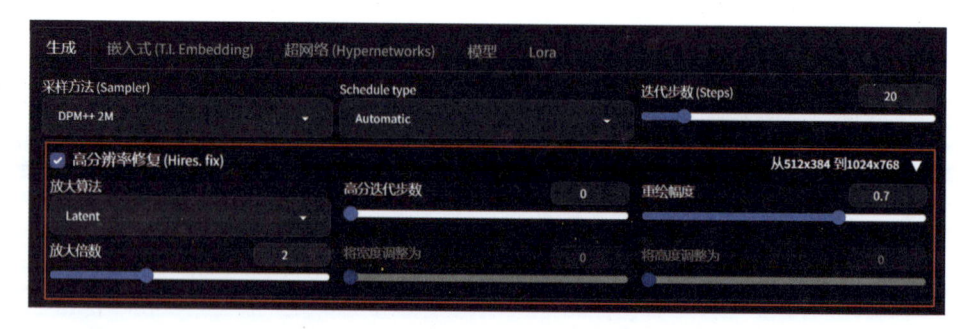

图8-20　设置运动鞋高分辨率修复参数

第四步：单击"生成"按钮，或者按"Ctrl+Enter"快捷键重新生成高清的产品设计图。

随机数种子直接读取了原图生成的随机种子,并保持所有生成参数一致,因此新生成的产品设计图在原有图像保持不变的前提下,对产品细节进行了进一步丰富。

8.3.4 产品局部设计优化

1. 案例说明

在产品设计中,通常需要对设计好的产品进行局部优化。例如,在本案例中,我们希望将如图 8-21 所示的产品设计图鞋面上的橘黄色线条替换为红色线条,此时可以利用 Stable Diffusion 中的图生图功能,利用局部重绘技术来实现这一局部的修改与优化,局部优化后的产品设计图如图 8-22 所示。

图8-21 产品设计图(2) 　　　　图8-22 局部优化后的产品设计图

局部重绘技术在产品设计中具有广泛的应用前景。例如,在鞋类设计中,可以利用局部重绘技术轻松地改变图案、颜色或材质,从而创造出全新的视觉效果。对服饰而言,局部重绘技术同样可以用于调整领口、袖子、纽扣等细节的颜色或样式,甚至是对印花图案进行个性化定制。这种方法不仅可以帮助设计师快速迭代设计方案,还可以有效地减少实物样品制作的成本和时间,极大地提高了设计效率。

2. 步骤详解

在上述生成的运动鞋设计图中需要改变鞋面的某个橘黄色线条为红色线条,步骤如下。

第一步:选择与生成风格一致的大模型(如"majicmixRealistic_v7"大模型)。

第二步:选择图生图选项卡,在预设样式中,选择设置好的"基础起手式"样式。

第三步:根据需要优化的内容,输入提示词。为了保障提示词的效果,在输入提示词时提高提示词的权重为 1.5 倍。在正向提示词的输入框中,输入"(dark red:1.5)"。

第四步:重绘产品设计图的尺寸与原图的尺寸保持一致,设置宽度为"1024",高度为"768"。

第五步:选择生成面板中的"局部重绘"选项,上传产品设计图,调整画笔的大小,并在需要重绘的区域进行绘制,局部重绘界面如图 8-23 所示。Stable Diffusion 会根据局部重绘区域,以及提示词要求,对产品设计图的局部进行重新绘制。

图8-23 局部重绘界面

第六步：在 Stable Diffusion 的 ControlNet 设置中，勾选"启用""完美像素模式"复选框。如果遇到显卡显存资源有限的情况，则考虑勾选"低显存模式"复选框以优化性能。设置控制类型为"Recolor（重上色）"，从而实现对生成图像的输出控制，如图8-24所示。

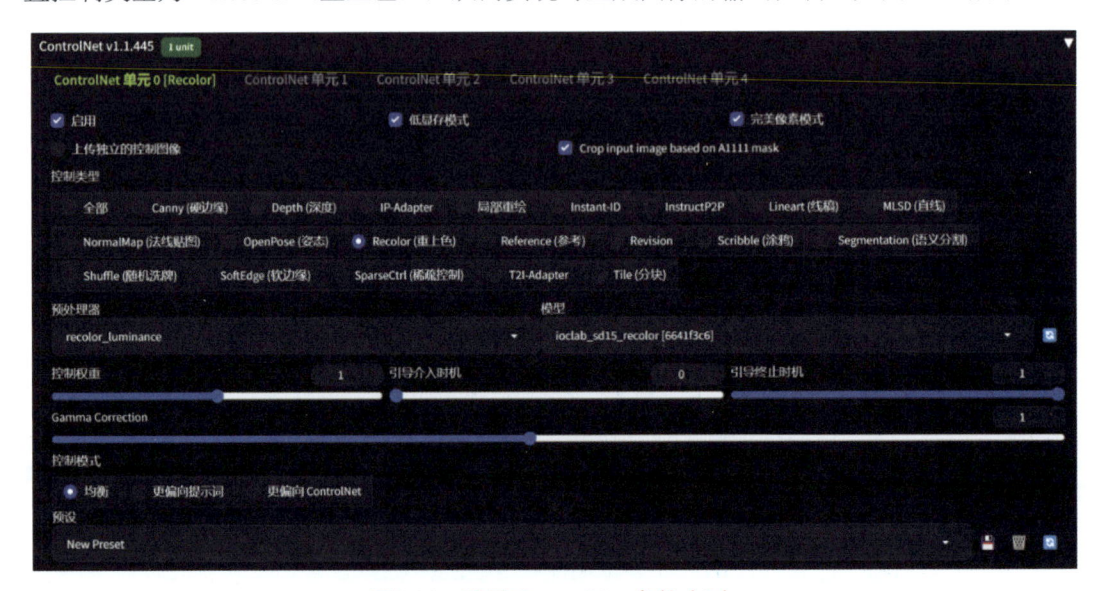

图8-24 设置 ControlNet 参数（2）

第七步：单击"生成"按钮，或者按"Ctrl+Enter"快捷键对运动鞋局部进行重新设计优化。

8.4 人工智能多样化场景图设计

Stable Diffusion 极大地优化并加快了电商领域中多样化场景图的视觉内容创作流程。利用 Stable Diffusion，可以自动生成模特的多种服装搭配场景图，显著降低实际拍摄成本，并通过智能化手段修复与增强商品图像，进而提升展示品质；自动创意设计生成个性化广告图和营销素材，增强吸引力；构建虚拟场景，实现产品在多种场景中的真实展示。这一切共同促进了电商场景图的高效生成与创意表达，为消费者带来了更加丰富、个性化和沉浸式的购物视觉体验。

在制定产品场景的视觉设计方案时，关键是提炼原始产品设计图中的产品轮廓，从而制作出高度精确的产品，将该图作为构建创意场景蒙版的核心元素。

我们不仅可以通过 Photoshop 进行手工精细化绘制出产品蒙版，还可以通过 Stable Diffusion 平台下的 Inpaint Anything 插件生成产品蒙版。

Inpaint Anything 是一个强大的图像处理工具，结合了 SAMQ、图像修补模型（如 LaMa）和生成式人工智能模型（如 Stable Diffusion）等先进技术，能够实现图像中物体的移除、内容的填补及场景的替换。Inpaint Anything 的核心思想在于充分地利用不同模型的优势，构建一个功能强大且易于使用的图像修复系统。

在 Stable Diffusion 界面中，选择"扩展"选项卡，单击"从网址安装"按钮，在"扩展的 git 仓库网址"输入框中输入安装网址，界面如图 8-25 所示，单击"安装"按钮。

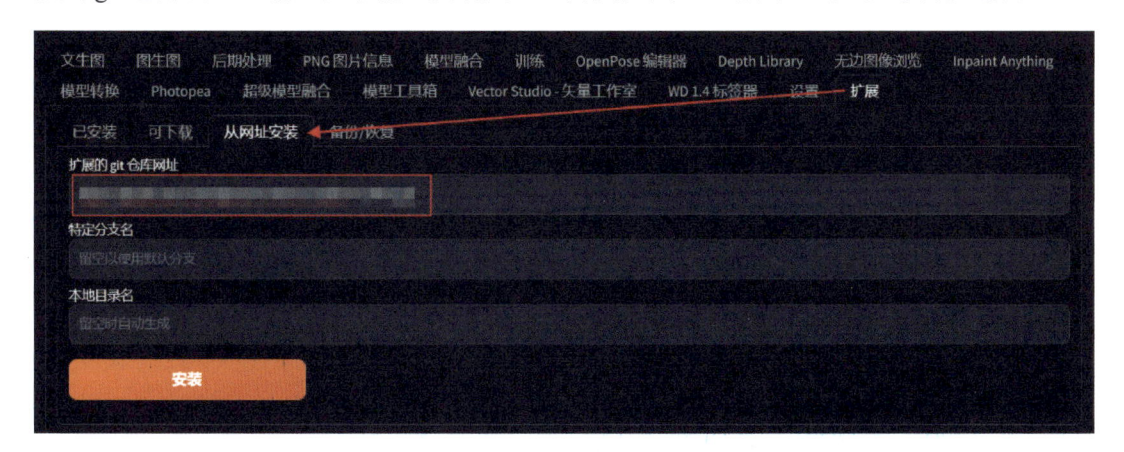

图8-25 Inpaint Anything 的安装界面

安装完成后重新启动 Stable Diffusion，在 Stable Diffusion 界面中，将出现 Inpaint Anything 插件的选项卡。

8.4.1 图生图功能介绍

多样化场景图设计需要使用图生图功能实现。Stable Diffusion 在图生图（图像到图像）的应用中，展现出了强大的转换与编辑能力。这一技术允许用户对原始图像进行多样化和精细化的修改，创造出全新的视觉内容。

图生图的使用界面与文生图的使用界面基本类似，主要包含以下几个基于图像生成的参数。

1. 蒙版边缘模糊度

蒙版边缘模糊度主要用于设置平滑处理蒙版区域的界限时的模糊宽度，取值范围为0～64。蒙版边缘模糊度的数值越小，边缘越锐利，反之就越模糊。默认值为4，可以根据生成效果进行调整。

2. 蒙版模式

蒙版模式有以下几种。

（1）重绘蒙版内容：此模式允许用户选择图像中的蒙版区域，并仅对该区域的图像进行变换。用户可以利用提示词指导模型修改这部分选定区域，从而在保留图像其他部分不变的同时，对蒙版内的内容进行创意性重绘。

（2）重绘非蒙版内容：与上述相反，此模式选择图像中未被蒙版覆盖的区域进行重绘，并同样依据用户提供的提示词进行创意设计，适用于想要保持图像某一特定区域不变，同时变换图像的其他区域或元素。

3. 蒙版区域内容处理

蒙版区域内容处理包括以下几种。

（1）填充：蒙版区域将原始图像的一个极度模糊版本进行内容填充，适用于想要在保持原图大致色调和氛围的同时，对细节进行模糊化处理或创新。

（2）原版：这是默认设置，指示模型直接参考蒙版区域内原始图像的实际内容进行重绘，适用于需要精确保持原始图像某些特征或细节的场景。

（3）潜空间噪声：模型将在潜在空间内使用由 Seed 值生成的随机噪声作为起点，对蒙版区域进行完全创新性的重绘。这可能导致生成的内容与原始图像无关，适用于生成多样性和创造性结果。

（4）空白潜空间：先使用蒙版边缘附近的颜色填充蒙版区域，形成一个平滑过渡的纯色背景，再在此基础上进行重绘，适用于创造简约或抽象风格的图像。

4. 重绘区域

重绘区域包括以下两种。

（1）整张图像：对整个引导图（即原始图像）进行重绘，之后将新生成的图像与原始图像在重绘区域进行混合，生成一个综合效果，适用于需要全局变化而不局限于特定区域的场景。

（2）仅蒙版区域：处理蒙版指定的区域，先将其放大至指定尺寸进行重绘，再将其缩小并融合回原始图像相应位置。用户可以设置"仅蒙版区域下边缘预留像素"的数值（0～256），该数值越大，新生成内容与原始图像的边界融合就越自然，减少突兀感，更接近原始图像的质感和风格。此模式特别适用于需要高度细节控制和精确编辑的图像。

5. 重绘幅度

重绘幅度决定了生成图像时对原有内容进行修改或添加新细节的程度。重绘幅度的数值越小，生成的图像与原始图像或指令的关联度越高，变化越小；数值越大，则生成的图像变化更明显，可能产生更多创新或意想不到的细节，但同时也可能引入较大的偏差或不稳定性。

8.4.2 鞋类产品场景图设计

1. 案例说明

产品场景图在电商平台上应用广泛。在本案例中，已有一款如图8-26所示的白色背景运动鞋产品场景图，通过Stable Diffusion的图生图功能，利用Inpaint Anything插件获取运动鞋的蒙版图像。通过ControlNet中的Canny边缘检测技术，捕捉运动鞋的硬边缘，并根据特定的关键词提示，如"运动场""都市街头"等，设计并生成运动鞋在不同场景下的产品场景图，如图8-27所示。

通过将运动鞋置于不同的场景中，如户外运动、都市街道或休闲聚会等，可以直观地展示运动鞋的功能性和适用场合，从而帮助消费者更好地理解运动鞋的特性，进而促进消费者的购买决策。此外，产品场景图还能丰富产品详情页的内容，提升消费者的整体视觉体验，增强品牌形象。

图8-26　白色背景的运动鞋产品场景图　　　图8-27　运动鞋产品场景图

2. 步骤详解

第一步：在 Photoshop 中创建白色背景的运动鞋产品场景图，调整运动鞋的位置和大小。建议设置运动鞋场景图的宽度和高度均为 512 像素。白色背景区域将进行场景创意，如图 8-26 所示。

第二步：单击"Inpaint Anything"选项卡，设置 Segment Anything 模型 ID 为"sam_vit_h_4b8939.pth"。首次使用模型将进行远程下载。在输入图像界面中，上传白色背景的运动鞋场景图，单击"运行 Segment Anything"按钮，如图 8-28 所示。

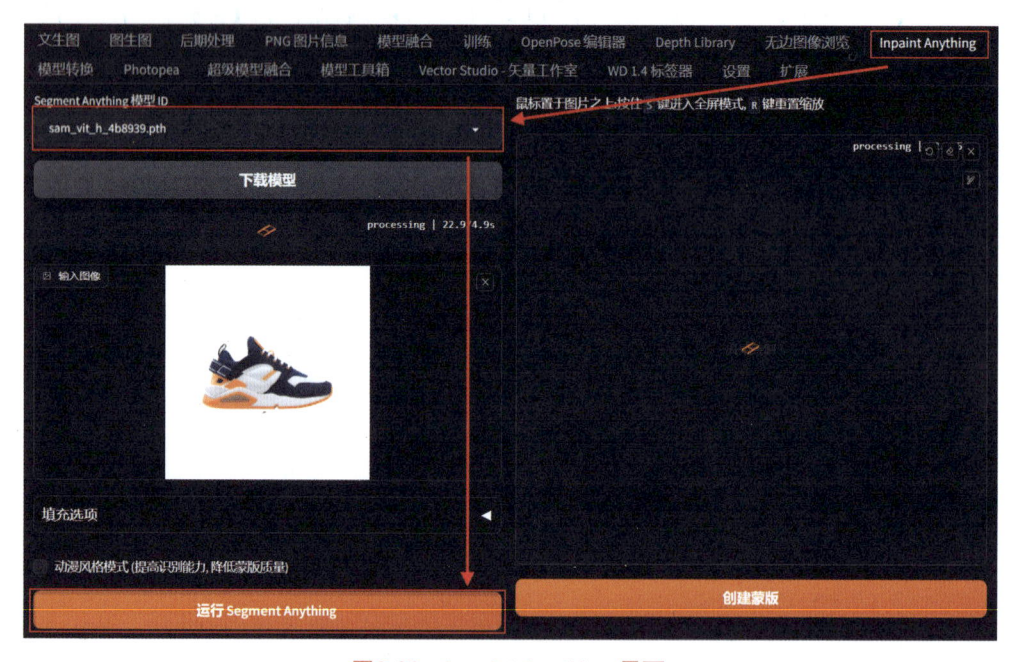

图8-28　Inpaint Anything 界面

第三步：运行完成后，在界面的右侧区域显示基于该图像的色块图，在需要创建产品蒙版的区域使用画笔工具进行选取。这里需要选取运动鞋的背景及运动鞋背后环内的区域，使用画笔工具直接在色块图上单击即可，完成后单击下方的"创建蒙版"按钮，在按钮下方将预览产品蒙版，如图 8-29 所示。

第四步：选择左侧下方的"仅蒙版"选项卡，单击"获取蒙版"按钮，下面将显示产品蒙版，单击下方的"Send to img2img inpaint"按钮，将生成的产品蒙版直接发送至图生图界面中，如图 8-30 所示。

第五步：在图生图界面中，根据生成的风格要求，选择写实类（如"majicmixRealistic_v7"）大模型。选择设置好的"基础起手式"样式。

第六步：假设需要设计一幅沙漠中的运动鞋产品场景图，同时要求图像质量为高质量。根据设计要求，在正向提示词文本框中输入提示词"A shoe on the sand,desert scene, noon, expose to the sun, cinematic photo, close-up, blurry background, blurry foreground, (8k, RAW photo, best quality, masterpiece:1.2), (realistic, photo-realistic:1.3), sharp focus,cinematic lighting, octane render, unreal engine, volumetrics dtx, (film grain, bokeh, blurry foreground, blurry background),"。

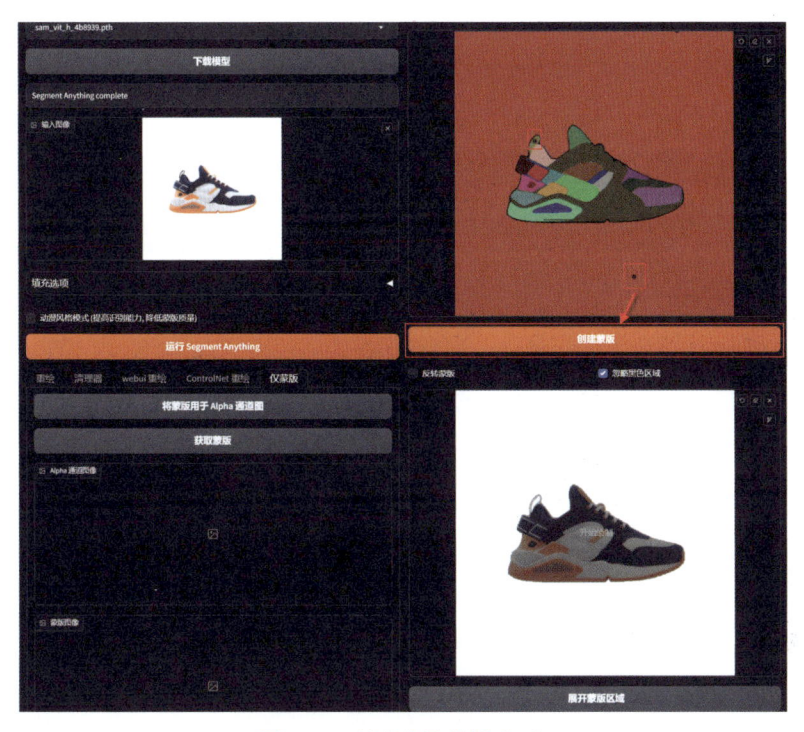

图8-29 创建产品蒙版（1）

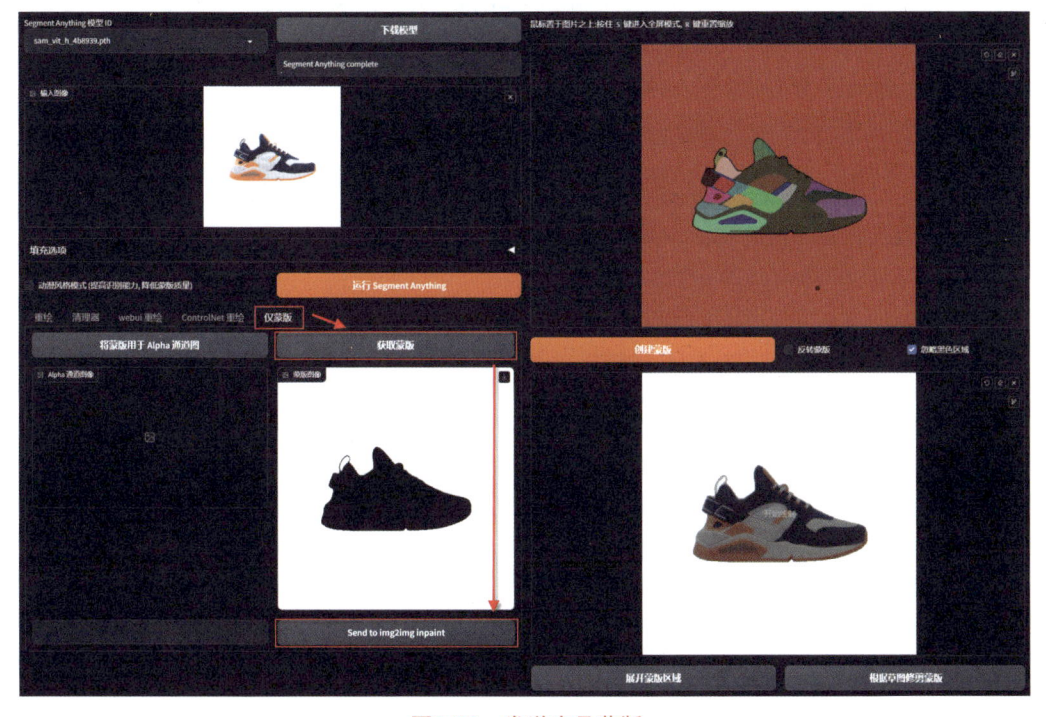

图8-30 发送产品蒙版

第七步：在生成选项卡中，设置蒙版模式为"重绘蒙版内容"，蒙版区域内容处理为"潜空间噪声"，降低在重绘时受白色背景的影响。设置重绘区域为"整张图片"，以促进图像和背景更好地融合生成。设置重绘尺寸的宽度和高度均为"512"，设置重绘幅度为"1"，以让人工智能充分地发挥设计创意。设置随机数种子为"-1"，进行随机创意生成（样例随机种子为"1730818768"），如图8-31所示。

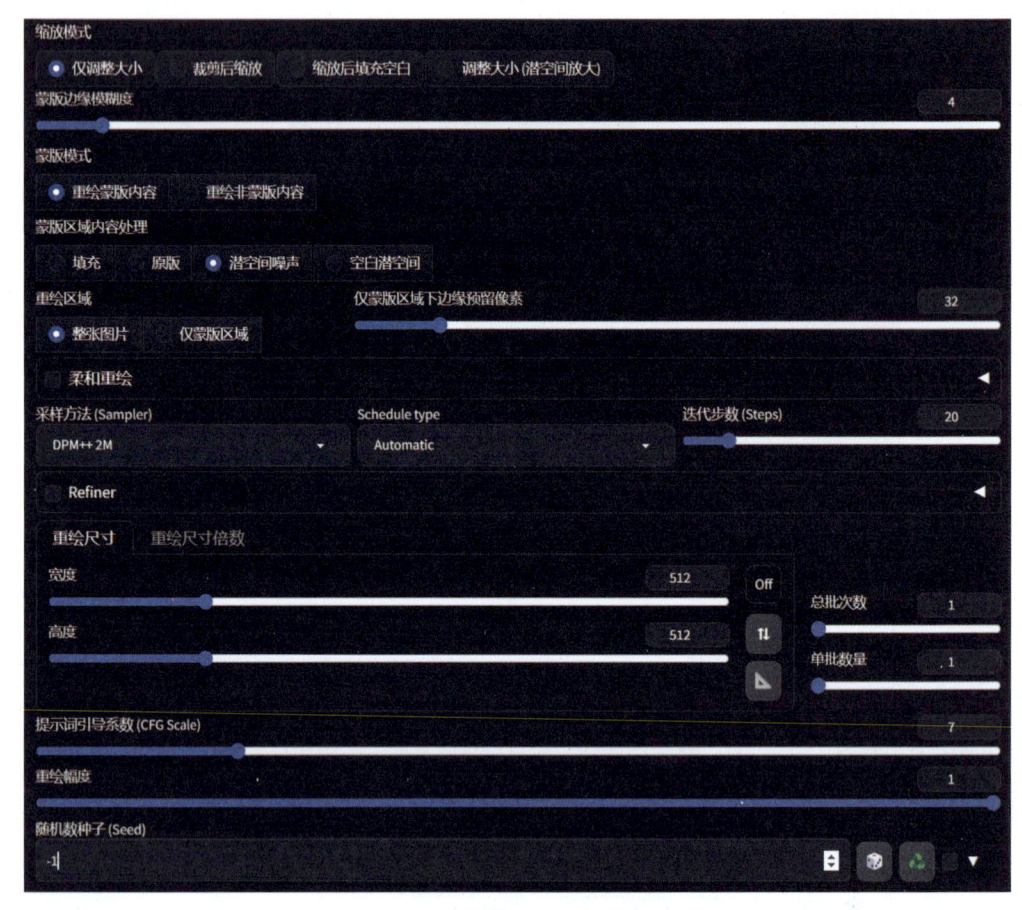

图8-31 设置运动鞋场景图参数

第八步：在 Stable Diffusion 的 ControlNet 设置中，勾选"启用""完美像素模式""允许预览"选项。如果遇到显卡显存资源有限的情况，则勾选"低显存模式"复选框以优化性能。设置控制类型为"Canny（硬边缘）"。上传图像，单击预处理器和模型中间的红色爆炸按钮，在"预处理结果预览"区域中将出现预览结果，如图8-32所示。

第九步：单击"生成"按钮，生成运动鞋产品场景图。

重新设置并调整正向关键词的描述，可以继续生成更多的产品场景图。生成其他的运动鞋产品场景图如图8-33所示。

在生成图像的过程中，图像输出质量与多样性受多重因素的调控影响，其中包括大规模预训练模型的迭代更新、采样策略算法的优化升级，以及辅助插件工具的更新等。这些核心组件的任何变动，尤其是参数配置的细微调整，都会显著影响最终图像的特征表达、风格呈现乃至场景的贴合度，从而展现出不同的视觉效果。

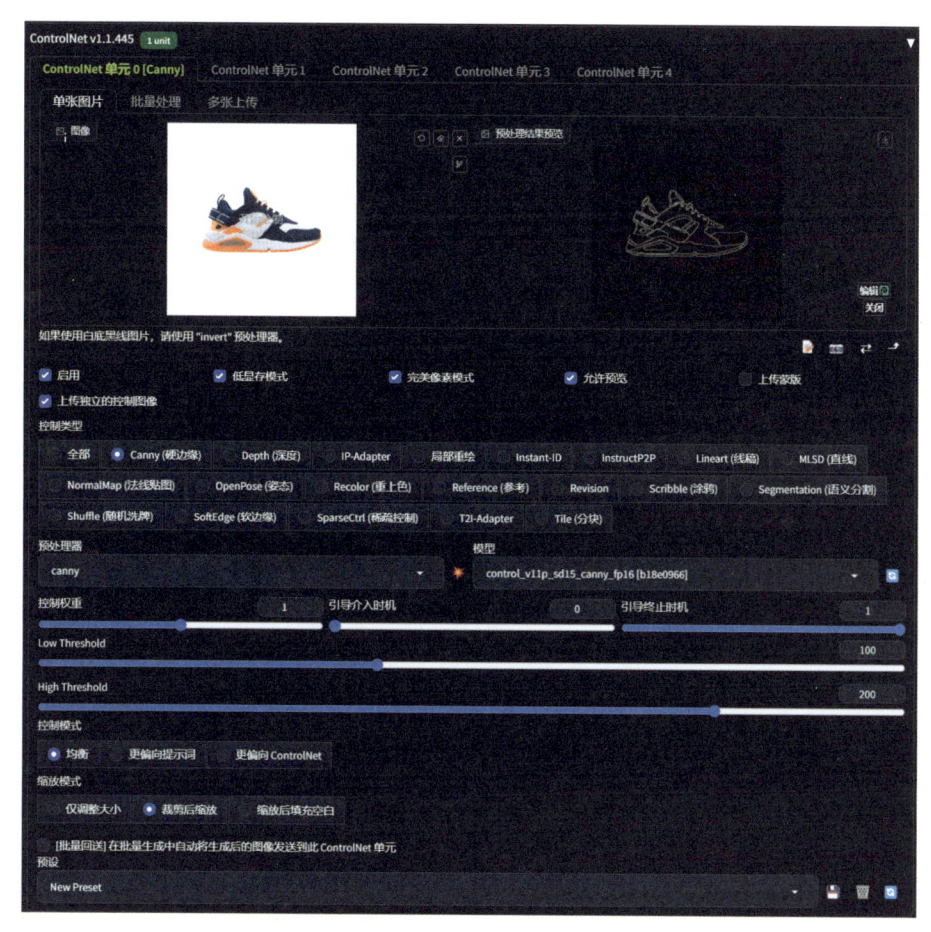

图8-32 设置运动鞋Canny参数

图8-33 其他的运动鞋产品场景图

因此，生成过程中可能出现与预期场景不完全吻合的图像现象，这是由算法探索性和创造性本质所决定的。因此，在实践中往往需要通过反复迭代与试错，多次调整参数并生成样本从而逐步收敛至符合特定需求及审美标准的理想图像。这一系列精细化操作不仅考验着设计师对人工智能技术的深刻理解，也强调了在艺术指导与技术实现间寻求平衡的微妙艺术。

8.4.3 箱包类产品场景图设计

1. 案例说明

产品场景图在电商平台上扮演着重要角色。在本案例中，有一款如图 8-34 所示的白色背景的背包产品场景图，通过 Stable Diffusion 的图生图功能，利用 Inpaint Anything 插件获取背包的蒙版图像，通过 ControlNet 中的 Canny 边缘检测技术，捕捉背包的硬边缘，并根据特定的关键词提示，设计并生成如图 8-35 所示的背包产品场景图。

作为产品场景图，可以直观地展示背包的功能性和适用场合，如户外徒步、校园生活或商务旅行等，帮助消费者更好地理解产品的特性和优势。通过突出背包的设计特点和时尚元素，吸引消费者的目光。

图8-34　白色背景的背包产品场景图　　　　图8-35　背包产品场景图

2. 步骤详解

第一步：在 Photoshop 中创建白色背景的背包产品场景图，调整背包的位置和大小。建议设置背包产品场景图的宽度和高度均为 512 像素。在白色背景区域进行场景创意。

第二步：选择"Inpaint Anything"选项卡，设置 Segment Anything 模型 ID 为"sam_vit_h_4b8939.pth"。在输入图像界面中，上传白色背景的背包产品场景图，并创建产品蒙版，将其发送到图生图界面中，如图 8-36 所示。保存背包产品蒙版。

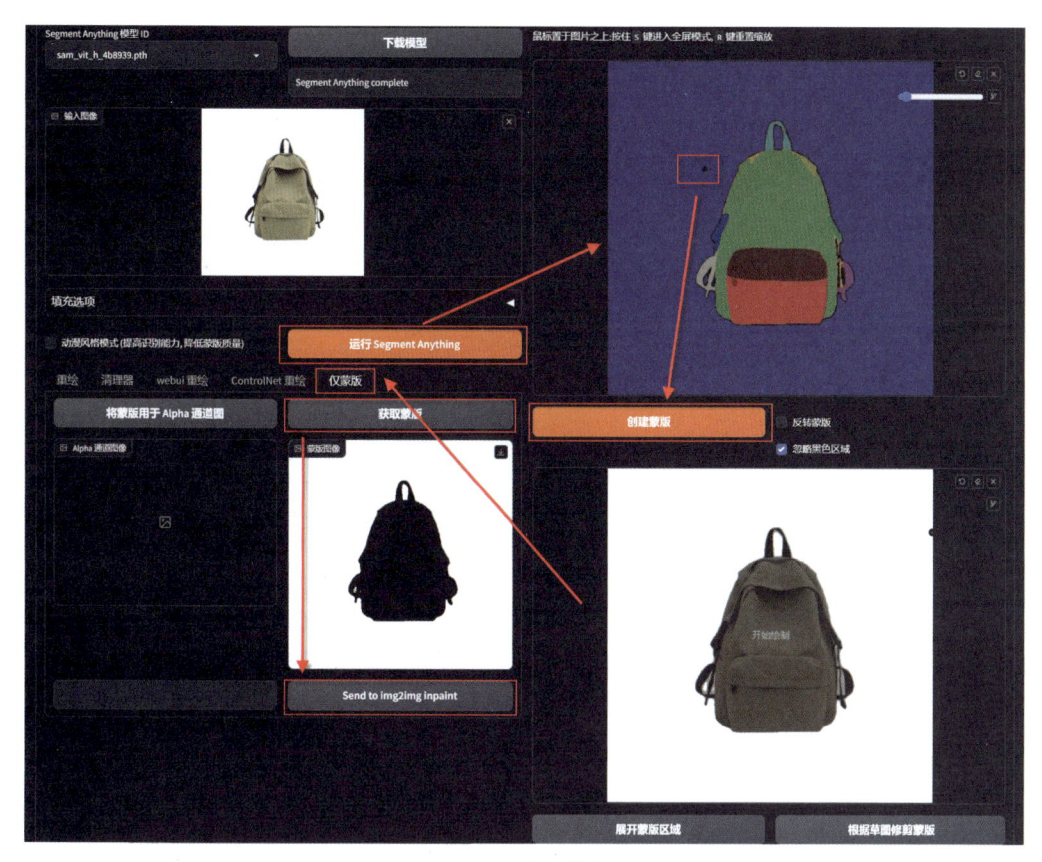

图8-36 创建产品蒙版（2）

第三步：在图生图界面中，根据生成的风格要求，选择写实类（如"majicmixRealistic_v7"）大模型。选择设置好的"基础起手式"样式。

第四步：假设需要设计一幅雪地中的背包产品场景图，同时要求图像质量为高质量。根据设计要求，在正向提示词文本框中输入提示词"a backpack is sitting in the snow, noon, sunlight, far away snow mountain,cinematic photo, close-up,(8k, RAW photo, best quality, masterpiece: 1.2), (realistic, photo-realistic:1.3), sharp focus, cinematic lighting, octane render, unreal engine, volumetrics dtx, (film grain, bokeh, blurry foreground, blurry background),"。

第五步：在生成选项卡中，设置蒙版模式为"重绘蒙版内容"，蒙版区域内容为"潜空间噪声"，降低在重绘时受白色背景的影响。设置重绘区域为"整张图片"，以促进图像和背景更好地融合生成。设置重绘尺寸的宽度和高度均为"512"，设置重绘幅度为"1"，让人工智能充分地发挥设计创意。设置随机数种子为"−1"，进行随机创意生成（样例随机种子为"634395747"），如图8-37所示。

第六步：在Stable Diffusion的ControlNet设置中，勾选"启用""完美像素模式""允许预览"复选框。如果遇到显卡显存资源有限的情况，则勾选"低显存模式"复选框以优化性能。设置控制类型为"Canny（硬边缘）"。上传背包产品蒙版，单击预处理器和模型中间的红色爆炸按钮，在"预处理结果预览"区域中将出现预览结果，如图8-38所示。

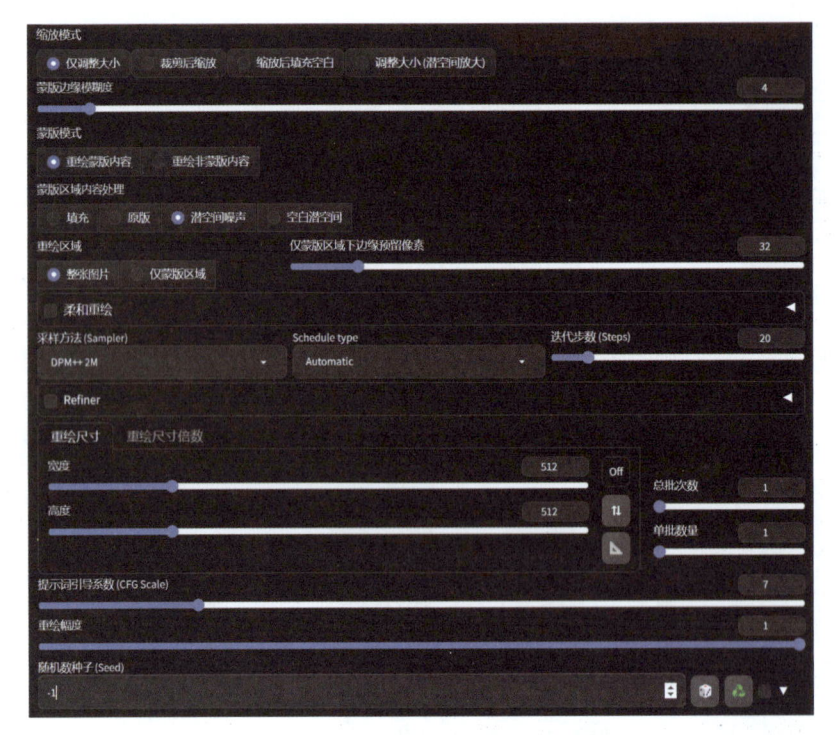

图8-37　设置背包场景图参数

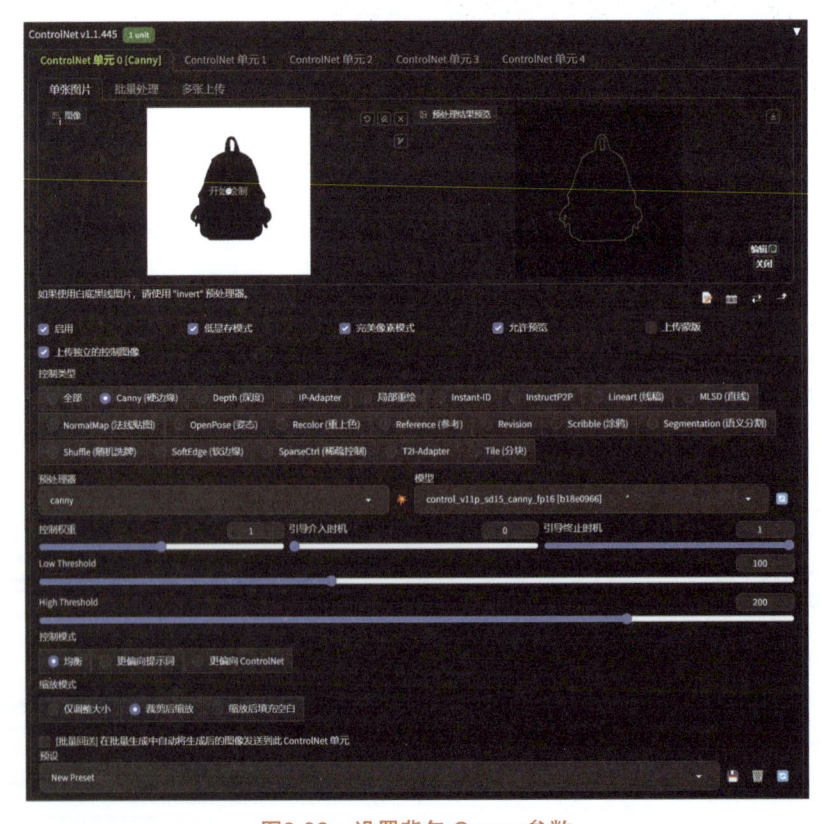

图8-38　设置背包Canny参数

第七步：为了优化产品与背景的融合效果，采用 ControlNet 中的局部重绘控制选项，是实现产品自然融入场景的关键步骤，增强了产品与周围环境的一体化程度，从而提升了整体视觉的和谐性与真实感。在 Stable Diffusion 的 ControlNet 中选择"ControlNet 单元 1"，勾选"启用""完美像素模式"复选框。如显卡显存较低，建议勾选"低显存模式"复选框。设置控制类型为"局部重绘"，以更好地将背包与场景进行融合，如图 8-39 所示。

第八步：单击"生成"按钮，生成背包产品场景图。

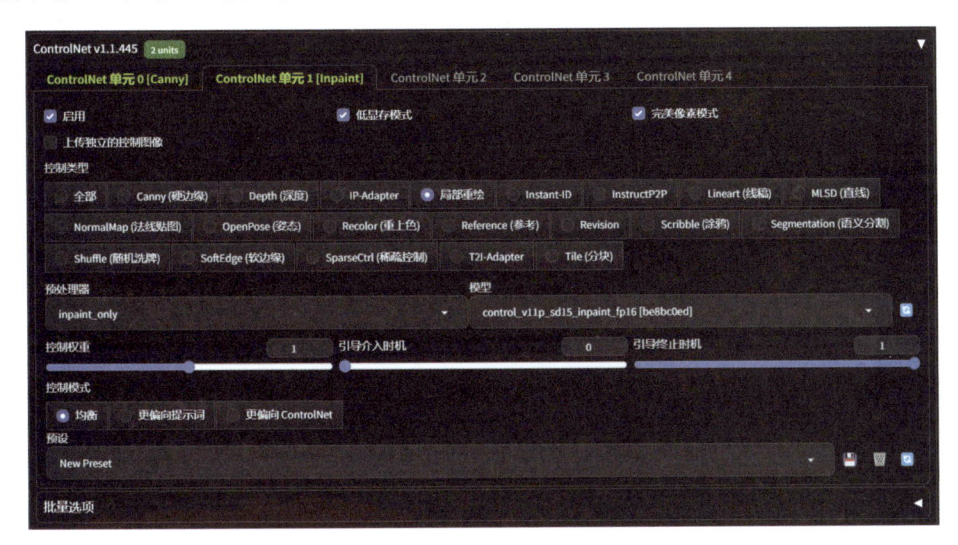

图8-39　设置背包局部重绘参数

8.4.4　日用品产品场景图设计

1. 案例说明

图 8-40 所示为保温杯产品场景图，可以通过 Stable Diffusion 的图生图功能，利用 Inpaint Anything 插件创建产品蒙版图像，分别结合 ControlNet 的 Depth（深度）控制和 Lineart（线稿）模式，对原图进行重新设计与创作，从而生成全新的保温杯产品场景图，如图 8-41、图 8-42 所示。

图8-40　保温杯产品场景图　　　　图8-41　基于深度控制的保温杯产品场景图

图8-42 基于线稿模式的保温杯产品场景图

运用 ControlNet 中的 Depth 控制，系统能够根据产品图像的深度信息生成更立体、更真实的视图，增强用户的沉浸感；而 Lineart 模式则通过提取产品的轮廓线条并加以艺术化处理，创造出独特的视觉风格，使产品图像更具吸引力。这两种方式均可用于生成多角度的产品场景图，从而提高消费者的购买意愿和满意度。

2．步骤详解

第一步：选择"Inpaint Anything"选项卡，设置 Segment Anything 模型 ID 为"sam_vit_h_4b8939.pth"。在"输入图像"界面中，上传保温杯产品场景图。由于产品场景图的背景过于复杂，可以选取保温杯作为蒙版区域。创建产品蒙版，并将其发送到图生图界面中，如图 8-43 所示。

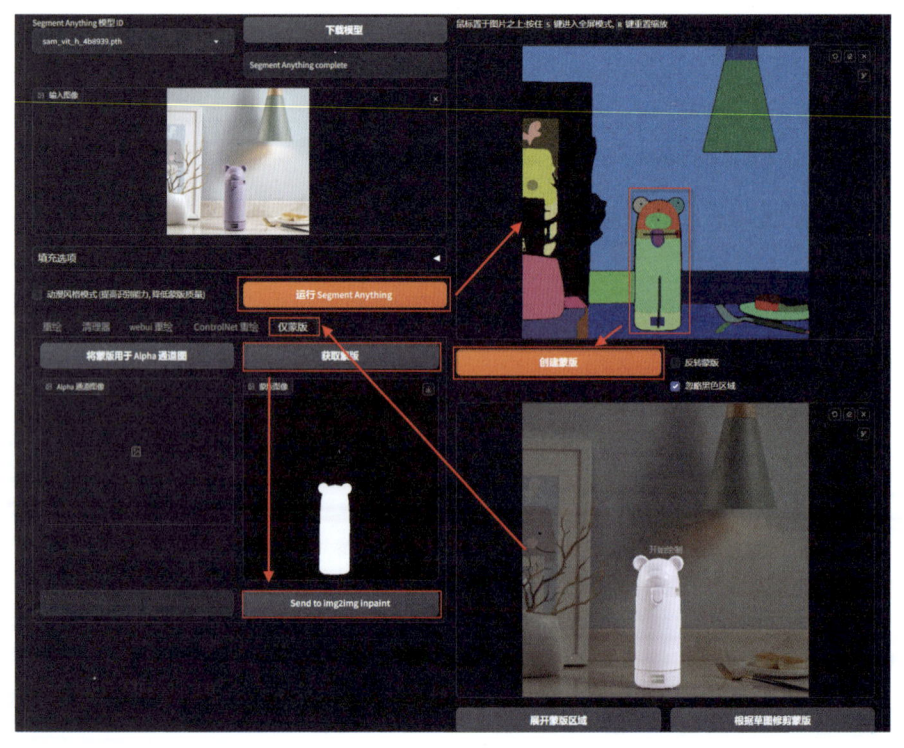

图8-43 创建产品蒙版（3）

第二步：在图生图界面中，根据生成的风格要求，选择写实类（如"majicmixRealistic_v7"）大模型。选择设置好的"基础起手式"样式。

第三步：根据产品场景图中的内容要求，同时要求图像质量为高质量。根据设计要求，在正向提示词文本框中输入提示词"decorative lighting,photo,fresh flower,softly fragrant, family atmosphere, cinematic photo, close-up, blurry background, (8k, RAW photo, best quality, masterpiece:1.2),(realistic, photo-realistic:1.3),sharp focus,cinematic lighting,octane render,unreal engine,volumetrics dtx,(film grain, bokeh, blurry foreground, blurry background),"。

第四步：由于之前创建的是产品蒙版，需要生成的是背景区域，并且需要参照原始的产品场景图进行重新绘制。因此，在生成选项卡中，设置蒙版模式为"重绘非蒙版内容"，蒙版区域内容处理为"原版"，重绘区域为"仅蒙版区域"，设置重绘尺寸的宽度和高度均为"512"，重绘幅度为"0.7"，随机数种子为"-1"，进行随机创意生成（样例随机种子为"926647432"），如图8-44所示。

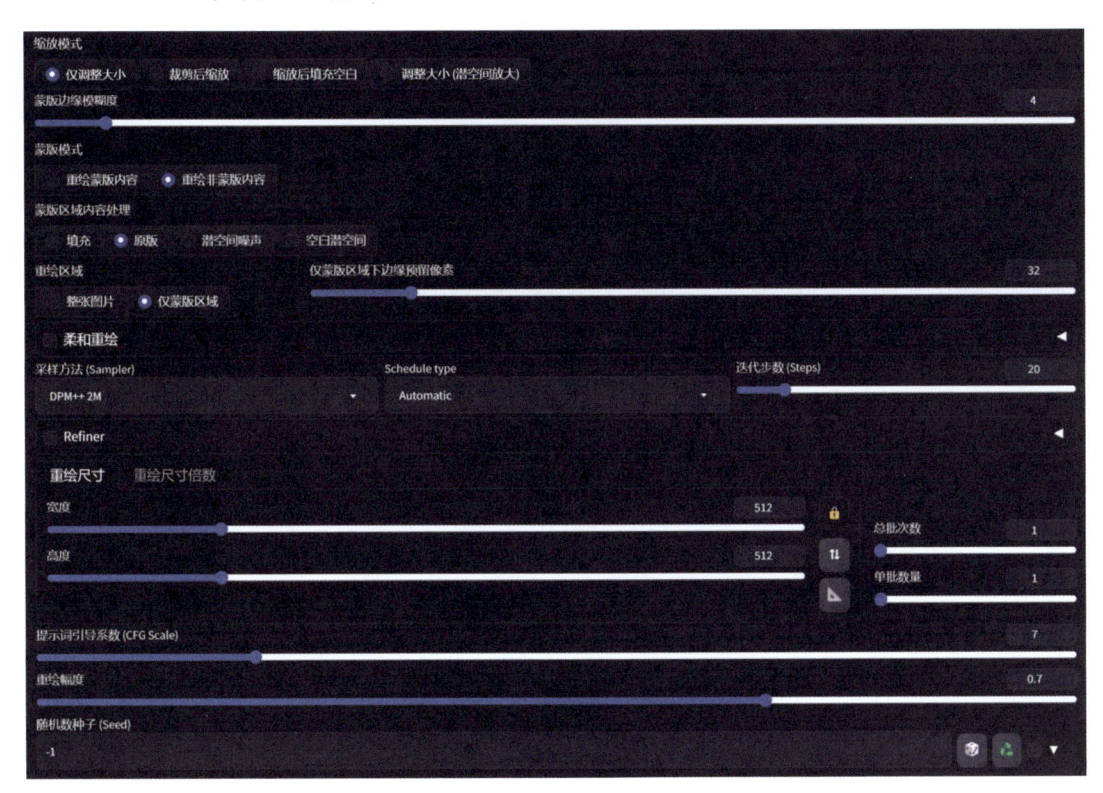

图8-44　设置保温杯场景图参数

第五步：在Stable Diffusion的ControlNet设置中，勾选"启用""完美像素模式""允许预览"复选框。如果遇到显卡显存资源有限的情况，则勾选"低显存模式"复选框以优化性能。设置控制类型为"Depth（深度）"，构建图像中物体的远近关系。上传保温杯产品场景图，单击预处理器和模型之间的红色爆炸按钮，在"预处理结果预览"区域中将出现预览结果，如图8-45所示。

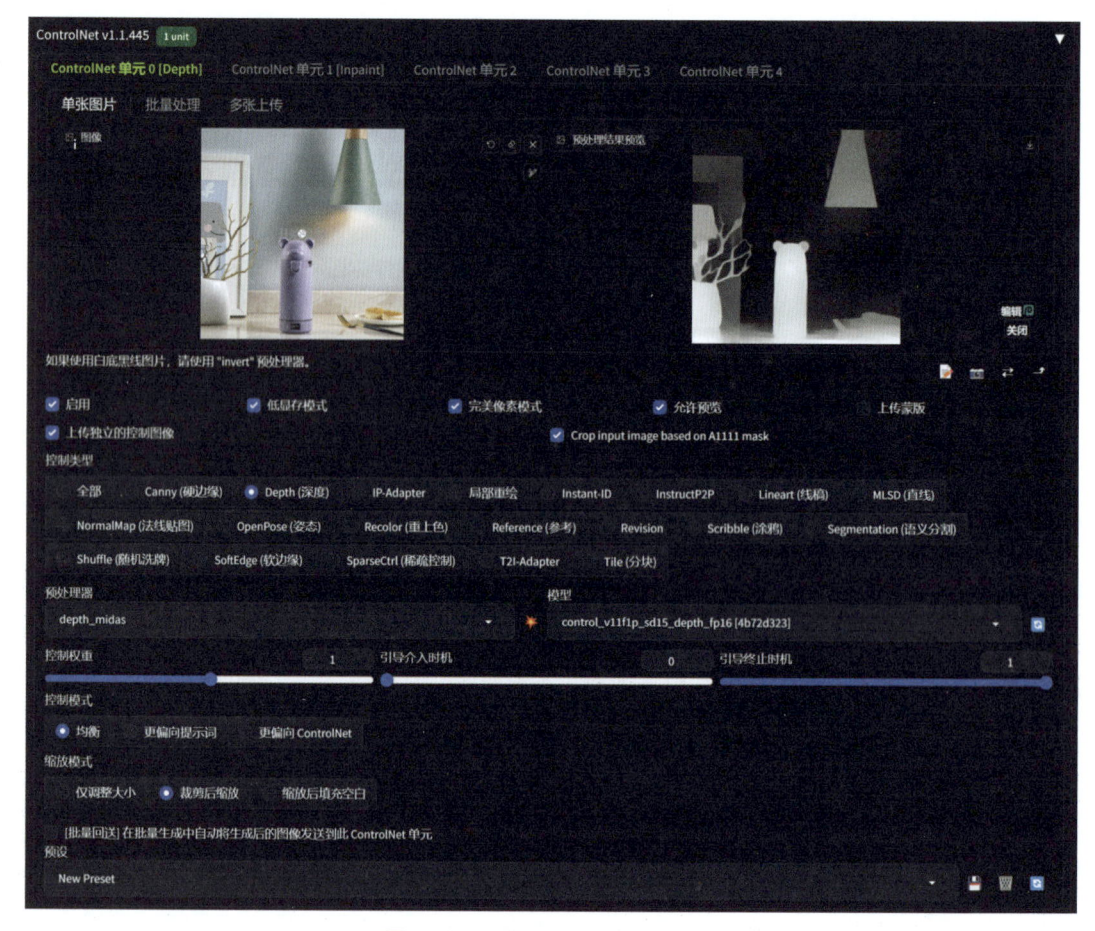

图8-45　设置保温杯 Depth 参数

第六步：单击"生成"按钮，生成新的保温杯产品场景图，如图 8-41 所示。

从生成的图像中可以发现，Depth（深度）控制方式可以很好地控制场景中物体的前后关系，构建具有相同立体效果的图形，但是与原始图像相比，在图像生成时又多了几分创意。

如果希望更精准地保持原图风格，则可以尝试使用 Lineart 模式对图像进行控制。

第七步：在 Stable Diffusion 的 ControlNet 设置中，勾选"启用""完美像素模式""允许预览"复选框。如果遇到显卡显存资源有限的情况，则勾选"低显存模式"复选框以优化性能。设置控制类型为"Lineart（线稿）"，保持线条的清晰度和艺术风格。上传保温杯产品场景图，单击预处理器和模型之间的红色爆炸按钮，在"预处理结果预览"区域中将出现预览结果，如图 8-46 所示。

第八步：单击"生成"按钮，生成新的保温杯产品场景图，如图 8-42 所示。

从生成效果上看，使用线稿模式的场景图与使用深度控制的产品场景图相比，使用线稿模式的产品场景图在图像生成上更接近于原始风格，同时具有新的创意。

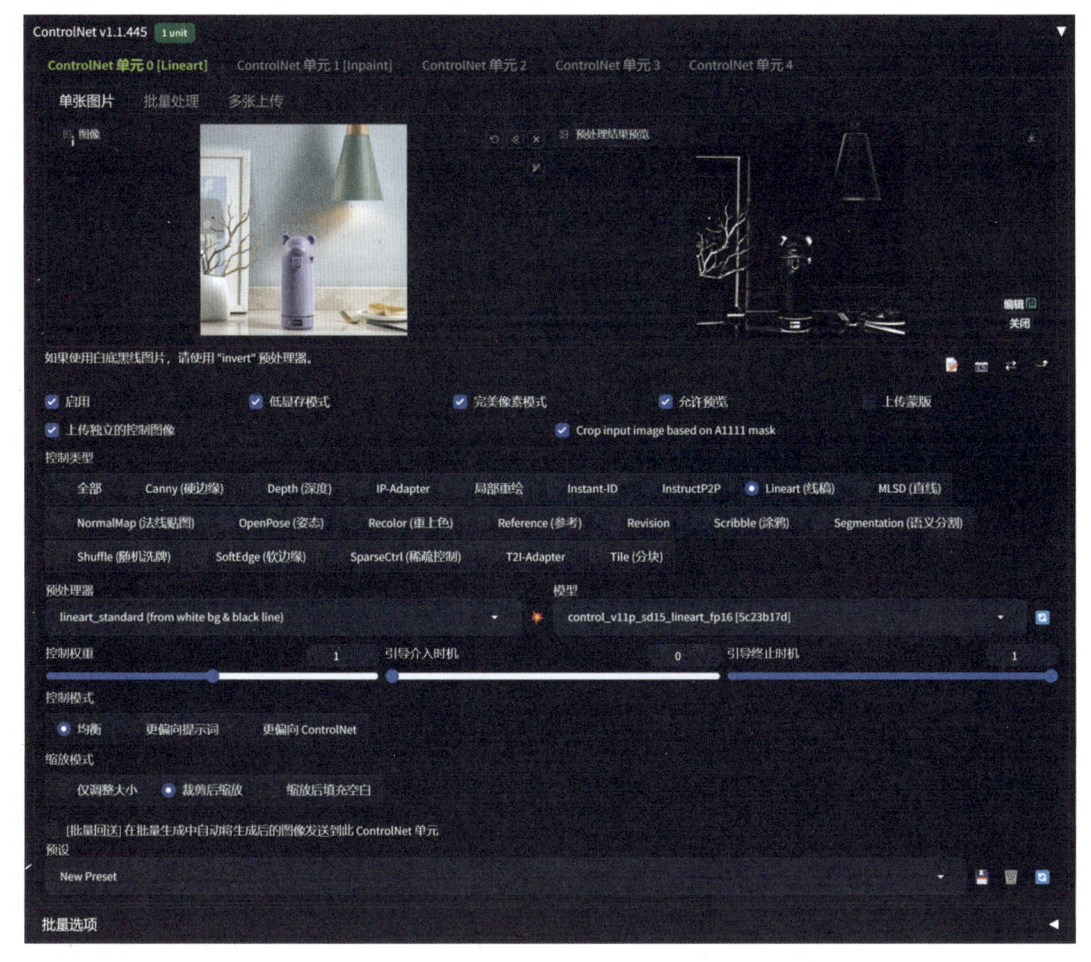

图8-46　设置保温杯 Lineart 参数

8.4.5　产品图像精细化提升

尽管 Stable Diffusion 大模型，尤其是 Stable Diffusion 1.5 版本，目前局限于生成不超过 1024 像素×1024 像素的图像，这与电商平台对高清晰度产品图像的标准尚有差距。仅通过调整生成设置中的分辨率参数（如宽度和高度）直接获得高清图像输出是不可行的；任何单一参数的变动，都会引起生成图像本质上的变化，非但不能实现原始图像的高清复现，还可能影响图像质量。

为了弥补这一局限并提升产品图像的细节质量，可以使用 Stable Diffusion 的高分辨率修复、Tiled Diffusion、Tiled VAE 及后期处理功能来实现产品图像精细化提升。

1. 高分辨率修复

通过高分辨率修复将会在原始图像基础上，利用放大算法，对生成的图像进行无损高清修复，并通过重绘的方式来提升图形的细节，高分辨率修复界面如图 8-47 所示。

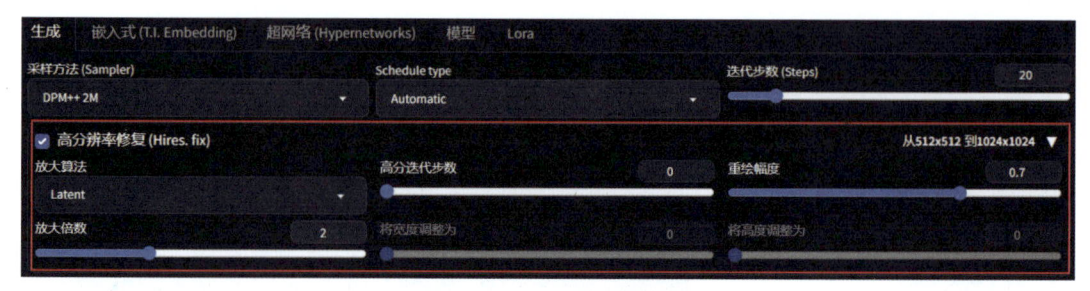

图8-47 高分辨率修复界面

2. Tiled Diffusion

Tiled Diffusion 是 Stable Diffusion 中的一项功能或插件，主要用于改善大尺寸图像生成的效率和质量。这项技术特别适用于需要生成高分辨率图像或包含复杂细节场景的情况。Tiled Diffusion 的核心思想是将要生成的大图像分割成多个小块图像。与一次性处理整个大图像相比，Tiled Diffusion 可以显著降低内存需求，因为每个小块图像独立处理时占用的资源远小于整个大图像，通过该插件可以实现低分辨率图像的高质量放大，界面如图 8-48 所示。

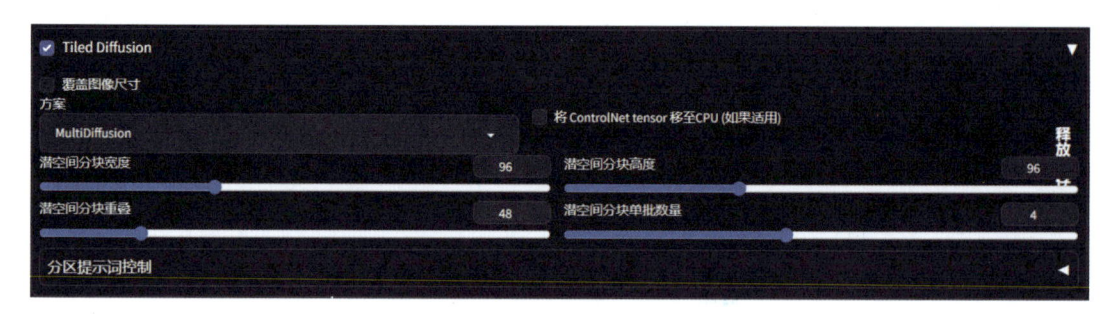

图8-48 Tiled Diffusion 界面

3. Tiled VAE

Tiled VAE 是 Stable Diffusion 中与 Tiled Diffusion 相辅相成的技术，主要应用于变分自编码器的处理流程中，旨在优化大尺寸图像的处理效率和质量。与 Tiled Diffusion 类似，Tiled VAE 也是基于分块的概念，但它针对的是 VAE 的编码和解码过程。这意味着原始图像被分割成多个小块图像，每个小块图像独立进行编码（从图像数据转换为潜在向量）和解码（从潜在向量恢复为图像数据）。Tiled VAE 界面如图 8-49 所示。

图8-49 Tiled VAE 界面

传统的 VAE 在处理大尺寸图像时可能会因内存限制导致信息损失，影响输出图像的质量。Tiled VAE 通过减小每次处理的数据量，有助于维持更高的图像保真度和减少视觉失真。Tiled VAE 是针对大规模图像处理的一种优化策略，它通过分块处理、并行执行和细致的边界处理技术，既减轻了内存负担，又加快了处理速度，同时确保了输出图像的高质量，是 Stable Diffusion 中提高图像生成效率和效果的重要组成部分。

4．后期处理

借助 Stable Diffusion 的强大后期处理能力，设计师能够高效地执行一系列图像处理任务，包括调整图像效果、智能化分割复杂图像及自动添加准确的图像标签，这些功能的批处理模式极大简化了保持设计项目中图像风格统一性和提高工作效率的过程，如图 8-50 所示。

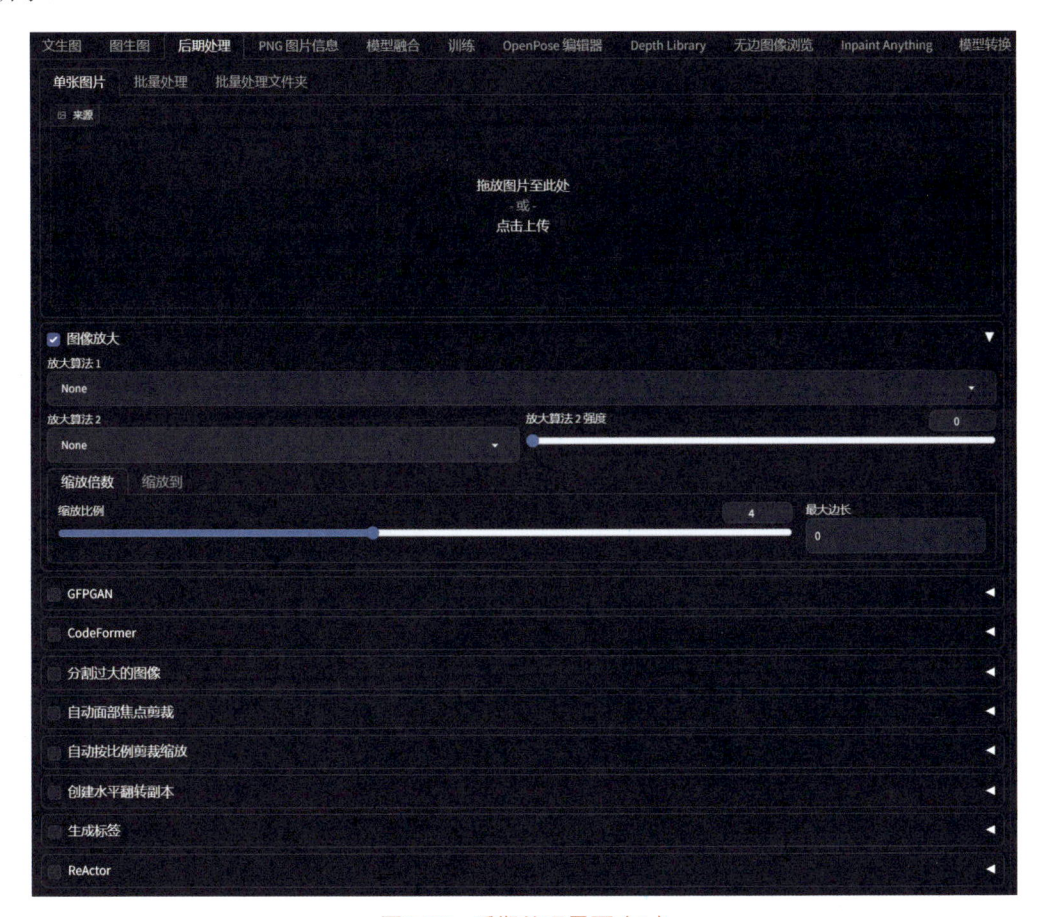

图8-50　后期处理界面（1）

8.5　人工智能海报创意设计

Stable Diffusion 在电商海报设计中发挥着重要的作用，与传统设计流程相比，Stable

Diffusion 能够极大地提高效率与创意多样性。设计师利用 Stable Diffusion 能够迅速生成包含精细元素、多样风格的海报图像。通过人工智能算法，Stable Diffusion 能够理解设计需求，如结合特定 IP 形象与元素制作活动推广图，或者为不同季节、促销主题定制视觉内容。此外，Stable Diffusion 还能辅助进行图像处理与优化。例如，从现有图像中精确提取服装并调整至理想状态。

Stable Diffusion 不仅缩减了制作周期与成本，还允许设计师聚焦于更高层次的创意构思，推动电商海报设计迈向更加灵活、高效与定制化的未来。

8.5.1 竖屏电商海报创意设计

1. 案例说明

竖屏电商海报专门为移动时代打造，适用于各类线上购物平台及社交媒体推广，如淘宝、京东、Instagram 购物等。它在有限的垂直空间内，融合创意设计与智能技术，能利用视觉层次分明的布局、动态效果及高清产品展示，瞬间吸引用户的注意力。竖屏电商海报创意设计以其高度适应性与沉浸式体验，正引领电商视觉营销的新风潮。

在本案例中，有一款如图 8-51 所示的白色背景的化妆品电商海报，通过 Stable Diffusion 的图生图功能，利用 Inpaint Anything 插件创建精确的产品蒙版，采用 ControlNet 中的 Canny 模式，确保生成的新图像保持清晰的轮廓和结构；使用 Tiled Diffusion 插件或后期处理的方式对生成的图像进行放大处理，确保最终输出的图像既美观又不失真，生成的化妆品电商海报如图 8-52 所示。

图8-51　白色背景的化妆品电商海报　　　　图8-52　生成的化妆品电商海报

2. 步骤详解

第一步：在 Photoshop 中创建白色背景的化妆品电商海报，调整化妆品的位置和大小。建议设置化妆品海报图的宽度为 302 像素，高度为 512 像素。在白色背景区域进行场景创意，如图 8-51 所示。

第二步：选择"Inpaint Anything"选项卡，设置 Segment Anything 模型 ID 为"sam_vit_h_4b8939.pth"。在输入图像界面中，上传白色背景的化妆品电商海报，创建产品蒙版，并发送到图生图界面中，如图 8-53 所示。

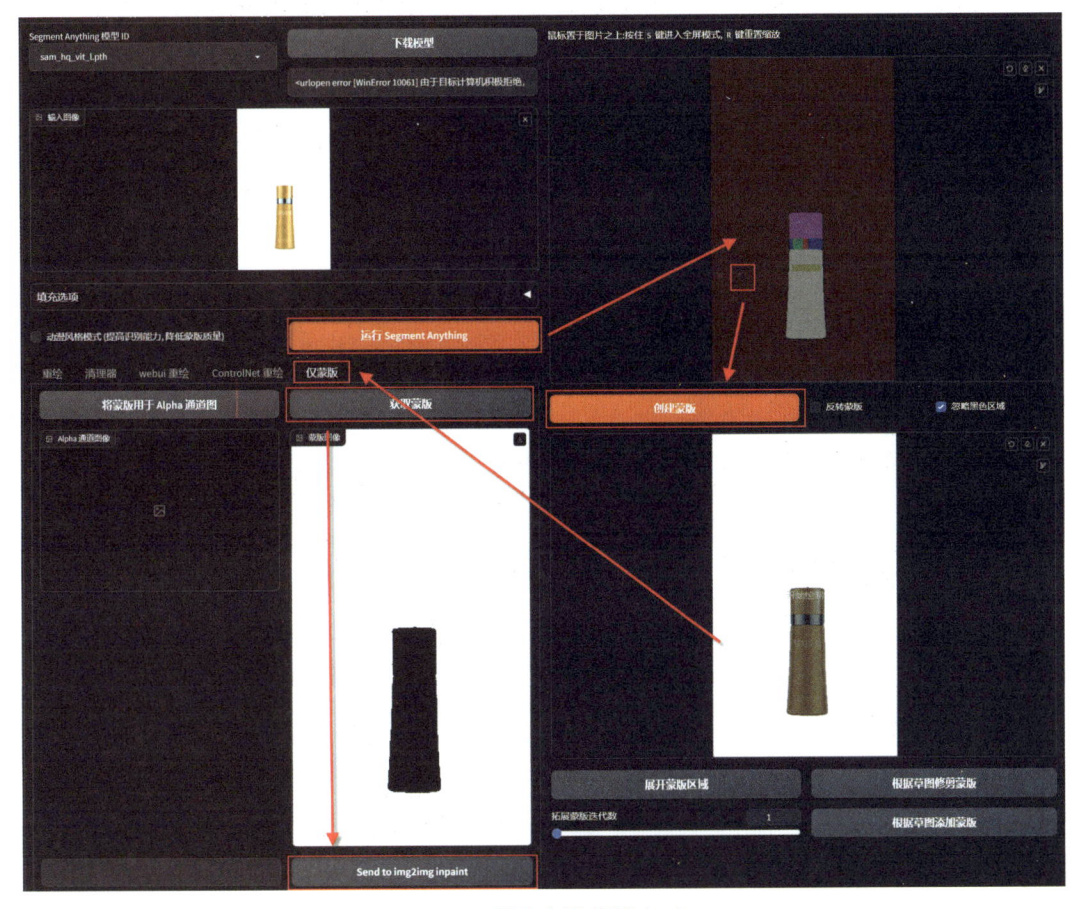

图8-53　创建产品蒙版（4）

第三步：在图生图界面中，根据生成的风格要求，选择写实类（如"majicmixRealistic_v7"）大模型。选择设置好的"基础起手式"样式。

第四步：假设需要在小溪流的岩石上展现化妆品，同时要求图像质量为高质量。根据设计要求，在正向提示词文本框中输入提示词"a bottle on a rock in a stream, noon, sunshine, forest, sceneryblurry background,depth of field,cinematic photo,close-up,(8k, RAW photo, best quality, masterpiece:1.2),(realistic, photo-realistic:1.3:1.3),sharp focus,cinematic lighting,octane render, (film grain, bokeh, blurry foreground, blurry background),"。

第五步：在生成选项卡中，设置蒙版模式为"重绘蒙版内容"，蒙版区域内容处理为"潜空间噪声"，降低在重绘时受白色背景的影响。设置重绘区域为"整张图片"，以促进图像和背景更好地融合生成。设置重绘尺寸的宽度为"302"，高度为"512"。设置重绘幅度为"1"，以让人工智能充分地发挥设计创意。设置随机数种子为"-1"，进行随机创意生成（样例随机种子为"967625240"），如图8-54所示。

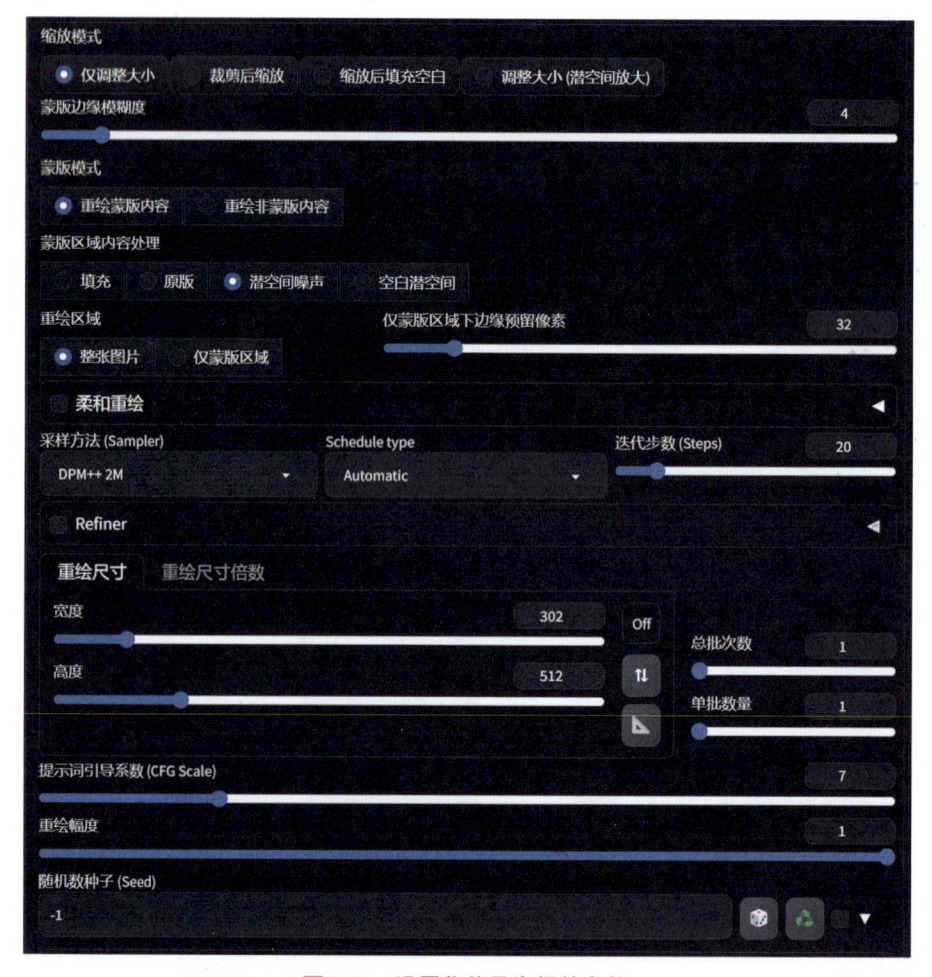

图8-54 设置化妆品海报的参数

第六步：在 Stable Diffusion 的 ControlNet 设置中，勾选"启用""完美像素模式""允许预览"复选框。如果遇到显卡显存资源有限的情况，则勾选"低显存模式"复选框以优化性能。选择控制类型为"Canny（硬边缘）"。上传图像，单击预处理器和模型中间的红色爆炸按钮，在"预处理结果预览"区域将出现预览结果，如图 8-55 所示。

第七步：勾选"Tiled Diffusion"复选框，启用 Tiled Diffusion 插件，以将生成基础图像后进行图像放大。设置方案为"Mixture of Diffusers"，放大算法为"ESRGAN_4x"，放大倍数为"2"，如图 8-56 所示。

第八步：单击"生成"按钮，生成化妆品电商海报，如图 8-52 所示。

第 8 章　Stable Diffusion 在电商视觉设计中的应用

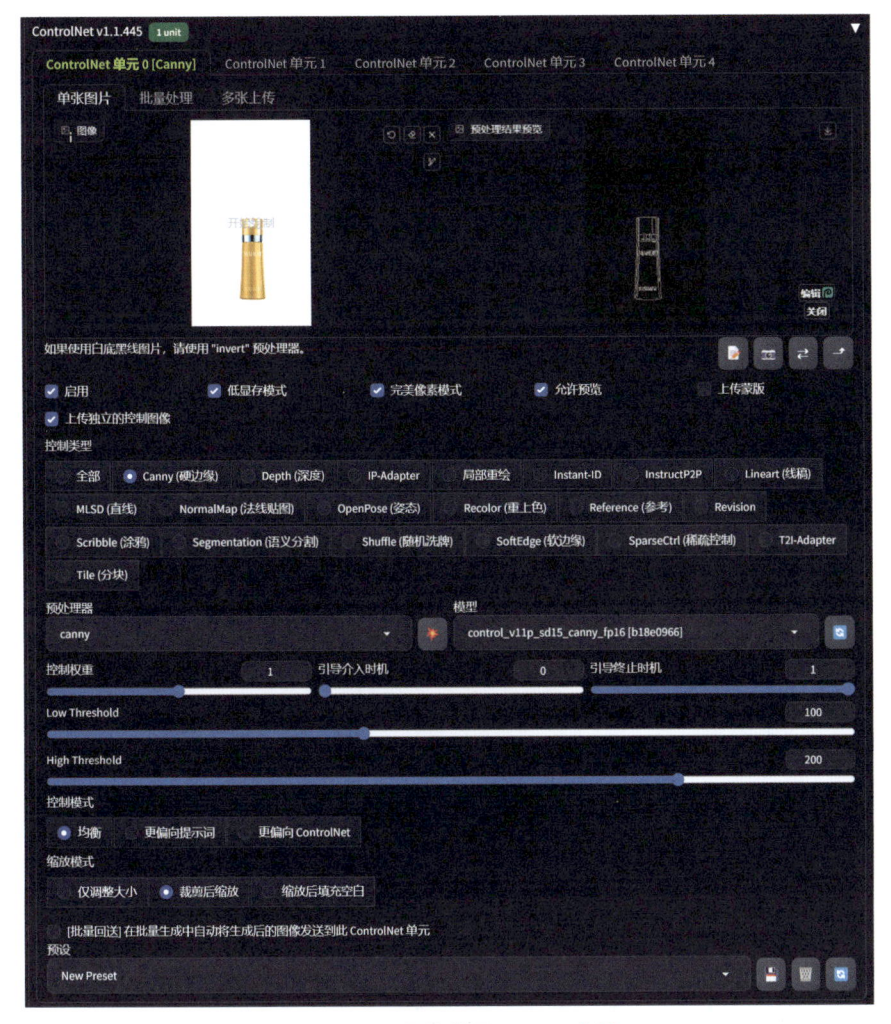

图8-55　设置化妆品 Canny 参数

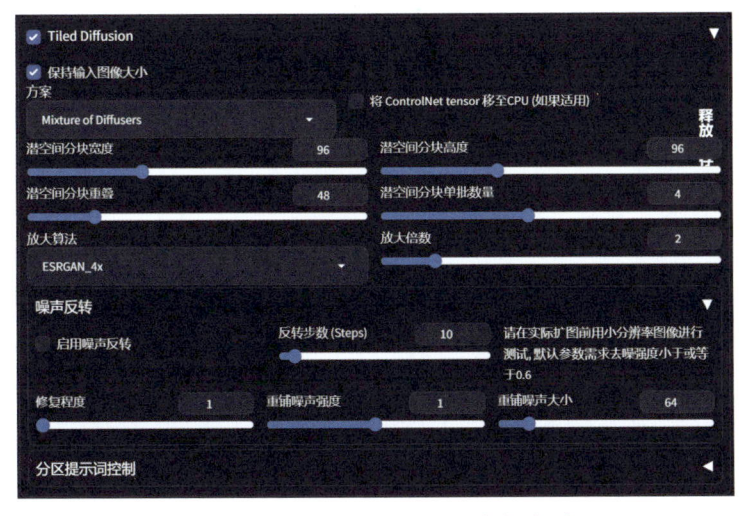

图8-56　设置 Tiled Diffusion 参数（1）

第九步：重新修改正向提示词。假设需要在海面上展示化妆品，同时要求图像质量为高质量。根据设计要求，在正向提示词文本框中输入提示词"a bottle floating on the sea, noon, sunshine, scenery, blurry background,depth of field,cinematic photo,close-up,(8k, RAW photo, best quality, masterpiece:1.2),(realistic, photo-realistic:1.3:1.3),sharp focus,cinematic lighting, octane render, (film grain, bokeh, blurry foreground, blurry background),"。设置随机参数为"-1"，进行随机创意生成（样例随机种子为"1829455353"）。

第十步：单击"生成"按钮，生成化妆品电商海报，如图8-57所示。

图8-57 化妆品电商海报

第十一步：选择合适的化妆品电商海报，选择"后期处理"选项卡，上传化妆品电商海报。勾选"图像放大"复选框，设置放大算法1为"R-ESRGAN 4x+"。选择"缩放倍数"选项卡，设置缩放比例为"2"，完成设置后，如图8-58所示，单击"生成"按钮。

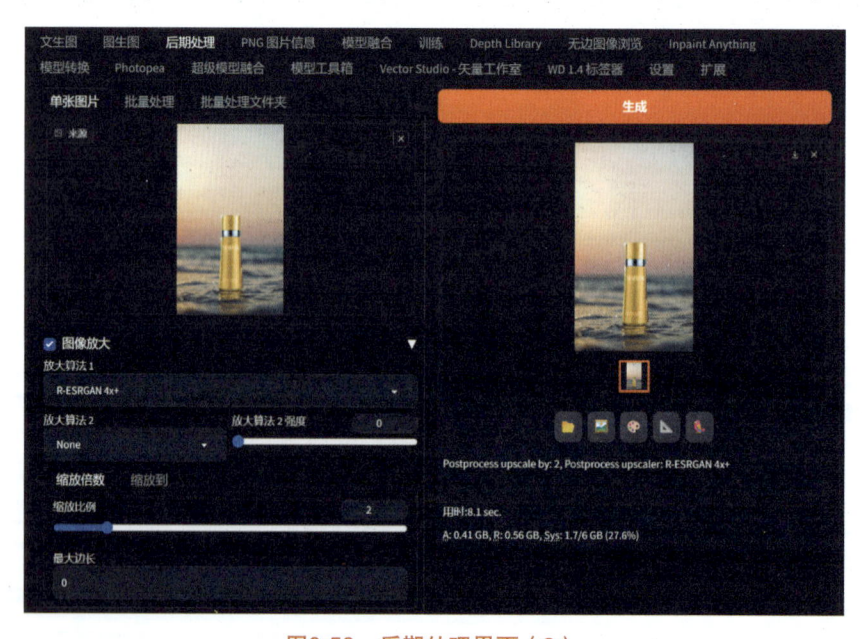

图8-58 后期处理界面（2）

8.5.2 横屏电商海报创意设计

1．案例说明

横屏电商海报适用于大屏幕展示如智能电视、平板电脑及个人计算机端界面，尤其在品牌宣传、新品发布、大型促销活动时，横屏电商海报创意设计能提供广阔的视觉叙事空间，通过宽幅场景构建沉浸式体验。

在本案例中，有一幅如图 8-59 所示的笔记本电脑电商海报，通过 Stable Diffusion 的图生图功能，使用 Inpaint Anything 插件创建精确的产品蒙版，采用 ControlNet 中的 Canny 模式，确保生成的新图像保持清晰的轮廓和结构。为了丰富图像的风格和细节，采用 Lora 风格的插件，生成符合风格要求的图像作品；使用 Tiled Diffusion 插件或后期处理的方式对生成的图像进行放大处理，确保最终输出的图像既美观又不失真，生成的笔记本电脑电商海报如图 8-60 所示。

图8-59　笔记本电脑电商海报

图8-60　生成的笔记本电脑电商海报

2．步骤详解

第一步：在 Photoshop 中创建白色背景的笔记本电脑电商海报，调整笔记本电脑的位置和大小。建议设置笔记本电脑电商海报的宽度为 512 像素，高度为 320 像素。白色背景区域将进行场景创意。

第二步：选择"Inpaint Anything"选项卡，设置 Segment Anything 模型 ID 为"sam_vit_h_4b8939.pth"。在输入图像界面中，上传白色背景的笔记本电脑电商海报，创建产品蒙版，并将其发送到图生图界面中，如图 8-61 所示。

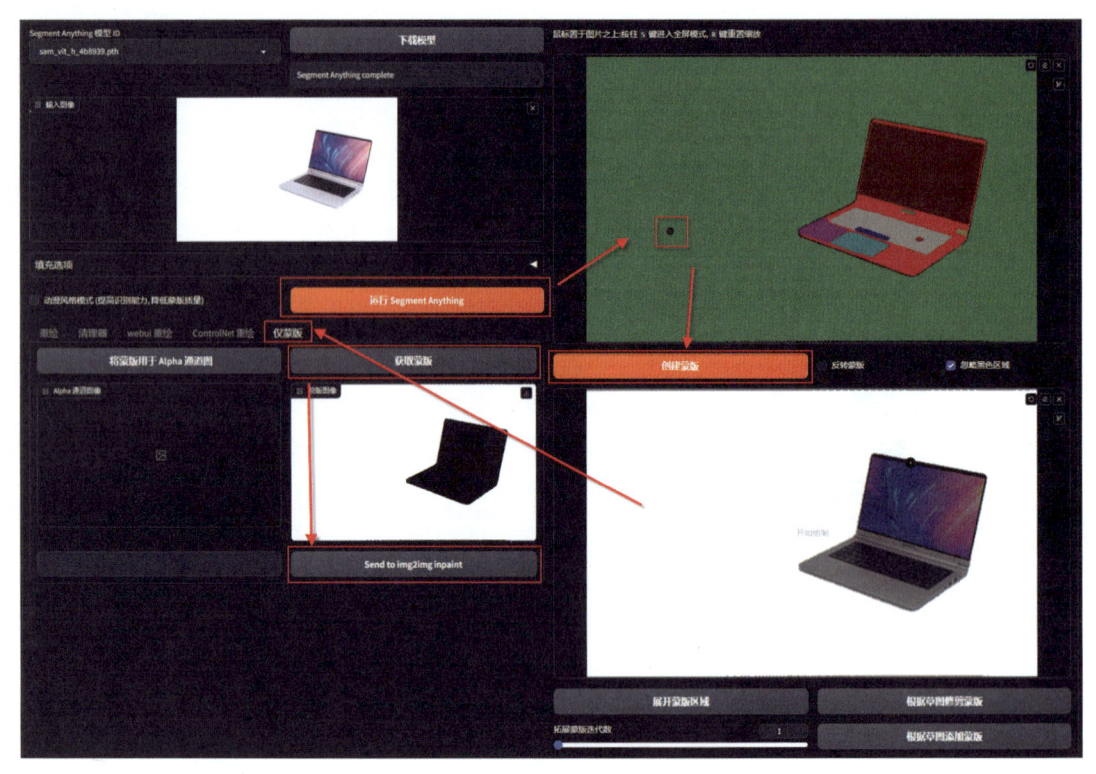

图8-61　创建产品蒙版（5）

第三步：在图生图界面中，根据生成的风格要求，选择写实类（如"majicmixRealistic_v7"）模型。选择设置好的"基础起手式"样式。

第四步：假设需要在未来城市中展示笔记本电脑产品，体现其科技感，同时要求图像质量为高质量。根据设计要求，在正向提示词文本框中输入提示词"a computer on the dining table,indoor,city of the future,mecha,science and technology wind,sceneryblurry background,depth of field,cinematic photo,close-up,(8k, RAW photo, best quality, masterpiece:1.2),(realistic, photo-realistic:1.3:1.3),sharp focus,cinematic lighting,octane render,(film grain, bokeh, blurry foreground, blurry background),"。

第五步：为了更好地体现未来城市主题，在图像生成时选择未来城市风格的Lora作为图像渲染。在Lora选项卡中，选择未来城市风格的Lora（如cyber-000009），如图8-62所示。不同风格的Lora可以在第三方平台中进行下载，安装到Stable Diffusion中即可调用。单击相应的Lora插件，在提示词文本框中即可出现该Lora的提示词，如"<lora:cyber:1>"。

第六步：在"生成"选项卡中，设置蒙版模式为"重绘蒙版内容"，蒙版区域内容处理为"潜空间噪声"，降低在重绘时受白色背景的影响。设置重绘区域为"整张图片"，以便图像和背景更好地融合并生成图像。设置重绘尺寸的宽度为"512"，高度为"320"。设置重绘幅度为"1"，从而让人工智能充分地发挥设计创意。设置随机数种子为"-1"，进行随机创意生成（样例随机种子为"1444461774"），如图8-63所示。

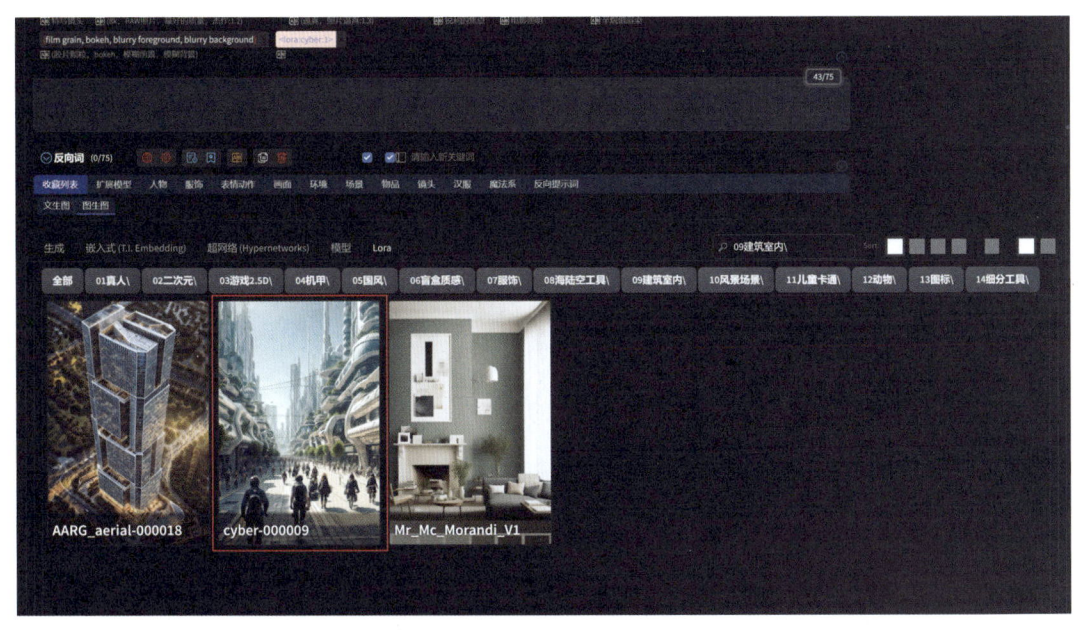

图8-62　Lora 选择界面（1）

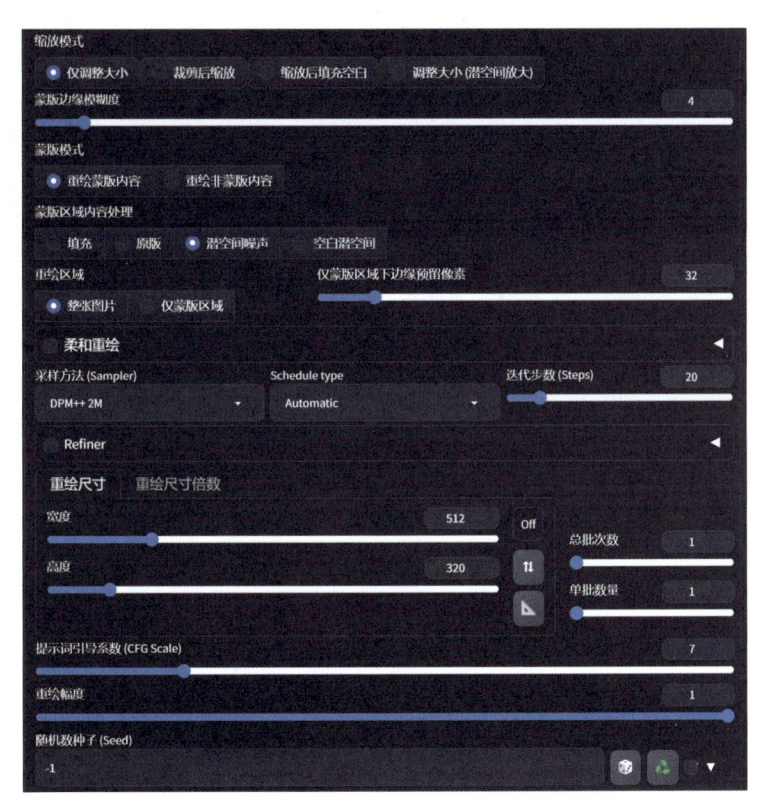

图8-63　设置笔记本电脑电商海报参数

第七步：在 Stable Diffusion 的 ControlNet 设置中，勾选"启用""完美像素模式""允许预览"复选框。如果遇到显卡显存资源有限的情况，则勾选"低显存模式"复选框以优化性能。选择控制类型为"Canny（硬边缘）"。上传图像，单击预处理器和模型中间的红色爆炸按钮，在"预处理结果预览"区域中将出现预览结果，如图8-64所示。

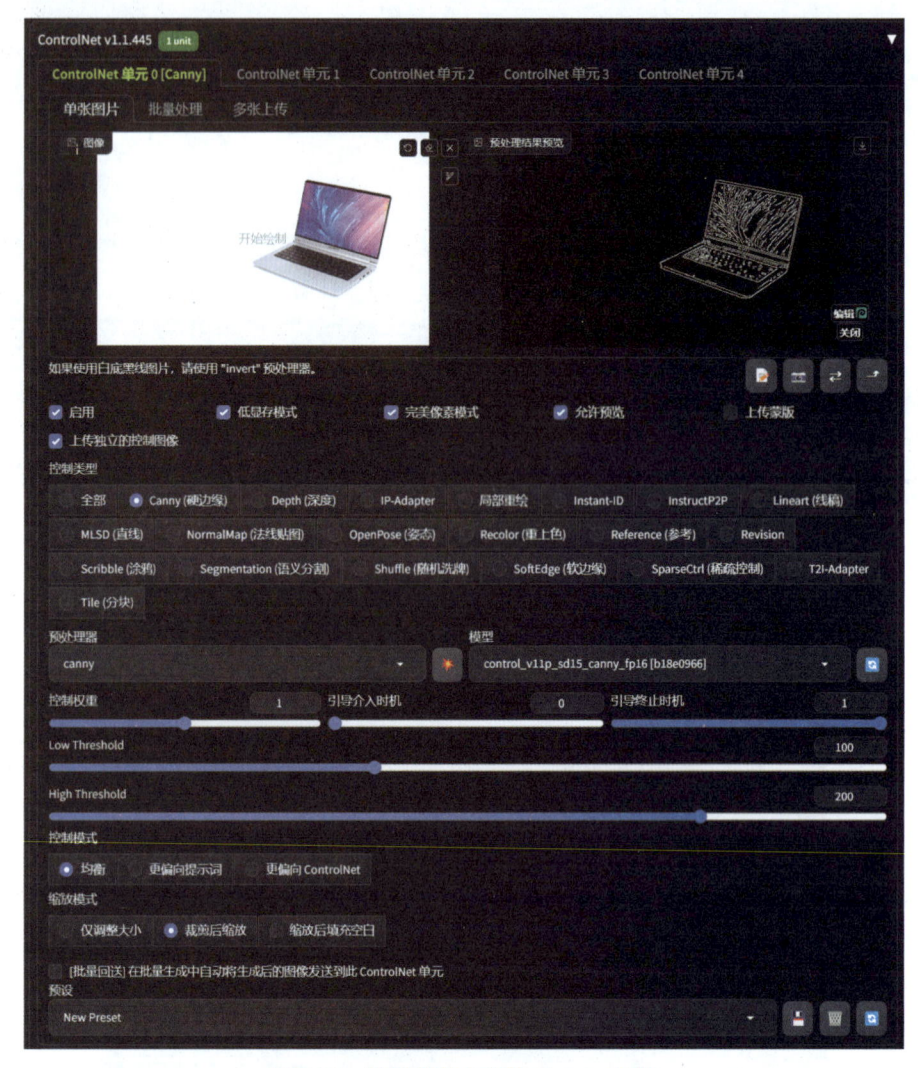

图8-64　设置笔记本电脑Canny参数

第八步：勾选"Tiled Diffusion"复选框，启用Tiled Diffusion插件，以将生成基础图像后进行图像放大。设置方案为"Mixture of Diffusers"，放大算法为"ESRGAN_4x"，放大倍数为"2"，如图8-65所示。

第九步：单击"生成"按钮，生成笔记本电脑电商海报，如图8-66所示。

第十步：假设需要在未来城市风格基础上，添加鲜花点缀元素。Stable Diffusion支持多个Lora对生成的图像进行渲染。在Lora选项卡中，继续选择鲜花风格的Lora（如电商场景花草集），如图8-67所示。单击相应的Lora插件，在提示词文本框中即可出现该Lora的提示词，如"<lora:FF_20240228150900:1>"。设置随机参数为"-1"，进行随机创意生成（样例随机种子为"1829455353"）。

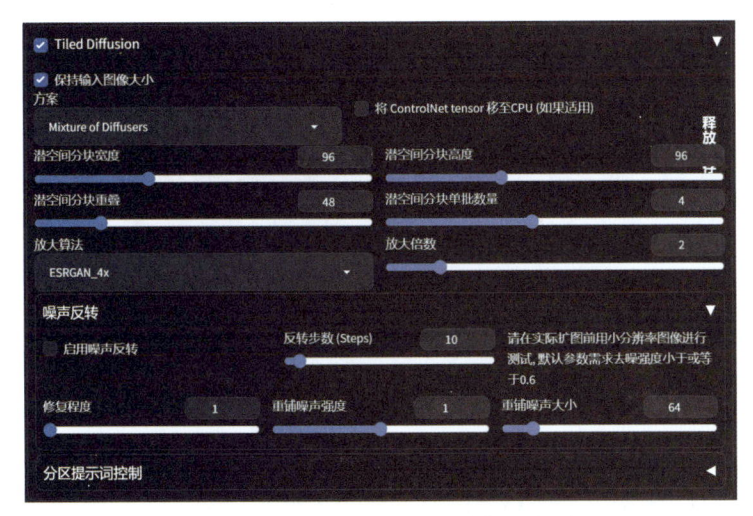

图8-65　设置 Tiled Diffusion 参数（2）

图8-66　生成笔记本电脑电商海报（1）

图8-67　Lora 选择界面（2）

第十一步：单击"生成"按钮，生成笔记本电脑电商海报，如图 8-68 所示。

第十二步：生成的笔记本电脑电商海报中发现鲜花风格 Lora 在海报中展示的份额比未来城市风格会更多。因此，在正向关键词中的 Lora 提示词文本框中适当修改鲜花风格 Lora

的权重为"0.7",未来城市风格Lora的权重为"1.1",如图8-69所示。

图8-68 生成笔记本电脑电商海报(2)

图8-69 修改Lora权重

第十三步:单击"生成"按钮,生成笔记本电脑电商海报。

第十四步:选择合适的笔记本电脑电商海报,选择"后期处理"选项卡,上传化妆品电商海报。勾选"图像放大"复选框,设置放大算法1为"R-ESRGAN 4x+"。选择"缩放倍数"选项卡,设置缩放比例为"2",完成设置后,如图8-70所示,单击"生成"按钮。

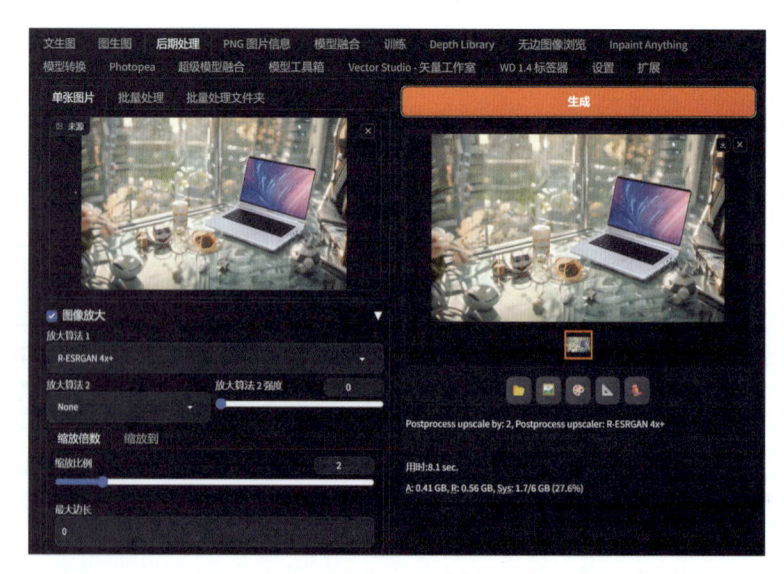

图8-70 后期处理界面(3)

8.5.3　智能扩图

1. 案例说明

当将同一张图像运用到不同的电商平台时，往往因为不同的电商平台对图像大小要求不同，导致需要对图像大小进行调整，将已有图像裁剪或放大，这样可能损失部分图像，降低图像的清晰度。通过 Stable Diffusion 能够对图像大小进行高清调整，对图像非等比例放大时，能够对补充的图像空间进行智能扩图，使其与原始图像完美地融合。

在本案例中，通过 Stable Diffusion 的文生图功能，运用 ControlNet 中的局部重绘模式，对笔记本电脑电商海报进行海报扩图，扩图后的笔记本电脑电商海报如图 8-71 所示。

图8-71　扩图后的笔记本电脑电商海报

2. 步骤详解

第一步：根据生成的风格要求，选择与原始图像创作时相同的大模型（如 majicmixRealistic_v7）。

第二步：选择文生图选项卡，在预设样式中，选择设置好的"基础起手式"样式。

第三步：通过"PNG 图片信息"插件获取原始图像的生成信息，如图 8-72 所示。在正向提示词文本框中输入与原始图像相同的提示词"a computer on the desk,city of the future,mecha, science and technology wind,depth of field,cinematic photo,close-up,(8k, RAW photo, best quality, masterpiece: 1.2), (realistic, photo-realistic:1.3:1.3),sharp focus,cinematic lighting,octane render, (film grain, bokeh, blurry foreground, blurry background), <lora:cyber:1.1>, <lora: FF_20240228150900:0.7>,"。

第四步：设置宽度为 1500 像素，高度为 640 像素，设置随机数种子为"-1"（样例随机数种子为"47042751"），如图 8-73 所示。

人工智能与电商视觉设计

图8-72 获取原始图像的生成信息

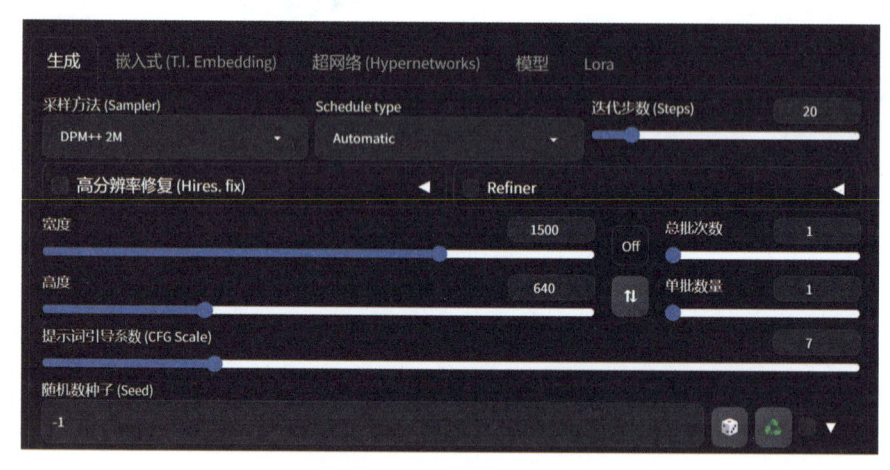

图8-73 设置扩图生成参数

第五步：在 Stable Diffusion 的 ControlNet 设置中，勾选"启用""完美像素模式""允许预览"复选框。如果遇到显卡显存资源有限的情况，则勾选"低显存模式"复选框以优化性能。设置控制类型为"局部重绘"，上传原始图像。设置预处理器为"inpaint_only+lama"，控制模式为"更偏向 ControlNet"，缩放模式为"缩放后填充空白"，这些设置是实现智能扩图的关键，如图 8-74 所示。

第六步：单击"生成"按钮，生成扩图后的笔记本电脑电商海报。

在深入探索 Stable Diffusion 进行图像生成的实践中发现，创造一幅既符合预期又兼具创意的作品，是一个迭代优化与精细调整的历程。这一过程不仅涉及单次尝试，还涵盖了多次迭代与比较分析的循环。

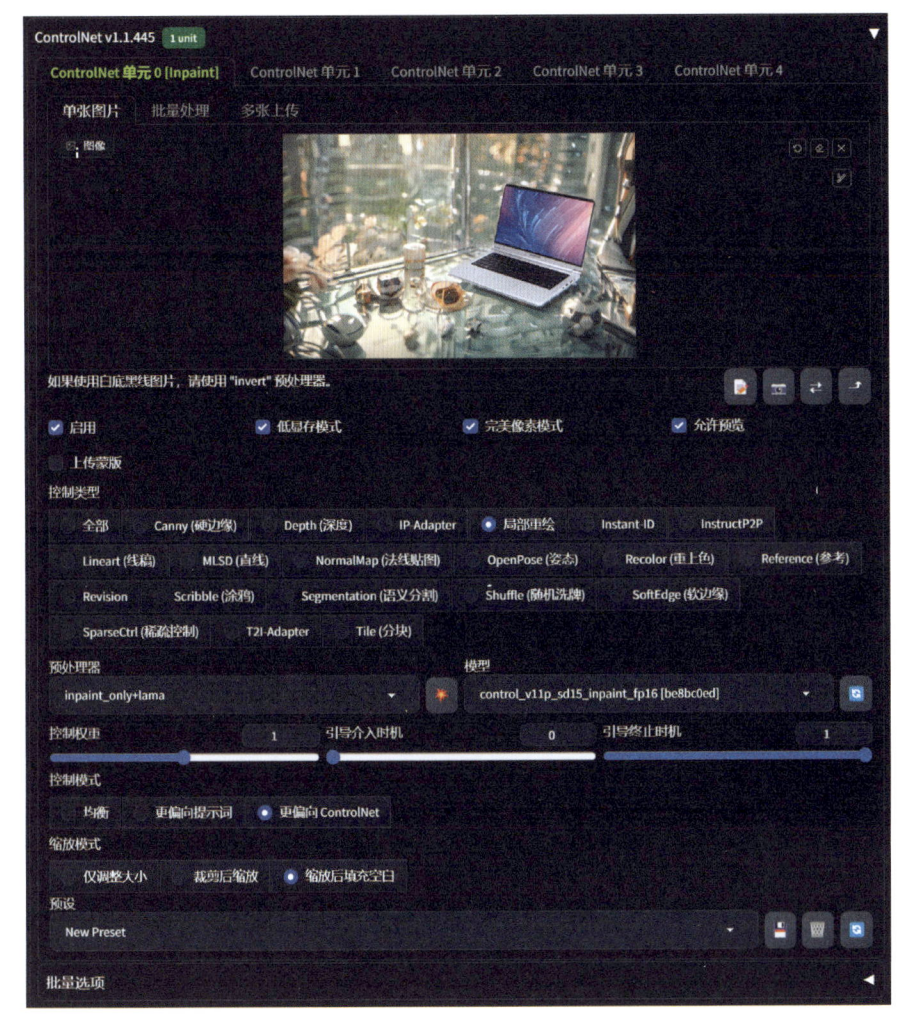

图8-74　设置智能扩图局部重绘参数

首先基于其创作愿景启动初次生成，然后通过审视生成图像与内心构想之间的差异，不断微调各项生成参数。这些参数涵盖了从基本的分辨率到复杂的风格向量的设置。通过不断尝试不同的风格转移技术，能够创作出基于古典与现代、抽象与具象之间的创意作品。

此过程不仅考验着创作者对人工智能工具的掌握程度，还激发了人类创意与机器智能的协同合作。正是这种人机交互的深度对话，使得每件人工智能作品不仅是技术的产物，更是跨领域智慧融合的结晶，彰显了数字时代艺术创作的新维度。

Stable Diffusion 3 已经于 2024 年 2 月 22 日发布，Stability AI 推出了人工智能文生图工具的新版本。此模型凭借创新的 Diffusion Transformer（DiT）架构，实现了生成效率与图像质量的飞跃，尤其在处理复合提示、高分辨输出及纠错方面表现出色。升级的多主题理解力确保了对用户指令的精准捕捉，而图像质量的全方位优化，覆盖色彩、构图至细节，为用户带来了前所未有的视觉逼真度与创意表达潜力。

Stable Diffusion 3 还强调了硬件普适性与 API 易用性，通过与 Fireworks AI 的合作，促进该技术在广泛平台与设备上的无缝集成，标志着人工智能艺术与创意内容生产进入了一个新的高度。

习题

1. 选择题

（1）Stable Diffusion 模型的核心技术是（　　）。
  A．潜在空间扩散模型（LSDM） B．卷积神经网络（CNN）
  C．循环神经网络（RNN） D．变分自编码器（VAE）

（2）Stable Diffusion 的哪项基本功能可以将文字描述转换为图像？（　　）
  A．文生图（Text-to-Image Generation）
  B．图生图（Image-to-Image Translation）
  C．模型合并（Model Merging）
  D．参数设置与控制（Settings & Controls）

（3）Stable Diffusion 支持的（　　）插件功能可以增加图像的分辨率。
  A．Inpaint Anything B．ControlNet
  C．Tiled Diffusion D．PNG 图像信息

（4）在 Stable Diffusion 中，哪个功能允许用户指定不应出现在生成图像中的内容？（　　）
  A．正向关键词 B．反向关键词 C．图像分割 D．模型训练

（5）Stable Diffusion 在电商海报设计中的优势不包括（　　）。
  A．提高设计效率 B．限制创意多样性
  C．支持快速迭代 D．降低成本

（6）在 Stable Diffusion 中，用于创建产品蒙版的工具是（　　）。
  A．Photoshop B．Inpaint Anything
  C．ControlNet D．majicmixRealistic_v7

（7）以下哪个选项不是 Stable Diffusion 在图像生成过程中的控制类型？（　　）
  A．法线贴图（NormalMap） B．重上色（Recolor）
  C．分块处理（Tile） D．语义分割（Semantic Segmentation）

（8）在 Stable Diffusion 中，用于生成高质量图像的核心模型是（　　）。
  A．majicmixRealistic_v7 B．sam_vit_h_4b8939.pth
  C．Canny（硬边缘） D．R-ESRGAN 4x+

(9) 控制类型"Canny（硬边缘）"在 Stable Diffusion 中的作用是（　　）。

　　A．增强图像的软边缘效果　　　　B．识别并控制图像中的物体姿态

　　C．提高图像的色彩饱和度　　　　D．识别图像边缘并保持边缘清晰度

(10) 在 Stable Diffusion 中，为何选择"R-ESRGAN 4x+"作为放大算法？（　　）

　　A．为了减少图像噪点　　　　　　B．为了提高图像的清晰度和分辨率

　　C．为了增加图像的动态效果　　　D．为了改变图像的色彩平衡

(11) Stable Diffusion 如何支持用户对生成图像进行后期处理？（　　）

　　A．通过调整参数设置与控制选项　B．通过集成的后期处理插件

　　C．通过修改正向关键词和反向关键词　D．通过重新训练模型

(12) 以下哪个选项不是 Stable Diffusion 在产品精细化设计中的功能？（　　）

　　A．高分辨率修复　　　　　　　　B．重绘幅度调整

　　C．随机洗牌图像元素　　　　　　D．读取并复用原图生成参数

(13) Stable Diffusion 模型训练与部署的目的是（　　）。

　　A．仅限于学术研究

　　B．为用户提供预设图像模板

　　C．让有经验的用户自定义模型适应特定任务

　　D．提高模型的实时交互性能

(14) Stable Diffusion 如何支持用户在图像生成中加入特定风格？（　　）

　　A．通过正向关键词中加入风格描述

　　B．利用 Lora 插件加载特定风格的预训练模型

　　C．通过调整图像尺寸和分辨率

　　D．通过修改采样方法为"DPM++ 2M"

(15) 在设计化妆品竖屏海报时，如何利用"Tiled Diffusion"插件？（　　）

　　A．为了在有限内存下进行图像生成

　　B．为了将生成的图像进行局部裁剪

　　C．为了在生成图像后进行快速图像缩小

　　D．为了将基础图像放大并保持质量

(16) Stable Diffusion 的开源性质如何促进其发展？（　　）

　　A．限制了模型的更新和改进　　　B．仅限于少数专家使用

　　C．鼓励社区贡献和技术创新　　　D．仅限于特定操作系统使用

(17) 在设计过程中，如何利用"局部重绘"功能优化产品与场景的融合？（　　）

　　A．通过降低重绘区域的潜空间噪声

　　B．在 ControlNet 中选择"局部重绘"控制类型

　　C．通过增加重绘幅度来减少细节

　　D．更换整个模型以适应新的设计要求

2. 简答题

（1）什么是 Stable Diffusion 模型的核心技术理念？

（2）如何通过 Stable Diffusion 进行产品设计的精细化调整？

（3）ControlNet 如何帮助提高图像生成的控制力？

（4）请简述 Stable Diffusion 在电商产品设计中的应用优势。

（5）Stable Diffusion 模型的开源性对设计领域有何积极影响？

3. 实践题

（1）使用 Stable Diffusion 的 ControlNet 功能，设计一款电商产品图（品类不限，如服装、电子产品、家居用品等）。要求生成的产品图具有清晰的轮廓和细节，并能够展示产品的材质和设计特点。请详细描述操作步骤，并附上生成的产品图。

（2）利用 Stable Diffusion 的图生图功能，结合 Inpaint Anything 插件，为任意一款电商产品生成多个不同场景下的产品场景图（品类不限，如食品、化妆品、玩具等）。要求至少包括三种不同的使用场景，并确保产品在不同场景中的展示效果自然且符合场景氛围。请详细描述操作步骤，并附上生成的场景图。

第 9 章

人工智能音视频在电商视觉设计中的应用

学习目标

知识目标

- 了解人工智能生成音视频技术的最新进展及其在不同领域的应用案例。
- 区分并评价常用人工智能音视频生成工具的特点、优势与局限性。
- 了解数字人技术的基础概念和发展趋势。
- 熟悉人工智能音频创作工具 Suno 的功能和操作流。
- 了解人工智能视频生成技术的原理及其实现方式,如 Runway Gen-3 和 PixVerse 的使用方法和应用场景

能力目标

- 能够利用 D-ID、闪剪等平台创建和编辑数字人视频。
- 能够使用 Suno 等工具生成高质量的人工智能歌曲和音乐。
- 通过 Runway Gen-3 和 PixVerse 等工具进行创意视频制作。
- 能够运用人工智能工具设计出高质量的产品介绍视频、广告视频等。

价值目标

- 培养良好的职业道德和社会责任感,在使用人工智能技术时遵循相关法律和伦理准则。
- 发展创新思维和团队协作能力,有效促进项目团队间的沟通与合作。

9.1 人工智能生成音视频现状

9.1.1 OpenAI 发布视频生成模型 Sora

2024 年年初，OpenAI 发布了首个视频生成模型 Sora，它是一种先进的文本转视频生成模型，代表了人工智能在视频内容创作领域的一次重大突破。用户只需要输入简单的描述性语句，Sora 就可以创建一段相应的短视频，时长可以达到 60 秒。Sora 生成的视频质量高，效果逼真。例如，在一段人工智能生成的街景视频中，一名女子在街头漫步，视频中霓虹灯光闪烁，女子身穿黑色皮衣，走路姿势自信而随意，无论是路面上小水洼反射的灯光，还是女子的神态、走路的动作，都给人十分逼真的感觉，几乎与电影拍摄的真实场景无异。

这一技术的出现，预示着视频制作方式和内容创作方式的革命性变化。

9.1.2 多个音视频生成应用上线

自从 Sora 发布以来，人工智能生成音视频走上了行业风口，多个人工智能音视频生成应用上线，进入公众视野。Runway Gen-2、MagicVideo、Pika、StreamingT2V、Suno、Boximator、Runway Gen-3 等先后上线，国内有抖音 Dreamina（即梦 AI）、清华大学研发的 Vidu 模型等上线。

1. Pika

Pika 是由 Pika Labs 公司精心打造的一款创新型视频生成应用，它不仅能够创建高质量的视频内容，还提供了多样化的编辑工具，使用户能够轻松实现从基础剪辑到复杂特效的全流程制作。Pika 支持生成多种风格的视频，包括逼真的 3D 动画、深受年轻人喜爱的动漫风格、充满童趣的卡通画面，以及具有电影质感的短片，满足了不同用户群体的创作需求。

2. Runway Gen-3

Runway Gen-3 是 Runway 公司发布的生成式视频模型。

Runway Gen-3 支持多种工作模式，包括文字生成视频、"提示词+图片"生成视频、图片生成视频、风格化模式、蒙版模式、渲染模式和自定义模式。这些工作模式不仅提升了用户体验，还扩大了应用场景。例如，用户可以通过输入简单的文字描述或结合图片来生成相应风格的视频内容。

3. 抖音 Dreamina

抖音 Dreamina 是国内抖音平台推出的一项人工智能视频生成服务。它能够根据用户提供的关键词或短句，快速生成创意短视频。这款工具非常适合内容创作者，尤其是需要频繁"产出"新奇、有趣视频的博主。

4. Vidu 模型

清华大学研发的 Vidu 模型是一款专注于中文语境下的视频生成工具。它能够根据中文描述生成符合中国文化特色的视频内容，适用于各类文化节目、教育视频和历史纪录片等。

9.2 人工智能音视频内容创作在电商中的价值

9.2.1 提高效率与降低成本

随着人工智能技术的不断发展，人工智能音视频内容创作在电商行业中扮演着越来越重要的角色。人工智能技术不仅能显著提高音视频内容创作的效率，还能大幅降低制作成本，这对追求高性价比解决方案的电商企业而言至关重要。

1. 提高效率

传统的音视频内容创作流程通常涉及多个环节，包括脚本编写、拍摄、后期剪辑等多个步骤，这不仅耗时而且需要专业的团队协作。然而，人工智能音视频内容生成技术能够将这些步骤简化成一个简单的输入过程。例如，电商企业可以通过输入产品描述或特点，利用人工智能工具自动生成高质量的产品介绍视频。这种方式极大地缩短了音视频内容生产的周期，使得电商企业能够更快地响应市场变化，更新产品信息，保持竞争力。

此外，人工智能技术还可以帮助电商企业自动处理大量重复性的任务，如批量生成产品演示视频、客户评价视频等，从而释放人力资源，让团队成员可以集中精力处理更具创造性和挑战性的工作。

2. 降低成本

传统的音视频内容创作往往需要聘请专业的制作团队，租赁设备，甚至租赁拍摄场地，这些都会产生高昂的成本。相比之下，使用人工智能生成的音视频内容则可以显著降低这些成本。人工智能工具通常基于云服务，企业只需要支付订阅费用即可获得强大的内容生成能力，而无须额外投入硬件设施。

不仅如此，人工智能工具还可以减少因反复修改和重拍带来的成本浪费。例如，大多音视频生成模型可以根据用户的反馈快速调整内容，避免了传统制作过程中常见的试错成本。这种灵活性和敏捷性为电商企业节省了大量的时间和资源。

9.2.2 个性化与定制化

在电商领域，消费者对个性化和定制化的需求日益增长。人工智能音视频内容创作技术为满足这一需求提供了新的途径。

1. 定制化内容

人工智能工具可以根据特定消费群体的需求生成定制化的内容。例如，电商企业可以根据不同的目标市场和消费群体，使用人工智能工具生成具有不同语言、文化和地域特征的音视频内容。这种高度定制化的内容能够更好地吸引目标市场的消费者，提高品牌的本地化水平。

此外，人工智能工具还可以帮助电商企业生成针对特定活动或促销的定制化视频内容，如节日促销视频、新品发布会预告片等。这些高度定制化的内容不仅能够提升品牌形象，还能增强消费者的参与感和归属感。

2. 用户生成内容

人工智能工具可以鼓励消费者参与到内容创作的过程中。电商企业可以利用人工智能工具让消费者自己生成相关内容，如消费者评价视频、产品使用心得等。这种方式不仅能够增加消费者的参与度，还能为电商企业带来丰富的真实消费者反馈，从而进一步优化产品和服务。

3. 个性化推荐

人工智能工具可以基于消费者的浏览记录、购买历史和其他行为数据，生成个性化的产品推荐视频。通过分析消费者的兴趣爱好和偏好，人工智能工具能够生成符合消费者"口味"的内容，从而提高转化率和消费者满意度。这种个性化的方式有助于建立更紧密的消费者关系，增加用户黏性。

综上所述，人工智能音视频内容创作技术为电商行业带来了巨大的价值。它不仅能够提高内容创作的效率，降低成本，还能够实现内容的高度个性化和定制化，从而更好地满足消费者的需求，提升消费者体验。随着人工智能工具的不断进步和完善，我们有理由相信它将在电商行业中发挥更加重要的作用，开启电商内容创作的新篇章。

9.3 人工智能赋能数字人创作

9.3.1 数字人技术

数字人是一种利用人工智能技术和数字媒体技术创造出的虚拟人物，它们在外表、声音、动作等方面与真实人类极为相似。这些数字人不仅能够模拟人类的行为举止，还能够进行复杂的交互和沟通，因此在娱乐、教育、营销等领域有着广泛的应用前景。

数字人技术的核心在于其能够融合多种技术手段，如计算机图形学、语音合成、自然语言处理、机器学习等，以实现逼真的外观表现和智能的互动体验。数字人的创建通常包含以下几个关键步骤。

（1）建模：使用 3D 建模软件创建数字人的外形结构。

（2）纹理映射：给数字人添加皮肤、衣物等细节，使其看起来更加真实。

（3）动画驱动：利用动作捕捉技术或基于人工智能技术的驱动算法使数字人动起来。

（4）智能交互设计：通过自然语言处理和语音识别技术，使数字人能够理解并回应用户的指令。

9.3.2　D-ID 数字人平台简介与案例详解

1．D-ID 介绍

D-ID 是一款数字人制作和视频创作的平台，专注于使用自然用户界面（Natural User Interface，NUI）技术将图片、文本、视频、音频和声音无缝转换为极具吸引力的数字人物，提供独一无二的沉浸式体验。D-ID 能够将单张照片转换为逼真的高质量视频，这一技术被广泛应用于电商、教育、娱乐和个性化领域。

在 D-ID 平台上，用户可以创建自己的数字人，并通过一系列的工具和功能来实现各种视频创作，在 D-ID 平台上创建的数字人具有逼真的外观和特征，这使得它们能够与现实世界中的人物和场景融合，制作出极具创意和吸引力的数字人视频。

D-ID 利用深度学习算法生成生动的面部表情和动作视频，与音频和上下文完美匹配。D-ID 不仅为用户提供了一个简单易用的平台，还通过创意现实工作室（Creative Reality Studio）提供了广泛的自定义选项，包括背景、声音、情绪和视频持续时间。

D-ID 的优势在于其创新性和灵活性。用户可以上传任何清晰的原始图片，D-ID 的先进技术能够根据提供的音频内容和脚本生成逼真的视频。此外，D-ID 还支持多种语言，提供了将文本转换为语音的功能，并允许用户上传自己的声音记录。D-ID 的 API 访问能力可以让开发者在自己的应用程序中集成这些高级功能，为用户、员工和社区创造更个性化的连接。

2．D-ID 的应用领域

D-ID 是一种高效、灵活、定制化的数字人制作的人工智能工具，能够快速将静态照片转换为逼真的数字人，具有广泛的应用前景和市场需求。

例如，企业可以将数字人应用于营销推广活动中，利用数字人进行代言、直播、视频宣传等方式，从而提高品牌曝光度和影响力。

在教育培训领域，D-ID 可以用于制作数字教师、数字辅导员等虚拟数字人，帮助学生更好地学习和掌握知识。

在影视制作领域，D-ID 数字人技术可以用于制作特效，代替真人进行拍摄，从而降低制作成本，提高制作效率。

而对于个人用户来说，数字人可以应用于自媒体视频制作，同时也可以提高职场上关于视频内容生产的工作效率。

3. 数字人制作案例详解

利用 Midjourney 生成的数字人图片（详见 7.7 节），结合人工智能平台即可完成数字人视频的制作。

D-ID 平台的登录界面如图 9-1 所示。在 D-ID 平台上，利用之前制作的数字人图片，即可制作具备表情、动作、神态及声音的数字人视频，其中的数字人图片可以是卡通、赛博朋克等风格，也可以是真人照片，但要求露出正脸及清晰的五官。

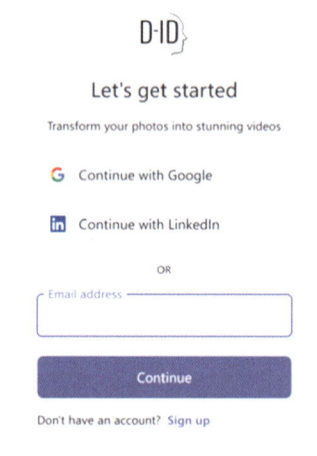

图9-1　D-ID 平台的登录界面

数字人视频制作的操作步骤如图 9-2 所示，具体如下。

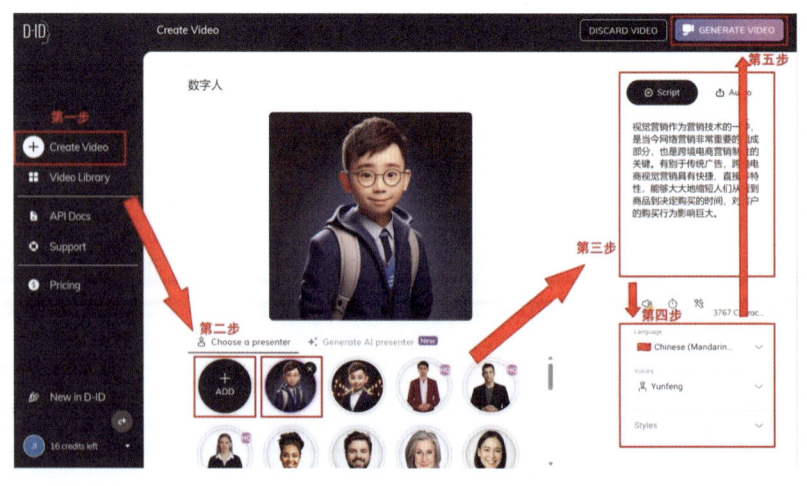

图9-2　数字人视频生成步骤图

第一步：登录 D-ID 平台，单击左侧的"Create Video"按钮，进入视频创建界面。

第二步：在人物形象选择处，单击"ADD"按钮，上传数字人图片，并在图库中选择相应图片，确定数字人形象，或者采用文字描述生成人工智能演示者（Generate an AI Presenter），当然也可以选择平台提供的人工智能人物头像。

第三步：在"Script"脚本框中，输入相应文本。

第四步：首先选择语言，如简体中文；然后选择男/女声，另外，还可以选择语音风格，如新闻广播、用户服务、闲聊等。

第五步：单击界面右上角的"GENERATE VIDEO"按钮，即可生成视频，可以预览并下载视频。

生成的数字人视频中数字人的表情、动作、神态和声音，可以根据在提示词文本框中输入的内容和选择的语言风格进行自动合成，还可以根据需要对生成的视频进行进一步的编辑和调整，如添加背景音乐、特效等，从而制作出更加专业和个性化的数字人视频。

9.3.3　闪剪 App 简介与数字人制作案例详解

1．闪剪 App 概述

闪剪 App 是一款人工智能数字人短视频制作工具，仅需要一部手机，便可一键复制形象、声音。

2．闪剪 App 的应用领域

闪剪 App 具有图文快剪、直播快剪、视频订阅号、分身数字人等功能版块。尤其是分身数字人功能版块，拥有标准化的数字人资源库，能够为企业/个人提供数字人定制化服务，以智能驱动，使数字人栩栩如生，具有无限接近真人的表现力。闪剪 App 可以 7×24 小时全年无休地批量输出数字人口播短视频，适用于知识 IP、电商、信息流广告投放、广播电视等多种视频创作场景等，从而解决真人出镜成本高、视频制作周期长等一系列难题。

3．数字人制作案例详解

在使用闪剪 App 制作数字人之前，首先需要定制自己的数字人图片。

第一步：下载闪剪 App。

第二步：打开闪剪 App 主界面，单击"定制数字人"按钮，如图 9-3 所示。

第三步：单击"添加训练视频"按钮，可以在线拍摄视频，也可以从相册上传视频。如果选择相册上传视频，则可以选择一段 30 秒左右的视频。

第四步：单击"下一步"按钮，有三项内容需要确认：

（1）说话前有嘴巴闭合的画面；

（2）口齿清晰，声音洪亮，表情自然；

（3）嘴部没有遮挡，没有侧脸，没离开过画面。

人工智能与电商视觉设计

如果以上三项内容确认无误，则单击"提交训练"按钮。

第五步：单击"下一步"按钮，这里需要拍摄一段授权的视频，需要本人出镜，朗读相应的提示文本，并保证每个字都不能读错。

第六步：给数字人命名，如"小美""豆豆"等，之后单击"提交训练"按钮。

经过系统审核后，训练完成后的数字人就会显示在闪剪 App 主界面，如图 9-4 所示。

图9-3　闪剪 App 主界面　　　　　　　图9-4　训练完成后的数字人

拥有了自己的数字人之后，即可进行自行创作，步骤如下。

第一步：单击首页的"开始创作"按钮。

第二步：单击下方的"数字人"按钮，选择数字人，我们可以选择自己的数字人，也可以选择模板中的数字人。

第三步：在"请输入文案"文本框中单击，即可进入脚本编写界面，如图 9-5 所示。我们可以选择"文案驱动"功能，也可以选择"音频驱动"功能。如果选择的是前者，则在脚本编写界面的下方出现"随机""文案库""提取文案"等模块，选择其中的"文案库"模块，里面提供了多种热门文案，界面如图 9-6 所示。单击其中一条"视频制作神器操作很简单"选项，即可生成文案详情，如图 9-7 所示。

第 9 章　人工智能音视频在电商视觉设计中的应用

图9-5　脚本编写界面

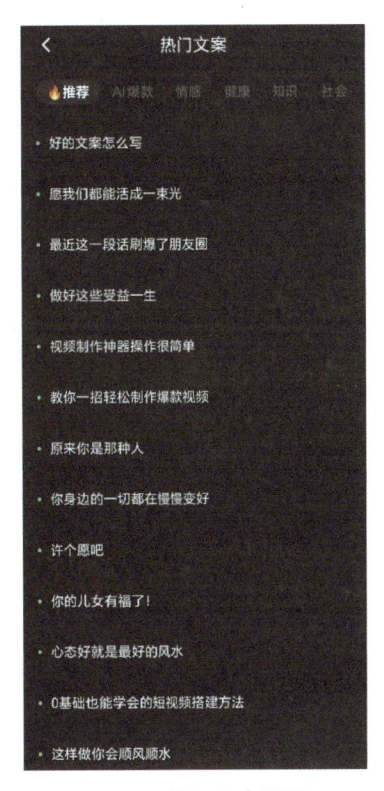

图9-6　热门文案界面

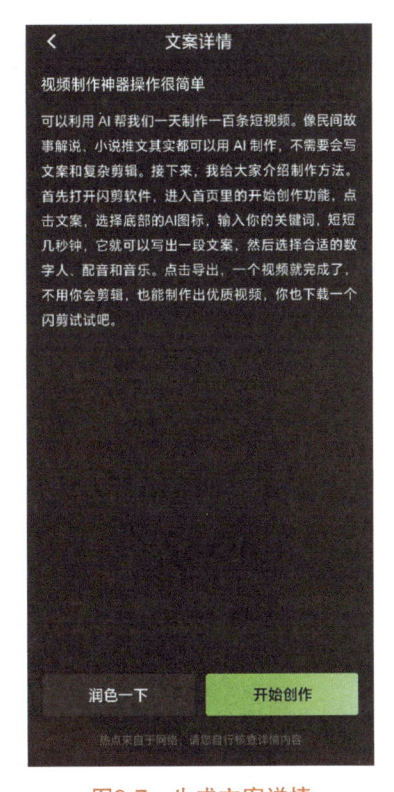

图9-7　生成文案详情

235

第四步：在文案详情界面，单击"开始创作"按钮，返回如图 9-8 所示的脚本编辑界面，并单击"完成"按钮，打开如图 9-9 所示的数字人编辑界面，单击"导出"按钮，即可生成相应的数字人视频。

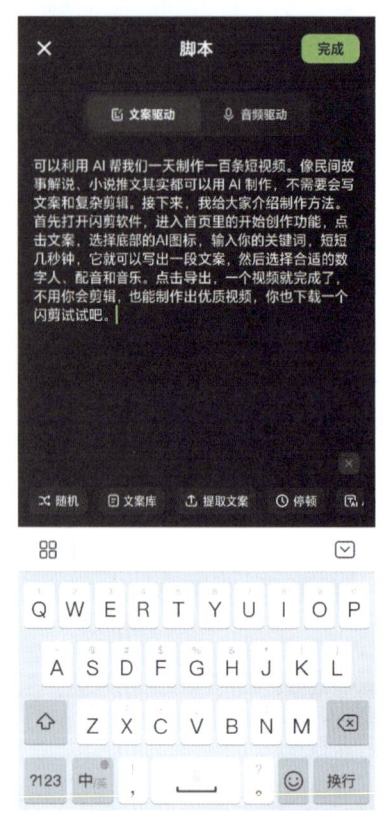

图9-8　脚本编辑界面

图9-9　数字人编辑界面

9.4　人工智能赋能音频创作

9.4.1　人工智能生成语音技术

人工智能生成语音技术是通过深度学习模型来合成人类语音的技术。这种技术的核心在于使用神经网络模型［如循环神经网络、长短期记忆网络、门控循环单元（Gated Recurrent Unit，GRU）及 Transformer 架构等］，来模仿人类的声音和说话方式。

9.4.2　Suno 简介与案例详解

1. Suno 简介

Suno 是一个专业高质量的人工智能歌曲和音乐创作平台，用户只需输入简单的文本提示词，即可根据流派风格和歌词生成带有人声的歌曲。该人工智能音乐生成器可以不需要任何乐器工具，就让所有人都可以创造美妙的音乐。Suno 中 3.5 版本的音乐生成模型可以生成 2 分钟的歌曲。

2. Suno 案例详解

第一步：打开 Suno，其界面如图 9-10 所示。

第二步：登录账号，单击"create"按钮，即可进入音乐创作界面。

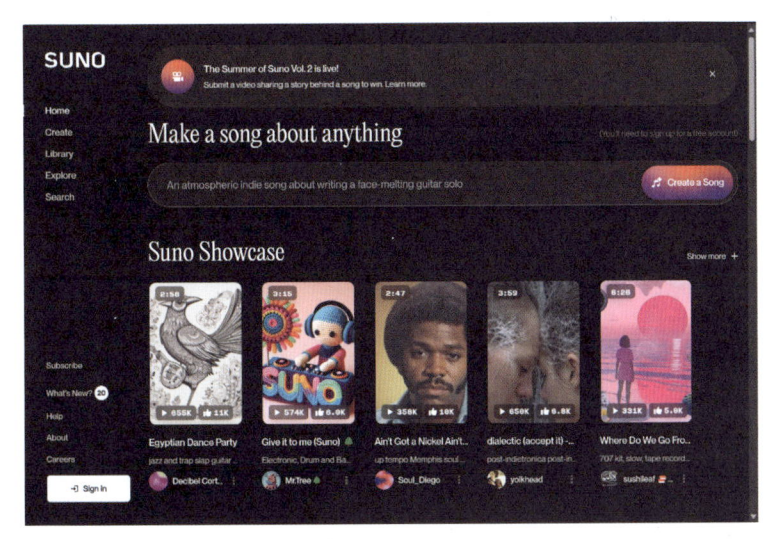

图9-10　Suno 界面

第三步：首先在文本框中输入歌曲描述，如"make a song to cheer for China at the 2024 Summer Olympics"，选择生成的音乐是否为纯音乐，然后单击"create"按钮，在右侧的列表中就会生成两首带有人声的歌曲，其界面如图 9-11 所示。

图9-11　音乐创作界面（1）

237

也可以选择自定义模式（Custom），输入歌词，在这里输入一段由"通义千问"创作好的歌曲，歌曲部分内容如下。

Verse 1:

In the city of lights, where the champions meet,

From the East comes the dragon, fierce and neat.

With every stride, every leap, every throw,

China's spirit shines, as the world does know.

Chorus:

Dragon soar high, let your colors fly,

Through the night sky, under the Olympic eye.

Go for the gold, stand tall and bold,

China's pride, stories to be told.

接着，选择音乐风格，在本案例中设置音乐风格为"pop"，设置歌曲名称为"Dragon Soar High"，人工智能随即根据提示词生成两首歌曲，其界面如图9-12所示。

图9-12　音乐创作界面（2）

一首好歌曲的提示词应当包含"风格、情感、乐器、节奏、人声"等要素，创作者可以根据自己的需要进行要素的增减。

风格包括流行（Pop）、古典（Classical）、爵士（Jazz）、电子（Electronic）、摇滚（Rock）、乡村（Country）、民谣（Folk）、嘻哈（Hip-hop）、布鲁斯（Blues）、拉丁（Latin）。

情感包括欢快（Cheerful）、悲伤（Sad）、浪漫（Romantic）、激昂（Passionate）、温柔（Gentle）、忧郁（Melancholic）、神秘（Mysterious）、紧张（Tense）、恐怖（Horrifying）、宁静（Peaceful）。

乐器包括钢琴（Piano）、吉他（Guitar）、小提琴（Violin）、鼓（Drum）、贝斯（Bass）、长笛（Flute）、萨克斯（Saxophone）、小号（Trumpet）、大提琴（Cello）、口琴（Harmonica）。

节奏包括快速（Fast）、慢速（Slow）、中等（Medium）、渐快（Accelerating）、渐慢（Decelerating）、自由（Free）、稳定（Steady）、跳跃（Jumpy）、拖延（Dragging）、犹豫（Hesitant）。

人声包括男声（Male Vocals）、女声（Female Vocals）、童声（Children's Vocals）、合唱（Choir）。

当然，如果纯音乐的话，则不需要人声要素。

下面给出一些提示词实例。

（1）创作一首欢快的流行电子舞曲

提示词为"upbeat, pop, electronic, dance, synthesizer, fast"。

（2）创作一首浪漫的古典钢琴曲

提示词为"romantic, classical, piano, tender, slow"。

9.5 人工智能赋能视频创作

9.5.1 人工智能视频生成技术

人工智能视频生成技术是一种先进的方法，通过机器学习和深度学习算法来创建或修改视频内容，这项技术的核心在于使用生成对抗网络、变分自编码器等神经网络架构，能够根据给定的数据生成新的视频片段。通过这种方式，人工智能视频生成技术可以应用于各种场景，如快速生成视频内容以支持营销活动、教育材料制作、新闻报道等，还可以应用于娱乐行业制作电影和电视节目的视觉特效。

这些技术的关键能力包括视频合成——生成全新的视频帧，视频预测——基于现有视频序列预测未来帧，视频插值——在视频帧之间生成中间帧以提高流畅度，视频修复——恢复损坏或缺失的部分。此外，人工智能视频生成技术可以用于文本到视频的转换，即根据文字描述自动生成相应的视频内容；用于图片到视频的转换，将静态图片变为动态视频；以及用于视频到视频的转换，对现有视频进行编辑和修改。

在实际应用中，人工智能视频生成技术不仅能够简化内容创作的过程，还能极大地提高效率和创造性。例如，在营销活动中，电商企业可以利用这项技术快速生成定制化广告视频；在教育领域，教师可以利用这项技术轻松制作教学视频以辅助课堂教学。此外，人工智能视频生成技术还能够在虚拟现实和增强现实中发挥重要作用，为用户提供更具沉浸式的体验感受。随着技术的进步和应用场景的不断拓展，人工智能视频生成技术正在成为视频制作领域的重要驱动力。

9.5.2　Runway Gen-3 简介与案例详解

1. Runway Gen-3 简介

2024年6月 Runway 公司发布了生成式视频模型 Runway Gen-3，其工作界面如图9-13所示。该模型具有引人注目的功能，可以创建长达10秒的高质量、细节逼真的视频。它可以展示复杂场景变化和多种电影风格。

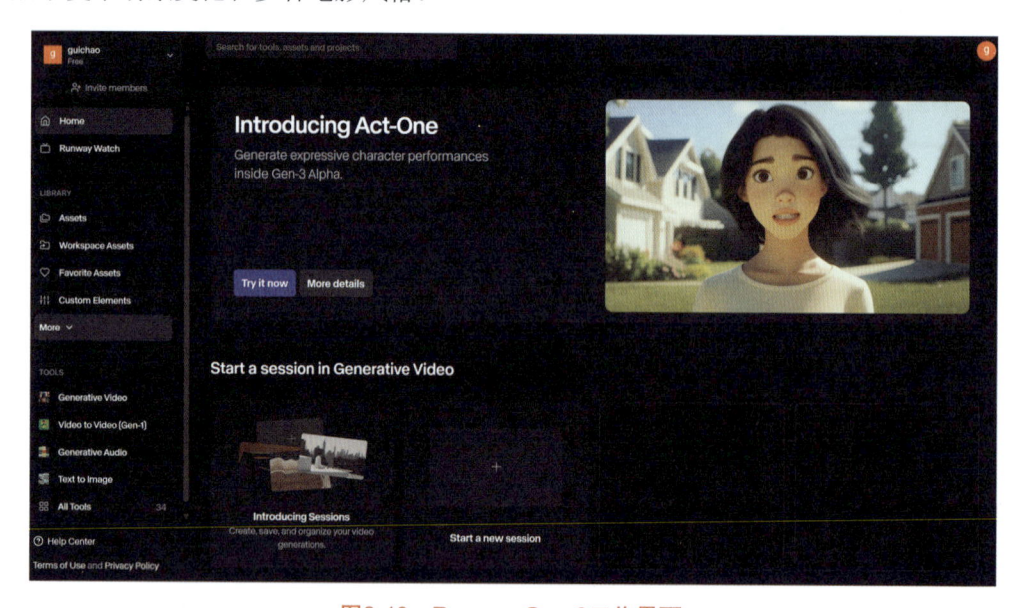

图9-13　Runway Gen-3工作界面

在实际应用中，Runway Gen-3 已经吸引了包括派拉蒙和迪士尼在内的顶级电影制片公司的关注，这些公司正在探索使用 Runway Gen 改进特效制作和多语言配音等方面的工作。

总体而言，Runway Gen-3 模型不仅在技术上取得了重大突破，还在实际应用中展现了巨大的潜力，为电商领域与影视制作行业带来了新的可能性和效率提高。

图9-14　相应工具选择

2. Runway Gen-3 案例详解

第一步：登录网站后，单击左侧导航栏"Text/Images to Video"按钮，如图9-14所示，进入如图9-15所示的编辑界面，其中左侧区域为编辑区域，右侧区域为生成视频结果展示区域。

第二步：上传图片，输入提示词，如图9-16所示。本案例我们上传了一张由 Midjourney 生成的中国龙图片，同时输入一句较简单的提示词"the dragon leaped out of the water"。

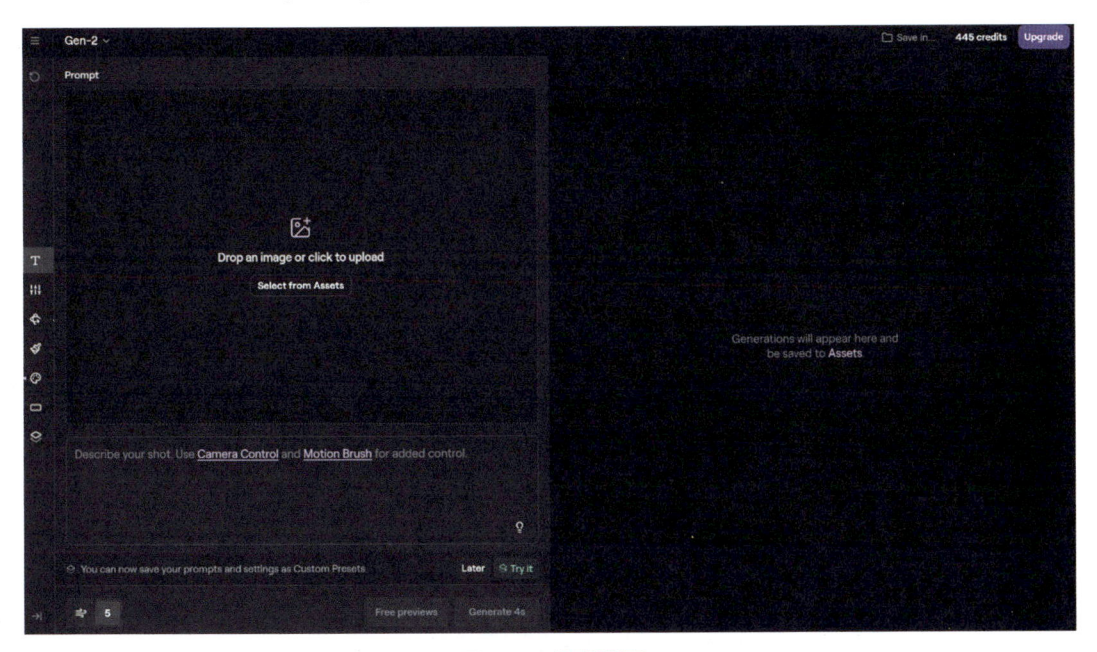

图9-15　编辑界面

图916　上传图片与输入提示词界面

需要提醒的是：提示词尽量对视频风格、物体运动、镜头方向等进行详细描述；我们也可以单击左侧的图标按钮（如 Settings、Camera Control 等）进行相应设置。例如，单击"Camera Control"按钮，在打开的"Camera Control"区域中对视频的镜头进行控制，如左右移动、上下移动、翻转、滚动、缩放等，如图 9-17 所示。

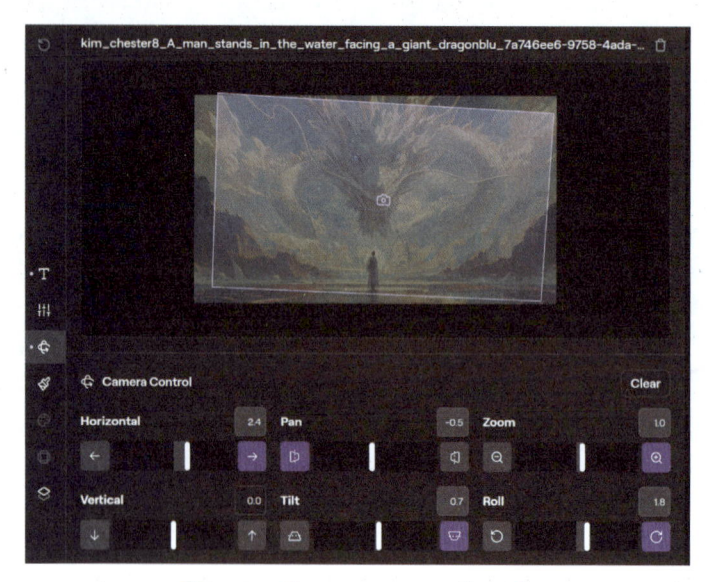

图9-17 "Camera Control" 区域

另外，General Motion 参数默认设置为 5，General Motion 参数的数值越高，生成的视频动作越多。

第三步：单击"Generate 4s"按钮即可生成如图 9-18 所示的 4 秒视频，单击"播放"按钮可以进行预览，也可以单击"下载"按钮，将生成的视频保存至本地设备中。

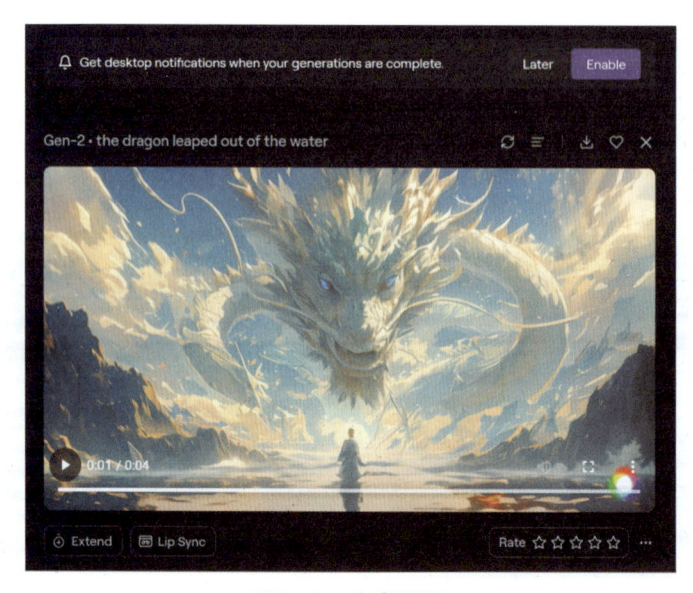

图9-18 生成视频

9.5.3　PixVerse 简介与应用场景

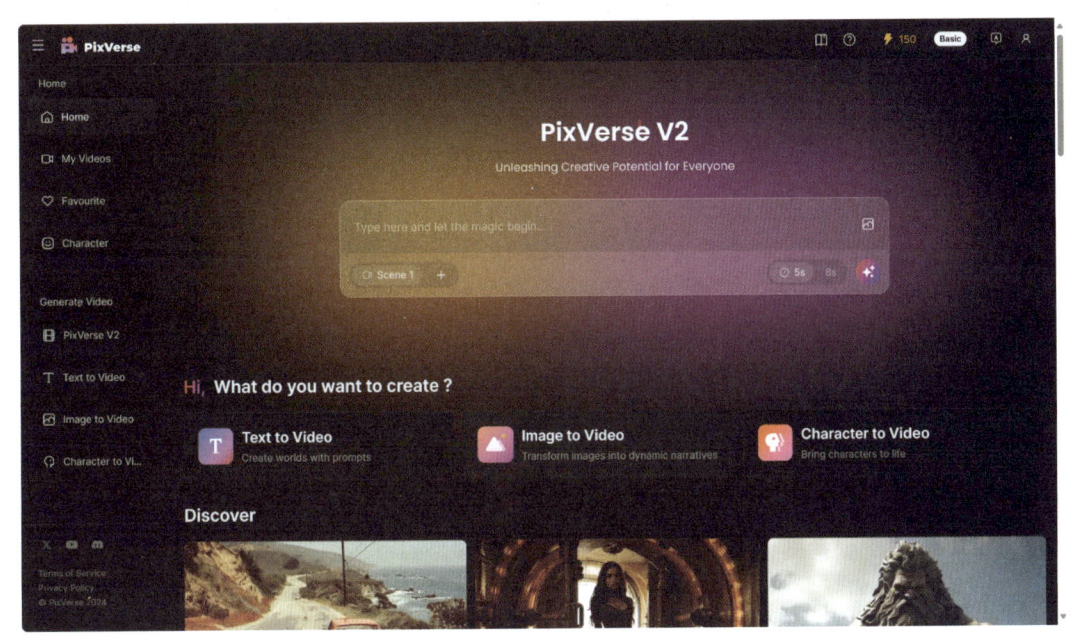

1. PixVerse 概述

PixVerse 是一款集文生视频、图生视频及基于图片生成角色视频于一体的综合性软件，其界面如图 9-19 所示。它利用先进的算法和人工智能技术，将文字描述和静态图片转换为生动逼真的视频内容。无论是文字描述的场景，还是导入的图片，PixVerse 都能将其转换为形象生动的动态画面，为创作者提供了创作的无限可能性。

图9-19　PixVerse 界面

2. PixVerse 功能

PixVerse 具有文生视频、图生视频、基于图片生成角色视频等功能。

PixVerse 的文生视频功能允许用户通过输入文字描述，自动生成与之相匹配的视频内容。用户只需在软件中输入文字描述，PixVerse 便能根据语义分析，生成相应的画面和动作。例如，我们在提示词文本框中输入"Cute dog running on the road, blue sky and white clouds, with blurred background"，单击"Create"按钮，即可生成一段持续 5 秒时长的小狗在蓝天下奔跑的视频，如图 9-20 所示。PixVerse 也支持图生视频功能，用户只需上传一张图片，输入提示词，即可生成相应的视频。上述功能对于快速制作短视频、广告或故事片非常有用，能够大大缩短制作时间并节约成本。

基于图片生成角色视频的功能则可以进一步拓展 PixVerse 的应用范围。用户只需导入一张图片，PixVerse 便能根据图片的特征，生成一段形象固定的角色视频。这意味着，用户可以利用自己的照片或其他图片，创建属于自己的虚拟角色，并为其赋予动态效果和动作。这种功能在动画制作、游戏设计及虚拟现实等领域具有广阔的应用前景。

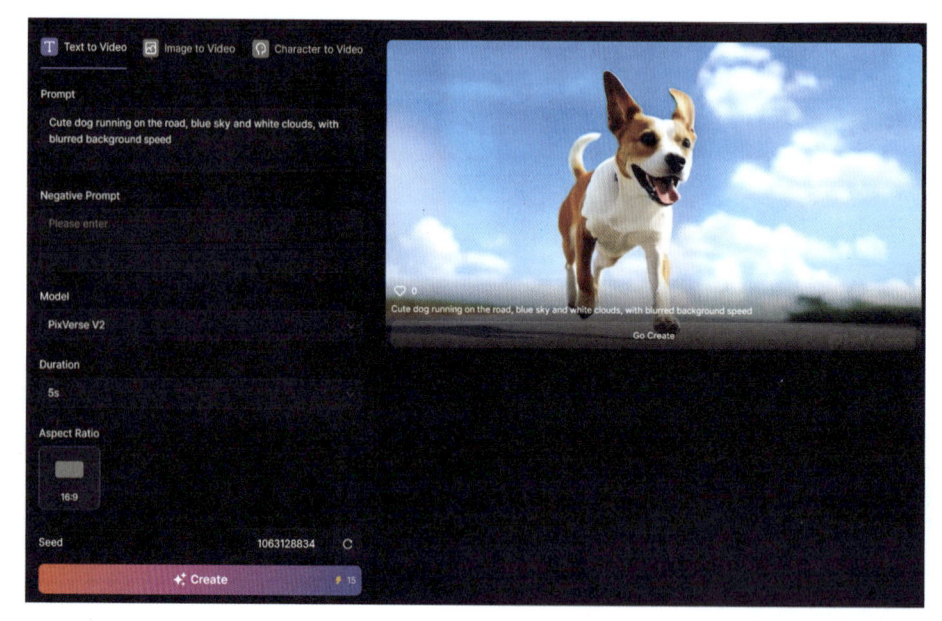

图9-20　文生视频操作界面

3. PixVerse 运动笔刷

在人工智能图片生成视频的场景中，有一个常见的痛点：仅靠提示词难以达到预期效果，可控性不佳，而且生成的视频中的运动方式经常不符合物理规律。针对该痛点，PixVerse发布了运动笔刷。在图片生成视频的过程中，用户可以通过 Magic Brush 涂抹区域和绘制轨迹，精确控制视频元素的运动方式，像修图一样修饰视频。

Magic Brush 可以进行多主体的运动控制。例如，分别控制火车与烟的不同运动方向，如图 9-21 所示。

图9-21　运动笔刷控制主体

4．PixVerse 的应用场景

PixVerse 的应用场景十分广泛。对专业创作者而言，PixVerse 则是一个强大的创意工具，能够帮助他们实现更加复杂和精细的视频制作需求，提高创作效率和质量。对个人用户而言，它可以帮助他们快速制作个性化的短视频和动画，记录生活点滴，分享创意想法。

此外，PixVerse 在广告、媒体、教育等领域也有着广泛的应用。广告机构可以利用 PixVerse 制作精美的广告视频，吸引消费者的眼球；媒体机构可以利用 PixVerse 生成新闻报道中的动态画面，增强报道的生动性和可读性；教育机构则可以利用 PixVerse 制作教学视频，帮助学生更好地理解和掌握知识点。

习　题

1．选择题

（1）Sora 是哪个公司在 2024 年初发布的视频生成模型？（　　）

　　A．Pika Labs　　　　B．OpenAI　　　　C．Runway　　　　D．清华大学

（2）下列哪个选项不是 Pika 视频生成应用的特点？（　　）

　　A．支持多种风格的视频生成　　　　B．可以通过 Discord 服务器使用

　　C．支持视频局部编辑和扩充功能　　D．可以直接在抖音平台上使用

（3）以下哪个平台专注于中文语境下的视频生成？（　　）

　　A．Sora　　　　　　　　　　　　　B．Pika

　　C．Vidu 模型　　　　　　　　　　 D．Runway Gen-3

（4）数字人技术的核心不包括以下哪个选项？（　　）

　　A．计算机图形学　　　　　　　　　B．语音合成

　　C．自然语言处理　　　　　　　　　D．人工手动绘制

（5）Suno 专注于以下哪个功能？（　　）

　　A．人工智能歌曲和音乐创作　　　　B．人工智能生成式视频

　　C．数字人制作和视频创作　　　　　D．人工智能数字人短视频制作

2．简答题

（1）请简要解释 Sora 视频生成模型的特点。

（2）请列举至少三个人工智能视频生成应用，并简述它们各自的特点。

（3）描述数字人技术的主要组成部分及其应用领域。

（4）请简述闪剪 App 如何帮助用户创建自己的数字人。

（5）人工智能音频创作平台 Suno 如何工作？请给出一个具体的使用案例。

3. 实践题

（1）使用 D-ID 或闪剪 App 等数字人工具，制作一个数字人短视频，应用于电商平台的短视频推广。

（2）使用 Runway 或 PixVerse 等 AI 工具，制作一个电商产品短视频，展示其功能和适用场景。